심층
경청
기술

**LISTENING AND CARING SKILLS:
A GUIDE FOR GROUPS AND LEADERS**

Copyright ⓒ 1996 by John Savage
Originally Published in the USA by Abingdon Press
P. O. Box 801, 201 Eighth Avenue South,
Nashville, TN 37202-0801, USA
All rights reserved

Korean Translation Copyright ⓒ 2011 by BETHANY PUBLISHING HOUSE, Korea

• 이 책은 저작권법에 따라 보호받는 저작물이므로 무단 전재와 무단 복제를 금합니다.
• 이 책의 전부 혹은 일부를 이용하려면 저작권자 및 베다니출판사의 동의를 받아야 합니다.

LISTENING AND CARING SKILLS

심층 경청 기술

| 경청과 상담, 돌봄의 구체적인 도움과 테크닉

존 새비지 지음 · 장보철 옮김

베다니출판사

목차

추천의 글 6

역자 서문 14

이 책의 사용법 17

대인 커뮤니케이션의 갭을 줄이라 26

제 1부 기본적인 경청기술들

1장 부연설명 기술 44

2장 생산적인 질문을 하는 기술 53

3장 상대방의 인식을 점검하는 기술 70

4장 감정을 표현하는 기술 85

5장 인정할 것을 인정하는 기술 100

6장 상대방의 비판에 다시 질문하는 기술 109

7장 상대방의 행동 묘사하기 119

제 2부 삶의 이야기를 어떻게 들을까

8장 삶의 이야기 경청하기 128

9장 양극단의 이야기 경청하기 174

제 3부 고급 경청기술들

10장 삶의 계명들을 경청하면 답이 보인다 198

11장 상대의 언어구조를 파악하면 답이 보인다 242

추천의 글 1

오성춘 목사

광장교회 은퇴목사
장로회신학대학교 명예교수

우리 인간은 공동체 속에서 태어나고 공동체의 강력한 영향에 의하여 양육되며 정체성을 형성해 나간다. 한 사람의 인격형성에서 가장 중요한 요소는 그가 속한 공동체이다. 가까운 이웃과 친밀한 공동체는 한 인격의 성장, 실패와 성공, 의미와 가치, 삶의 오리엔테이션, 성격형성과 건강 등 모든 차원의 삶에 직접적으로, 그리고 간접적으로 영향을 미친다.

특히 위기에 처한 사람들이나 문제 상황에서 도움을 주는 이웃의 역할과 책임은 중대하다. 그래서 예로부터 도움을 베푸는 모든 일을 선한 일로 생각하며 도움을 베푸는 사람들을 선한 사람이라고 존중해 왔다.

그런데 도움을 주는 사람들이 도움을 베풀고자 하는 선한 마음과 자세를 가지고 적극적으로 돕고자 할지라도 도움을 주는 구체적인 방법이나 도움을 받는 사람들의 심리적인 역동성을 잘 알지 못하면 선한 마음으로 시작한 도움이 재앙을 불러오는 경우가 허다하다. 도움을 주는 이웃으로서 진정한 도움을 주고자 원한다면 경청의 기술과 돌봄의 역동성을 알고 있어야 한다.

존 새비지가 저술하고 장보철 박사님이 번역한 이 책은 도움을 베풀며 살고자 하는 모든 사람들에게 필수적인 소중한 책이다. 이 책을 통하여 많은 사람들이 진정한 도움을 베풀 수 있는 능력을 얻을 수 있기를 기원한다. 더불어 이 책을 한국어로 출간하여 많은 사람들에게 도움을 줄 수 있게 된 것을 축하드린다.

추천의 글 2

권명수 교수

전 한신대학교 신학대학장

　필자는 목회적 돌봄과 목회 상담 이론을 가르치며 연구해왔다. 주 관심은 이론에 치우쳐 있었다. 그것은 사람의 심리 이해나 관계에 도움이 되기 위해서는 이에 대한 이론이 중요하다는 생각에서였다.

　그런데 사람들은 추상적이고 이해하기 어려운 이론보다는 자신들의 피부에 와 닿는 실제적인 이야기에 관심이 많다는 것을 오랜 시간이 지난 후 깨닫게 되었다. 가족들 관계, 직장에서 동료들과의 관계, 교인들과 좋은 관계를 유지하는 데 필요한 지식이나 기술 등에 관심이 많았다. 이런 실제적인 삶에 누구에게나 도움이 되는 영역이 대화법이다. 사람들과 대화하며 내면 깊숙한 영혼에 접근하기 위해서는 구체적인 경청기술이 필요하다.

　존 새비지는 본서에서 경청의 기술에 대한 중요한 요소를 종합적으로 다룬다. 1부에서 기본적인 경청기술을 구체적으로 세분해서 다루고, 2부와 3부에서는 보다 전문적인 경청기술을 제시한다.

　이 책에서 다루는 경청의 기술들이 필자가 상담을 공부하면서 배웠던 대화법과는 비슷하다고 할 수도 있으나 약간 달랐다. 그가 다루고 있는 내용이 필자 자신의 경청기술 향상에 많은 도움이 되는 내용들이었다. 또한 이 책은 저자의 오랜 경청 훈련 경험에서 나온 중요한 예화들이 적재적소에 배치되어 있어 경청기술을 공부하는 데 있어 큰 도움이 될 것이다.

왜 경청의 기술이 필요한가? 인간은 함께 모여 관계를 맺으면서 살아가는 사회적 존재이다. 이런 관계 형성에는 상대방을 설득시키기 보다는 상대방이 하려는 말을 이해하고 반응하면서 대화를 진행해야 생산적인 대화와 관계 형성이 이루어질 수 있다. 뿐만 아니라 인간의 치유나 상담은 상대방에 대한 관심과 경청이 충분히 이루어지는 과정의 결과로 나타나는 것으로서, 경청으로 인한 관계 형성이 이루어지기 전에는 기대하기 어렵기 때문이다. 그러므로 이러한 관계 형성의 매개가 되는 경청기술은 그 중요성을 아무리 강조해도 지나치지 않는다.

목회적 돌봄이나 상담에 종사하는 사람, 다른 사람을 돌보는 일에 관계하는 평신도, 교육자, 모든 종류의 사람들에게 경청의 기술이 필요하다. 그리고 이 책의 예화에서 여러 번 등장하는 부모와 자녀와의 소통을 위해서도 적절한 경청의 기술이 있어야 한다.

많은 경우, 청춘 남녀들은 서로가 좋아서 결혼하게 된다. 이들은 결혼에 대한 공부나 훈련이 별로 없이 결혼하게 되고, 때가 되어 자녀를 낳고 키우게 된다. 그래서 자연히 자신의 경험에 따라 자녀들과 교류하게 되고, 많은 경우 부모의 의도와는 다른 결과를 야기하게 되는 안타까운 일들이 많이 일어나고 있다. 이 책은 이런 어려움을 가진 이들에게 도움이 될 구체적인 방법과 기술, 또 필요한 실습을 할 수 있는 기회를 제공하고 있다.

많은 사람들이 상담 이론이나 기술을 배워서 다른 사람의 문제 해결에 적용하려고 한다. 그러나 내담자나 도움을 요청하는 사람은 단순히 자신의 이야기를 깊이 경청해주고 이해해주길 바란다. 이는 문제 해결보다는 상대에 대한 존경과 이해를 많이 해주기를 원하고 있음을 말해주고 있다. 특별히 한국인은 자신의 불쾌한 심정을 상대가 깊이 경청하여 이해해주기를 바라는 기대가 매우 크다고 연구 결과들은 보고한다. 그리고 가능하다면 그 이해한 바를 상대에게 알아듣기 쉬운 말로 되돌려 말해주면서 경청자가 자신을 이해하고 있다는 느낌을 갖게 한다면 금상첨화가 될 것이다.

이렇게 되기 위해서는 이 책에서 이야기하는 구체적인 경청기술을 익히는 일이 선결되어야 한다. 본서가 그런 역할을 훌륭히 해준다고 본다. 그래서 이 책이 미국에서도 많은 목회적 돌봄과 상담 과목의 참고도서 목록에 빠지지 않고 등장했던 것이다.

경청훈련은 완성됐다고 하는 수준이 없다. 꾸준히 갈고 닦고 해야만이 예기치 못한 상황에서 자연스러우면서도 훌륭하게 잘 사용될 수 있다. 어느 정도의 수준에 올랐다고 방심하거나 교만하다가는 바로 깊은 실수의 나락으로 떨어지게 된다.

교회의 신자들이 이런 훈련을 받아 서로의 마음을 이해하고 보듬어 주어 정말로 사랑이 넘치는 교회와 기관, 가정이 될 수 있는 시기가 빨리 왔으면 좋겠다. 그때까지 서로 돕고 짐을 나누어지는 모습들이 더 많아지길 기도한다 갈 6:2.

이런 일에 도움이 되는 좋은 책이 한국말로 번역됨을 진심으로 환영한다. 많은 이들이 이 책을 통해 서로 이해받고 이해하는 기쁨을 누릴 수 있기를 기대한다.

추천의 글 3

김병훈 교수
호서대학교

오늘날 사람을 치유하고 지도하고자 하는 많은 전문가들과 사역자들은 구체적인 노하우와 테크닉이 담긴 전문적인 가이드에 목말라 하고 있다. 어떤 것은 너무나 가볍고, 또 어떤 것은 구체적이지 않아 답답함을 느끼게 한다.

이 책의 경청의 기술들은 구체적이면서도 결코 가볍지가 않다. 하나하나의 노하우들은 정신분석적인 통찰력과 심층적인 정신이해들이 바탕으로 되어 있다. 이러한 이해들이 임상현장에서 어떻게 구체적으로 적용될 수 있는지 실제적인 사례와 다양한 예, 그리고 저자의 경험들을 이야기하면서 서술되고 있다.

상담이나 목회활동은 대화를 통해서 치료적 역사를 구현한다. 성도들이나 내담자들은 자신들의 이야기를 편안하게 토로하면서 새로운 방향과 안목을 갖기를 원하고 있다. 그들은 이제까지의 눈물과 고통이 누군가로부터 이해되고, 받아들여지며, 회복되고자 한다. 특히나 이들은 목회자나 상담자, 평신도 지도자들에게 더욱 그러한 기대를 갖고 있다.

이러한 목마름이 적절하게 충족되어 해갈되는 경우도 있다. 하지만 안타깝게도 그렇지 못하는 경우도 종종 보게 된다. 목회자나 상담자, 평신도

지도자들이 이들의 눈물과 고통을 담아줄 마음이 없어서가 아니다.

우선은, 그들도 그들 자신 마음속에 그러한 아픔이 경청되어지는 경험이 없어서이기도 하다. 또 한편으로는, 마음과는 다르게 어떻게 듣고 대화해야 하는지 방법을 몰라서 그럴 수도 있다.

전자는 자신의 내면에 어떠한 감정들과 그림들이 그려지는지 알 수 없어 몸으로 공감할 수가 없게 되고, 후자는 본의 아니게 상대에게 상처를 줄 수 있다.

저자는 이러한 경우들을 전반적으로 다 다루고 있다. 즉, 경청하는 전문가가 단순히 듣는 것이 아니라 들으면서 펼쳐지게 될 전문가 자신의 내면을 들여다 볼 것과 상대에게 어떻게 반응해야 하는지에 대하여 말하고 있다.

목회상황에서나 임상상담 현장에서 가장 필수적이면서 중요한 기술이 바로 편안하게 대화할 수 있는 능력이다. 편안하게 대화할 수 있다는 것은 그만큼 정서적인 여유가 있고, 내면의 풍성함이 있다는 의미가 된다. 이러한 대화는 서로에게 정서적 영양공급을 하고 불필요한 이산화탄소들은 배출할 수 있도록 돕는다.

따라서 전문가들에게 필요한 것은 정서적인 주파수를 맞출 수 있는 공감 능력이다. 경청이란 바로 이러한 공감 능력을 말한다. 이 책은 내담자나 성도들의 이야기에 어떻게 정서적 주파수를 맞추어야 하는지 구체적인 방법들을 제시하고 있다.

이 책에서 다루고 있는 경청의 기술들은 단순히 듣는 법을 말하고 있지 않다. 우리는 듣는 기술을 고양시킬 때 말하는 기술 역시 높일 수 있게 된다. 왜냐하면 경청에는 말하고자 하는 사람이 편안하면서도 유쾌하게 자신의 속 깊은 이야기를 할 수 있도록 돕는 능력이 담겨 있기 때문이다.

일상 속에서도 누군가와 이야기를 하면 금세 대화의 문이 막혀 더 이상 할 말이 없어지거나 말을 하더라도 속 이야기보다는 단순한 정보교환만 하게 되는 경우가 있다. 반대로 그 사람을 만나면 솔직한 내 마음을 토로하게 되고, 그러면서도 마음이 부담스럽지 않고, 유쾌한 상태가 되는 경우가 있다. 경청은 보이지 않지만, 내면세계로의 여행을 돕는 위대한 힘이 있다. 이 책에는 이러한 경청 방법의 정수들이 담겨있다.

이 책이 영혼을 구원하는 일에 관심을 갖고 일하고자 하는 많은 전문가들과 사역자들에게 빛이 되고 벗이 되기를 희망한다.

역자 서문

　내가 이 책을 처음 접하게 된 것은 2003년 9월 미국 조지아의 에모리 대학에서 목회상담학 강의를 들었을 때였다. 헌터 교수님이 주신 책 목록 가운데 들어 있었다. 무엇보다 두께가 얇아서 마음에 들었던 이 책은 읽으면 읽을수록 내 마음을 사로잡았다. 그것은 내담자는 물론 나 자신을 이해하는데 꼭 필요한 경청과 커뮤니케이션에 대해 실제적인 도움을 주었다.
　그런데 이 책과의 인연은 여기에서 그치지 않았다. 에모리 대학을 떠나 박사학위를 하러 간 덴버의 아일리프 신학교에서 목회상담학개론 수업의 강의조교로 있던 2006년에 다시 이 책을 만났다.
　이 쪽 분야에서 내노라 하는 교수님들이 강의교재로 선택한 책이 바로 이 책이다. 원하기는, 특히 목회자, 목회자 지망생, 교회 구역이나 셀리더, 상담가와 그 밖에 마음에 상처받은 자들을 위로하는 일에 종사하는 모든 분들께 꼭 읽어보도록 권한다. 그만큼 이 분야에 귀한 책이다. 그리고 종교분야는 아니지만, 일반 코칭 분야에 종사하는 분들께도 적지않은 도움을 주리라 믿는다.

　어느 권사님께서 들려주신 에피소드 한 가지.
　그 권사님은 남편과 이혼하신 지 얼마 안 된 시기였다. 힘든 상황에서도 교회에 강사로 오신 목사님께 월요일 아침식사를 대접하기 위해 식당으로 갔다고 한다. 그 때 담임 목사님께서 그 강사 목사님께 권사님을 소개하신다고 하는 말이다.

"목사님, 권사님은 얼마 전에 다시 싱글로 돌아오신 분이십니다!"

권사님의 그 다음 표정은 말하지 않아도 충분히 짐작할 수 있으리라. 혹시 많은 사역자들과 셀그룹 리더들이 이 같은 실수를 저지르면서 교회와 셀그룹의 부흥을 꿈꾸고 있지는 않는가! 남의 아픔을 치유한다고 하면서 오히려 상대방의 마음에 대못을 박고있지는 않는가!

이 책은 목회상담의 역사, 역할, 기능 등에 관해 직접적으로 언급하지는 않는다. 또한 정신이나 심리치료에 관한 이론이나 기술의 제공이 주목적이 아니다. 그보다는 목회자가 알고 있는 성경지식과 경험한 하나님, 목회상담가가 배우고 쌓은 상담 지식이나 기술, 교회 리더들이 많은 강사들에게서 듣고 배운 이론들, 이 모든 것들을 실제 사람과 만나는 현장에서 효과적으로 커뮤니케이션 할 수 있도록 돕는다. 어떤 의미에서 이 책의 깊은 목적은 단순한 경청기술보다는, 커뮤니케이션을 하는 상대방에 대한 깊은 이해와 존중의 중요성을 강조하고 있다고 볼 수 있다.

역자로서, 나는 이 점을 말하고 싶다. 목회는 기술이 아니다. 목회상담은 기술이나 처방전을 뛰어넘는 것이다. 남을 돌보는 행위는 기술만으로 가능하지 않다. 사람에 대한 따뜻한 배려가 밑바탕에 깔려있어야 돌봄의 실천적 행위라고 믿는다. 독자들이 이러한 저자의 깊은 의도를 파악할 수 있기를 간절히 바란다.

타인의 말을 진지하게 듣고 잘 이해하는 것은 매우 중요하다. 현대인들은 지식과 정보의 홍수 속에서 살고 있다. 구슬이 서말이라도 꿰어야 보배다. 아무리 훌륭한 신학적인 지식이나 상담기술 심리치료기법을 배워서 많이 알고 있다 하더라도 제대로 전달하지 못하거나 타인의 생각을 전혀 모른다면, 전하는 자나 듣는 자 모두 "소 귀에 경읽기"식이 될 것이다.

아무쪼록 이 책이 한국의 목회현장과 상담사역 그리고 코칭 분야에 종사하는 모든 분들께 합당하게 사용되어 목회자와 교인, 상담자와 내담자 모두 기쁨을 누리는 데 조금이나마 도움이 되기를 기도 드린다.

이 책을 기꺼이 출판해 주신 베다니 출판사의 오생현 사장님과 베다니 직원들께도 진심으로 감사를 드린다. 또한 이 책을 위하여 기꺼이 추천의 글을 써주신 장로회신학대학교의 오성춘 교수님, 한신대학교 목회상담학과의 권명수 교수님, 그리고 호서대학교의 김병훈 교수님께 진심으로 감사드린다.

번역하는 동안 지켜봐 주었던 아내 김수진과 사랑스러운 아들 장현민에게도 고마움을 전한다. 그리고 아들과 사위, 딸과 며느리를 위해 무릎으로 사시는 양가 부모님들께도 깊은 감사를 드린다. 또한 함께 울고 웃으며 공부하고 앞으로 이 책을 가지고 공부할 버지니아의 워싱턴침례대학교 학생들, 그리고 동료들에게도 감사를 전한다.

번역 과정에서의 오류와 서투른 표현은 모두 역자의 부족함이다. 같은 길을 가고 있는 선배와 동료들 그리고 독자들의 질책을 달게 받을 것이다. 사랑의 충고를 부탁한다.

장보철

이 책의 사용법

목회자, 상담가, 교회 리더 및 독자들이 이 책을 어떻게 사용할 수 있을까. 이 책에서 다루고 있는 기술들을 잘 사용하고 싶다면 저자가 언급한 그 자체에 너무 집착하지 말기를 바란다. 자신의 구체적인 삶속에서 상상력을 마음껏 발휘하라고 말하고 싶다. 우리의 삶속에서 경청이 필요하다고 판단되는 상황이라면 이 책에 나온 기술들을 유용하게 사용할 수 있을 것이다.

여기서 한 가지 알아둘 필요가 있다. 경청기술들은 어느 한 시점에서 발생하는 상황에만 필요한 것이 아니라, 시공을 초월한다는 것이다. 즉, 우리가 살아가면서 만나게 되는 어느 경우에라도 적용시킬 수 있으며, 상담과 돌봄이 필요한 곳이면 어디서나 사용될 수 있다는 말이다. 다음에서 나는 특히 이 기술들이 필요한 리스트를 적어보았다. 하지만 이 외에도 훨씬 더 다양한 상황에서 목회자와 상담자 그리고 소그룹 리더들이 유용하게 활용할 수 있을 것이다.

외부와 고립된 자, 혹은 고독벽이 있는 사람들

나는 과거 수년 동안 병원이나 양로원을 방문해서 많은 사람들을 만났다. 그 때마다 이 책에 나오는 대화기술들을 아주 유용하게 사용했다. 그런데 놀라운 일은 나를 만났던 사람들이 나도 모르는 사이에 내가 사용했던 경청기술을 배워서 사용하곤 한다는 것이다. 병원이나 양로원 등에서 지내는 사람들은 다른 사람들보다 하고 싶은 특별한 이야기들을 많이 가지고 있다. 그런데 아쉽게도 대부분의 경우 우리는 그저 겉으로 드러난 피상적인 것들만 말하고 듣고 돌아오는 경우가 비일비재하다.

이 책을 읽으면서 독자들은 사람들이 단지 말로 표현한 것 이외에도 훨씬 더 많은 것들을 우리에게 말하고 있고 나누고 싶어한다는 것을 알게 될 것이다. 그리고 방문하는 이가 많지 않아 늘 외로워하는 그들은 자신들에게 관심을 가져다주고 진심어린 마음으로 이야기를 들어주는 사람에게 오랫동안 고마운 마음을 지닌다는 것이다.

죽음을 앞둔 이들

혹시 이 책을 읽는 사람 중에 호스피스에서 섬기는 사람들이 있다면, 이 책에 나오는 경청기술들이 지금까지 배웠던 의사소통 이론들 중에서 가장 도움이 될 수 있다는 사실을 알게 될 것이다. 지금 죽어가는 사람들보다 더 자신의 이야기를 들어줄 수 있는 사람이 필요한 사람은 아마 아무도 없을 것이다.

나 역시 그렇다. 내가 보냈던 시간 중 가장 소중한 인상이 남았을 때를 말하라고 한다면, 나는 서슴없이 바로 에이즈 환자, 노인 그리고 방금 자식을 잃어버린 부모와 함께 앉아 있었던 순간이라고 자신있게 말할 수 있다. 이 책에 나온 기술들을 잘 활용하면 상대방이 말하는 이야기속에 담겨져있는 죽음에 관한 이야기를 더 민감하고 효과적으로 이해할 수 있을 것이다.

교회에 잘 참여하지 않는 교인들

목회자와 교회 리더들은 교회활동에 그다지 적극적이지 않은 교인들의 아픔을 경청하는데 이 기술들을 사용할 수 있다. 이 기술을 사용한 결과 잘 참여하지 않는 교인들의 약 80퍼센트 정도가 다시 교회에 적극적으로 참여하게 되었다는 소식을 들은 적이 있다.

이미 교회를 완전히 떠나간 사람들을 찾아가서 그들의 사정 이야기를 들으려고 하는 뒷북치는 목회자나 교회 리더들이 있다. 그런데 떠나간 사람들의 마음을 다시 돌려잡기란 아주 어려운 일이다.

따라서, 아직 교회에 소속되어 있지만 잘 안 나오는 교인들에게 보다 관심을 기울일 필요가 있다. 그러한 교인들을 살펴보면 거의 95퍼센트 정도는 그들의 개인적인 삶 속에서 너무도 힘들고 어려운 일들을 많이 가지고 있는 경우가 많다.

그들이 싸우고 있는 어려움의 이야기를 듣고 적절하게 반응하는 것은 그 사람이 다시 교회로 돌아와 신앙생활을 계속할 수 있도록 격려하는데 중요한 역할을 한다. 이 책에 나온 경청기술들은 교인들의 아픔을 치유하기 위한 첫 단계로서 그들의 아픔을 경청하는 효과적인 방법에 대해서 알려 줄 것이다.

이혼의 위기 가운데 있는 교인

우리 교회 교인들은 이혼 때문에 상처받은 사람들의 이야기를 들어주기 위해 헌신되어 있다. 매 주일 오후 3백명 이상의 별거와 이혼을 경험한 사람들이 자신들과 똑같은 사연을 가진 자원봉사자들에 의해서 도움을 받고 있다. 별거와 이혼의 아픈 감정들 때문에 힘들어 하고 있는 사람들의 이야기를 어떻게 효과적으로 들을 수 있는지 역시 매우 중요한 사역 중 하나이다.

심각한 질병을 가진 사람을 둔 가족들

내가 알고 있는 어느 교회는 전 미국에서 가장 효과적인 돌봄프로그램들을 개발하여 무려 2백명 이상의 전문적인 경청자를 양성했다. 전문적인 훈련을 받은 리더들은 교회내에서 어려움을 겪고있는 사람들을 도왔으며, 그 중에 특별한 그룹은 심각한 질병을 가진 구성원을 둔 가족들을 돕는 사역을 하였다.

이러한 역할은 매우 중요하다. 그것은 아픈 사람에게 관심을 갖기는 쉬워도 그들을 돌보는 가족들이 감정적으로 받는 온갖 스트레스와 곤혹감에는 별반 관심을 기울이지 않는 게 우리의 현실이기 때문이다.

직장을 잃은 사람들

어떤 교단은 그 교단에 속한 교회를 섬기는 모든 행정목사에게 교인들을 대상으로 그 지역에 사는 농부들의 이야기를 잘 경청할 수 있도록 교육시킬 것을 권장했다. 이어서 그들은 주 전역에다 많은 경청센터를 세웠으며 그 지역의 농부들에게 만일 이야기 할 상대가 필요하면 혼자 고민하지 말고 경청자들이 준비되어 있는 교회를 찾아가 도움을 받으라고 말했다.

다른 지역에 속한 어느 교회들은 그들의 마을에 사는 많은 가족들이 공장이 문을 닫는 바람에 경제적으로 어려움을 당하고 있음을 알게되었다. 그들은 교인들 중 해고당한 사람들을 방문하여 그들의 고통을 듣고 가능한 도움을 주기 위하여 노력했다.

경청센터

캘리포니아에 위치한 어느 교회는 교회내에 전문적인 경청센터를 두고 나를 강사로 초청한 적이 있다. 나는 이 책에 나오는 기술들을 9명의 교인들을 대상으로 가르쳤고, 그들은 일주일에 4시간씩 경청자가 필요한 사람들을 대상으로 교회에서 사역하였다.

또한 전문적인 심리치료사가 그 사람들을 경청자에게 보내기 전에 한 사람씩 일일이 면담을 해서 그 사람들이 병리학적으로 이상이 있는 환자가 아니라는 것을 확인하였다. 경청훈련을 받은 사람들은 지금도 매 주일 바쁘게 사역하고 있다.

교회의 잠재적인 새가족

교회를 처음 방문한 사람들을 맞이하는 담당자들은 그들의 말을 잘 경청하는 것이 중요하다. 우리는 성급하게 새로온 사람들에게 너무 많은 것들을 물어보곤 한다. 그런데 먼저 그들의 이야기를 잘 듣고 그 후에 교회를 소개해도 늦지 않다.

이것을 바꿔 말하면 효과적인 경청을 통하여 새신자 사역팀과 처음 교회를 방문한 사람들 사이에 중요한 상호 신뢰관계가 형성된다고 말할 수 있다. 경청을 통한 신뢰가 잘 형성되어 있지 않으면 새가족을 잃어버리게 될 경우가 많은데 우리 교회가 좀 더 세밀하게 신경을 써야 할 부분이라 생각한다.

슬픔에 빠진 사람들

뉴저지에 있는 어느 교회는 전체 교인들 가운데 34퍼센트의 사람들로 하여금 경청기술 훈련을 받도록 했다. 그 결과 그 교회에 큰 변화를 가져왔다. 그들이 사별하여 가족을 잃은 가족들이라면 교인이든 교인이 아니든 누구나 방문했다. 그들은 들어가도 되느냐고 물어보지 않고 그저 교회 이름을 말하며 "우리는 당신이 사랑하는 사람을 잃어버렸음을 알고 있다"라고 말할 뿐이었다.

장미꽃과 함께 자기들이 누구이며 어디에서 왔는지를 적은 카드를 나누어주곤 했는데, 그들이 사심없는 사역을 시작한 지 몇 년 후 그들의 교회는 그 지역에서 "돌보는 교회"로 널리 알려지게 되었다.

상처받은 사람들

태풍으로 인해 동네가 파괴되고 사람들이 집을 잃었을 때 그들은 피해를 복구하는데 도움이 될 실제적인 지원이 필요할 뿐더러, 자신들의 이야기를 정규적으로 들어 줄 수 있는 누군가를 또한 간절히 원한다. 이런 경우 남의 이야기를 들어주는 달란트를 가진 사람은 재해를 당한 이웃들의 상처받은 심령이 다시 살아날 수 있도록 도와줄 수 있다. 캘리포니아의 한 교회는 경청기술들을 다방면으로 사용하여 화재와 지진으로 집을 잃어버린 가족들의 이야기를 들으며 그들의 아픈 마음을 위로하였다.

십대 청소년들

우리가 훈련시킨 교회들 중 한 교회는 십대 청소년들의 교육에 많은 관심을 가지고 있었다. 그들이 갖고 있었던 비전은 청소년들의 이야기를 효과적으로 들어주어 그들이 변화되고, 변화된 그들이 다시 다른 청소년들을 도울 수 있도록 돕는 것이었다.

이 교회는 경청기술을 배우기 위하여 세 명의 청소년을 우리에게 보냈다. 그 아이들은 우리 센터에서 열심히 잘 배워서 교회로 돌아가서 또래 아이들의 고민을 잘 들어주며 도와주었기에 그 교회는 3년 동안 계속 청소년들을 우리에게 보냈다. 단지 청소년들만이 아니라 부모들도 자녀들의 이야기를 어떻게 듣느냐를 배울 필요가 있다.

부모들이 꼭 기억해야만 하는 것은 자녀들에게 부모가 줄 수 있는 가장 최고의 선물은 돈 같은 물질보다는 그들에게 관심을 가지고 매우 주의깊게 그들이 말하는 이야기를 들어주는 것이다.

결혼한 부부들

"부부간의 연결고리 찾기" 워크숍에서 아내와 나는 많은 부부들에게 어떻게 하면 서로서로 잘 들을 수 있는지에 대해서 강의했다.

요즘 부부들은 경청기술이 결혼한 부부 두 사람 모두에게 반드시 필요한 기술이라는 것을 잊은 채 바쁘게 살아가고 있다. 예컨대, 서로의 관심사나 깊은 사랑을 나누는 동안에 부부들은 서로 상대방이 하는 말을 듣게 되는데 이 때 이 책에서 다루는 기술들을 잘 활용하면 좋은 부부관계를 유지할 수 있는 노하우를 쌓아갈 수 있을 것이다.

전문적인 상담가를 양성할 때

심리학으로 두 개의 박사학위를 받은 한 사람이 우리의 경청기술교육을 받은 적이 있다. 교육을 받은 후 그가 나에게 보낸 한 통의 편지에서 이같이 말했다.

"학교에서 60개 이상의 심리학 과목을 수강했지만 그 어떤 것도 이 책에서 배웠던 기술만큼 저의 심리치료 현장에서 도움이 되었던 것은 없습니다."

나는 플로리다 주의 교단 상담자협회에 소속된 회원 가운데 50명 이상의 상담가들을 교육시켰다. 우리의 훈련과정에 참가한 상담가들은 이러한 기술들이 전에 배웠던 그 어떤 것보다 유용했다고 한 마디씩 말했다.

목회자들과 전문적으로 돌보는 자들을 위한 교육

나는 수년에 걸쳐 40개 교단들에 속한 수천 명의 목회자들을 교육시켰다. 강단에서 설교하는 모든 목회자들은 반드시 교인들의 이야기를 어떻게 경청하는 지를 알아야만 한다. 만일 경청하는 방법을 모른다면 목회자들은 교인들이 전하는 목회에 꼭 필요한 피드백을 놓쳐버리게 될 것이다. 교인들이 전하는 피드백은 교회에 뭔가 잘못되어 가고 있을 경우 그것에 대한 정보를 목회자나 교회리더들에게 알리는 것이라고 이해할 수 있다.

따라서 갈등과 비난에 직면했을 때 어떻게 하면 효과적으로 대응할 것인가를 아는 것은 사역 현장에서 반드시 필요하다.

이 책을 쓴 목적 중 하나는 목회자나 다른 전문적인 사역자들이 그것을 할 수 있도록 돕는 것이다. 다만 목회자 외에 간호사들과 의사들 그리고 사회복지사들과 후생전문가들은 전문가로서 맡겨진 일을 더욱 효과적으로 처리하기 위해서 전문적인 의료기술과 함께 경청기술들을 통합적으로 사용할 수 있을 것이다.

개인적인 목적으로 사용하는 자들

이 책에 나오는 기술들을 개인적으로 공부하기 원하는가. 그렇다면 모든 것을 한 번에 전부 다 배우려고 하기보다 한 번에 하나씩 배우는 게 좋다. 예컨대, 부연설명 기술을 공부한 후에 다음 기술로 나가기 전에 한 주 혹은 두 주 가량 다른 사람들과 부연설명에 대해서 실습해보는 게 효과적이다. 한 번에 하나씩 기술들을 익힘으로써 차근차근히 다른 기술들과 함께 사용할 수 있게 될 것이다.

이 책은 거의 모든 장마다 요약과 연습문제가 들어있는데, 독자들이 직접 빈 칸을 채워보라. 연습을 통해서 독자들은 학습과정에서 배운 기술을 보다 구체적으로 이해 할 수 있게 될 것이다.

이 책에서 배운 기술들을 다른 사람과 함께 실제로 연습해보는 것은 매우 중요하다. 이 때 제 삼자가 있어서 지켜보면서 피드백을 줄 수도 있다. 피드백을 받아야 독자들은 배운 기술들을 보다 효과적으로 사용할 수 있게 된다. 피드백을 받을 때 상대방이 비판적이면 부연설명이나 인정할 것은 인정하기 fogging, 그리고 상대방의 비판에 대해 다시 질문하기 negative inquiry 등의 기술을 사용하면 도움이 될 것이다.

이 책은 독자들의 삶을 향상시키고 독자들의 사역이 놀라울 정도로 새로워져서 목회자와 리더 그리고 섬기는 대상들이 모두 치유되고 회복될 수 있는 좋은 기회를 제공하기 위해 집필하였다. 우리가 효과적인 경청자가 된다는 것은 다른 사람에게 지금껏 주었던 가장 커다란 선물 중의 하나라는 것을 꼭 기억하라.

대인 커뮤니케이션의 갭을 줄이라

내가 이 책을 쓴 동기는 이것이다. 사람과 사람 사이의 커뮤니케이션 과정에서 말하는 이와 듣는 이 사이에 발생하는 커뮤니케이션의 갭 gap을 연구하기 위해서다. 커뮤니케이션의 갭은 우리의 뇌가 외부세계에 대하여 인지한 것과 인지한 그 외부세계를 해석하는 과정에서 발생한다.

이렇게 볼 때, 갭은 두 세계 사이를 연결시키려고 노력할 때 생기는 현상이라고 할 수 있다. 하나는, 시각, 청각과 후각 등 우리의 감각기능을 통하여 인지하는 외부세계이다. 다른 하나는, 우리 뇌 안에 존재하는 내부세계이다. 뇌는 끊임없이 우리의 내부세계에서 일어나고 있는 일들을 해석할 뿐만 아니라 외부세계와 접촉할 때 발생하는 갭을 메우기 위해 노력하는 것이다.

이 갭을 메우기 위한 건강한 방법은 우리의 밖과 안에 공존하는 세계에 대해서 있는 그대로 반응하는 것이다. 반면에, 이와는 달리 부정적으로 갭에 대처할 수도 있다. 즉, 두 세계의 존재 자체를 부인하거나, 의식적으로 회피하거나, 우리가 살아가면서 경험하게 되는 두 세계를 잘못 해석 misinterpretation 함으로써 왜곡하는 것이다.

감각적인 정보에 대한 잘못 해석

대인 커뮤니케이션, 즉 다른 사람들과 만나 일대일로 이야기를 주고 받을 때 우리는 적어도 다섯 가지 서로 다른 방법들을 통하여 정보를 주고 받을 수 있다.

첫째, 직접적이고 공개적인 피드백

건강한 관계에서 이루어지는 커뮤니케이션은 공개적이고 직접적이다. 이러한 유형의 의사소통에서는 대화를 나누는 사람들이 굳이 의미를 희석시키기거나 정보를 감출 필요가 없다.

다시 말해 서로 정보를 자유롭게 주고 받는다는 것을 의미한다. 이 말은 두 가지로 해석할 수 있다. 하나는, 정보를 서로 공유한다는 것이고, 다른 하나는, 단지 정보공유의 의미를 넘어 공유된 정보가 서로에게 정확하게 이해되었는지를 확인하기 위해 정보전달자와 수신자가 함께 확인하는 것까지를 포함한다. 이 책에서 말하는 기술들을 사용하면 정보전달자들은 상대방의 오해의 여지를 줄일 수 있게 될 것이다.

둘째, 공개적이지만 부분적인 커뮤니케이션

말하는 사람이 사실에 기초한 정보를 상대방에게 공개적으로 말을 하지만 정보의 일부분을 숨기는 경우가 자주 발생한다. 정보가 충분하게 전달되지 않을 때 듣는 이는 빠진 정보가 무엇인지 추측할 수밖에 없다. 여기서 추측은 비록 말하는 사람이 실제로는 그런 의미가 아님에도 불구하고 듣는 사람이 마치 말하는 사람의 의도를 알고 있는 것처럼 가정하는 것을 말한다.

이러한 현상은 종종 말하는 사람이 듣는 사람이 모든 것을 다 알 필요가 없다고 생각하거나, 혹은 자신이 말하려고 하는 것들을 듣는 사람이 전부 다 들을 수 있는 능력이 없다고 생각할 때 나타나곤 한다.

사실, 이런 현상을 우리는 주위에서 얼마든지 찾아볼 수 있다. 이러한 숨겨진 정보 hidden information 는 일반적으로 깊은 신뢰관계가 형성된 사람들 사이에서 나눌 수 있는 매우 사적인 정보라고 볼 수 있다. 한편, 듣는 이는 말하는 이가 자신에게 말한 것이 다 사실이고 상대방이 모든 것을 말했다고 믿는 경향이 있다. 그러나 시간이 지나면서 듣는 이는 상대방이 자신에게 숨긴 것이 있음을 알게 된다.

이 경우 말하는 이와 듣는 이 사이의 갭이 좁혀지기까지는 제법 긴 시간이 걸리기 마련이다. 이 경우 쌍방간의 신뢰관계가 의사소통의 과정에서 매우 중요한 역할을 하게 된다.

셋째, 완전히 공개되었지만 왜곡된 정보

이 유형의 갭은 비록 커뮤니케이션이 충분히 이루어졌지만 말하는 사람이 상대방에게 왜곡과 오해로 가득찬 정보와 감정을 전달할 때 발생한다. 이 경우에 왜곡은 말하는 사람이 상대방에게 전달하고자 하는 메시지를 잘못 전달하는 데서 발생한다. 그럼에도 불구하고 여전히 듣는 사람은 자신이 받은 정보가 정확한 것이라고 믿는다.

따라서 듣는 사람은 말하는 사람이 정보를 잘못 해석했거나, 잘못 인용했거나, 잘못 읽었거나, 잘못 짚었을 가능성이 항상 있을 수 있다는 사실을 염두에 둘 필요가 있다. 그렇다면, 어떻게 하면 말하는 사람이 왜곡된 내용을 말하고 있다는 사실을 듣는 사람이 알 수 있을까?

물론 이 책에서 소개하는 다양한 경청기술을 사용한다고 하더라도 듣는 이는 사실에 근거한 정보와 왜곡된 정보를 구별하는데 어려움을 겪을 수도 있다. 그러나 한 가지 좋은 방법은 말하는 이에게 전달하려는 내용을 보다 구체적으로 표현해 줄 것을 부탁하는 것이다.

누군가가 당신에게 와서 "이 사무실에 당신의 태도에 불만을 갖고 있는 사람이 많이 있는데, 나는 당신이 이 사실을 알아야만 한다고 생각한다"라고 말했다고 가정해 보자.

이 경우에 몇 가지 중요한 정보들이 빠져있다. 만일 당신이 불만을 갖고 있는 사람이 누구인지 물어본다면 말하는 이는 그 사람에게 피해가 갈 수도 있다는 염려 때문에 말하지 않을 것이다. 이러한 유형의 커뮤니케이션은 듣는 이 입장에서 생략된 많은 정보들을 추측하도록 강요한다.

"그들은 왜 불만을 가지고 있는가? 얼마나 오랫동안 불만을 가지고 있었는가? 내가 그들이 불만을 갖도록 무엇을 잘못했는가?" 등 외에도 듣는 이는 머릿속으로 온갖 추측을 다 한다. 이렇듯이 정보 가운데 많은 부분들이 왜곡되었다면 공개적이고 투명한 커뮤니케이션이 이루어지기 어려울 것이다.

넷째, 왜곡되고 불충분한 정보

이러한 유형의 커뮤니케이션을 우리는 자주 경험한다. 정보를 보내는 이는 잘못된 정보를 제공함으로써 메시지를 왜곡할 뿐만 아니라, 동시에 특별한 정보를 없애 상대방이 추측하게끔 만든다. 비록 듣는 이가 정확한 추측을 했다 하더라도 아무런 쓸모가 없을 가능성이 크다. 왜냐하면 그 어떤 추측도 사실에 바탕을 두고 있지 않기 때문이다.

이런 유형 가운데 우리에게 매우 익숙한 것이 루머 rumor이다. 루머는 사실이 아닌 추측에 근거하기에 비현실적인 세계를 만든다. 말하는 이의 생각이나 말한 의도가 이렇고 저럴 것이라고 듣는 이가 투사 projection 하는 것인데, 불행히도 듣는 이가 투사한 것들이 실제로는 말하는 이의 생각이나 의도와는 거의 혹은 아무런 관계가 없을 가능성이 많다.

이러한 형태의 커뮤니케이션에서는 말하는 이의 의도와 듣는 이의 가정이 거의 일치되기가 어렵기 때문에 커뮤니케이션의 갭이 클 수밖에 없다. 독자들의 이해를 돕기 위해 고전적인 예 하나를 소개한다.

빌Bill은 아내가 오기를 기다리면서 조그마한 식품점 앞에 앉아 있었다. 그는 구입한 물건들을 담은 쇼핑백을 무릎 위에 얹어놓고 있었는데, 마침 그의 친구인 짐 Jim 이 그의 옆을 지나가고 있었다.

그 순간 짐은 빌이 눈물을 흘리고 있는 것을 보았다. 당황한 짐은 빌에게 아무 말도 하지 않고 빠르게 지나가며 혼잣말로 중얼거렸다.

"이상하네, 빌이 왜 저렇게 슬퍼하고 있지? 아마 요즘에 아내와의 사이가 썩 좋지 않은가 보네. 부부싸움을 심하게 했음에 틀림없어."

짐은 거리를 지나가다 마침 이웃에 사는 랄프를 보고서는 말했다.

"글쎄 말이야, 내가 저기 식료품가게 앞에서 빌을 보았는데 울고 있더라구. 분명히 부인하고 또 한바탕 한 거 같아."

그 말을 듣던 랄프가 열을 내며 말했다.

"그럴 줄 알았어. 이 상태가 계속되면 그들은 분명히 이혼하고 말거야."

말을 다한 랄프는 거리를 가다가 베티를 만났다.

그가 그녀에게 다가서더니만 이렇게 말했다.

"빌하고 그의 아내가 이혼할 거라는데 소식 못 들었어?"

당신은 빌이 왜 눈물을 흘렸다고 생각하는가? 짐이 빌에게 가서 왜 눈물을 흘렸는지 물어봤다면, 빌은 무릎 위에 올려놨던 쇼핑백에서 양파냄새가 너무 심해서 눈물이 났다고 했을 것이다.

다섯째, 비언어적 커뮤니케이션

위에서 말한 커뮤니케이션 유형들은 사실과는 거리가 먼 심각할 정도의 잘못된 내용들을 가지고 있다. 그 때문에 듣는 이들은 자기가 들었던 내용들을 자기 나름대로 재해석해야만 한다.

쉽게 말해, 듣는 이들은 상대방이 한 말을 토대로 머릿속에서 추측하고 결론을 짓는 등 이것저것 요리를 한다. 그러나 그러한 재해석 과정조차도 원래 실제가 아닌 듣는 이가 만들어 낸 허구에 불과하기 때문에 사실을 이해하는데 도움이 되기보다는 오히려 장애가 되곤 한다. 그래서 사람들 사이에 오해가 발생하고 사이가 틀어진다.

사람과 사람 사이의 갭을 다루면서 마지막으로 이야기 할 필요가 있는 유형은 바로 비언어적 커뮤니케이션이다. 이 유형은 말하는 이와 듣는 이 사이의 갭을 가장 크게 벌릴 수 있는 커뮤니케이션 방법이다.

말하는 이와 듣는 이 쌍방이 모두 별로 이야기하고 싶지 않을 경우에 그들은 말로써 자신들의 감정을 직접 표현하기보다 얼굴표정이나 몸 동작 등을 사용하여 간접적으로 자신의 의도를 나타낸다. 다음의 예를 보자.

우리가 지금 어떤 모임에 참석하고 있다고 가정해 보자. 참석자 중 한 명인 조지가 대화에 활발하게 참여하고 있다가 갑자기 아무 말을 하지 않고 침묵을 지키고 있다. 그의 안색은 약간 불그스름하며 입술을 실룩실룩거리고 테이블을 펜으로 두드리는 속도가 두 배로 빨라지고 있다. 그가 침묵하고 있는 가운데 우리는 마음속으로 이 같이 추측할 수 있다.

'내가 방금 조지를 화내게끔 만든 뭔가를 말했나. 그가 매우 성미가 급한 사람인데 그와 관련된 말을 할 때는 매우 조심해야 하는데, 그의 표정을 보니 정말 화가 나 있는 것이 분명해.'

그 후 우리는 우리가 내린 추측을 바탕으로 조지로부터 돌아서서 다시는 그와 눈조차 마주치지 않으려고 할 것이다. 만일 조지의 표정에 대해서 그와 이야기를 나누었더라면 그 이유를 더 잘 이해할 수 있을 것이다. 물론 조지가 무슨 일이 일어났는지를 솔직하게 말하지 않을 수도 있고, 앞에서 우리가 살펴보았던 두 개 혹은 세 개의 커뮤니케이션 형태를 함께 사용할지도 모른다.

만일 그렇다면 우리는 여전히 그가 사실을 말하고 있는지 아닌지에 대해서 확실하게 알 수 없을 것이다. 그는 그저 간단하게 별일 아니라고 말하거나, 어쩌면 자신의 얼굴표정이 바뀐 것조차 부인하고 넘어갈 수 있다.

한편, 우리는 이 같이 이해할 수도 있다. 그는 집에서 있었던 어떤 일 때문에 마음이 쓰인다고 말할 가능성도 충분히 있는 것이다. 즉, 십대 청소년인 아들이 그에게 기분 나쁜 말을 했는데 회의 때문에 급히 집을 나서야만 해서 그의 아들과 대화할 수 있는 충분한 시간이 없었다. 그래서 심기가 불편한 것이다. 이 경우, 조지의 바뀐 얼굴표정과 회의와는 아무런 관계가 없다 7장 참고.

내가 경청기술을 강의할 때 사람들과 이야기를 나누면서 자주 경험하는 것들은 사람들이 나에게 도움이 필요하다고 직접 말하지 않으면서 자기들이 언제 나를 필요로 할 지를 내가 알고 있을 거라고 믿고 있다는 것이다.

최근에 나는 한 통의 편지를 받았는데, 보낸 사람은 내가 이전에 인도했던 워크숍 참석자였다. 그는 편지에서 내가 자기와 대화를 나누지 않아서 화가 났다고 말했다. 그 내용은 다음과 같다.

그는 나와 이야기하기 위해서 워크숍이 끝나갈 무렵부터 나를 기다리고 있었다고 한다. 그런데 그때 하필 내가 또 다른 곳에서 강의를 해야 했기에 바빠 서둘러서 물건들을 챙겨가지고 가야만 했었다. 그때 그는 나에게 오지 않았으며, 심지어는 나와 이야기하고 싶다고 말로 표현하지도 않았다.

편지에서 그는 그 날 내가 자기와는 이야기를 나누지 않고 다른 사람들하고만 대화를 나눴기 때문에 내가 자신의 필요에 민감하지 않았다고 언급하고 있었다. 한 마디로 나는 남을 배려할 줄 모르는 사람이라는 것이다. 우연치 않게 그 날 내 강연의 주제가 경청을 통하여 어떻게 다른 사람들을 잘 돌볼 수 있느냐를 전하는 것이었기에 그 사람이 내린 가정을 보다 설득력 있게 만들어 주었다. 그의 믿음체계 추론 는 실제 나와는 거리가 좀 있었다. 그 어떤 리더나 목회자나 혹은 남을 잘 돌보는 사람일지라도 자신이 속한 그룹의 모든 요구사항들을 다 충족시켜 줄 수는 없다.

한 조직에서 한 사람이 돌볼 수 있는 적정 인원수는 10명에서 12명 정도이다. 대부분의 사람들은 한 번에 그 이상의 사람들을 돌볼 수 있는 충분한 시간과 에너지를 가지고 있지 못하다. 제한된 시간내에서 10명에서 12명 정도를 돌아가면서 돌보는 것은 가능하다. 하지만 우리들 대부분은 아마도 그 이상을 돌보는 것은 무리일 것이다.

커뮤니케이션의 다섯 가지 유형

1. 직접적이고 공개적인 피드백

커뮤니케이션이 당사자들이나 그룹들 간에 공개적이고 충분하게 이루어진다. 활력이 넘치며 감정들이 긍정적이거나 확실하다. 자료들은 정확성을 위해 점검되며 생산적이고 유용한 관계들이 형성된다.

2. 공개적이지만 부분적인 커뮤니케이션

공개적이지만 필요한 정보가 커뮤니케이션이 빠진 채로 이루어진다. 커뮤니케이션의 내용을 점검하면서 듣는 이는 잃어버린 정보에 대해서 여러 가지 추측들을 해야만 한다. 그럼에도 불구하고 청취자는 여전히 말하는 이가 충분한 정보를 말하고 있다고 믿는다.

3. 완전히 공개되었지만 왜곡된 정보

커뮤니케이션이 잘 이루어지지만 사실이 아닌 정보, 왜곡된 정보들을 주고 받는다. 듣는 이들은 왜곡된 것들을 사실로서 믿거나 직접 추측해야만 한다.

4. 왜곡되고 불충분한 정보

이 커뮤니케이션 방식은 청취자가 받은 정보에서 발생하는 커다란 갭을 메우기 위해서 추측을 해야 한다. 정보 중 많은 부분들이 왜곡되었기 때문에 듣는 이들이 어떤 것이 사실에 기초한 것인지 아니면 투사 projection 나 추측에서 나온 것인지를 결정하기가 어렵다.

5. 비언어적 커뮤니케이션

언어적 커뮤니케이션이 완전히 차단된다. 말하는 이와 듣는 이는 자신들의 의도를 부인하는데 온통 신경을 쓴다. 듣는 이들이 해야 할 일은 단지 사실에 근거한 것인지도 모르는 내용을 추론하고 가정하며 추측하는 것 외엔 별 다른 방도가 없다.

개인간의 갭에 대한 이야기를 마치면서

이 책을 쓴 목적 중 하나는 독자들이 사람과 사람 사이의 갭을 줄일 수 있는 기술을 향상시킬 수 있도록 돕는 데 있다. 이 장을 마무리하면서 갭의 다른 면과 앞으로 논의될 경청기술이 어떻게 커뮤니케이션에서 발생할 수 있는 실수들을 줄이는데 도움이 되는지에 대해서 말하려고 한다.

보통, 커뮤니케이션에서 말하는 자는 네 가지 사항들을 상대방에게 전달한다. (1) 느낌들, (2) 의도들, (3) 태도들, (4) 생각들이다.

이 네 가지 특성들은 매우 사적인 privacy 것들이다. 여기서 사적이라 함은 듣는 이들은 위에서 말한 네 가지 특성들에 대해 말하는 이가 알려주지 않으면 알 수 없다는 것을 뜻한다.

가령, 나는 나의 신경시스템을 독자들의 신경시스템에 연결시킬 수 없으며 당연하게도 독자들이 느끼는 것과 똑같이 느낄 수 없다. 솔직히 말해 나는 상대방의 속내가 무엇인지 알 수 없다. 상대방의 태도에 대해 나는 도무지 알 길이 없다. 왜냐하면 나는 그가 이 세계에 대해서 무엇을 믿고 있는지 확신할 수 없으며, 더 분명한 사실은 나는 상대방이 생각하는 것을 알 수 있는 초인적인 능력이 없다는 것이다.

말하는 이가 자신의 개인적인 내면상태와 형편에 대해 이야기하고자 할 때 일반적으로도 다음의 세 가지 기본적인 커뮤니케이션 형태를 취한다.

(1) 언어 혹은 말 words : 커뮤니케이션 전체 과정 중 보통 7퍼센트를 차지한다.

(2) 음색 또는 음조 tone of voice : 언어나 말을 동반해서 전달되기도 하며 그렇지 않을 때도 있다. 전체 커뮤니케이션 과정에서 38퍼센트를 차지한다.

(3) 신체언어 body language : 전체 커뮤니케이션의 55퍼센트를 차지한다. 일반적으로 사람들은 위에서 말한 세 가지 방법들을 통하여 자신의 내부에서부터 외부세계로 정보를 전달한다.

이 과정을 정보의 암호화 encoding 과정이라고 부른다. 이 과정에서 말하는 이는 보낼 메시지를 암호로 전환하며, 듣는 이는 다른 사람의 커뮤니케이션을 듣고 보았을 때 반드시 받은 메시지를 해석해서 그 의미를 이해해야 한다.

이 때, 말하는 이가 보낸 메시지는 듣는 이에게 영향을 미치는데 말하는 이의 의미와 반드시 일치하지는 않더라도 듣는 이는 마음속으로 그와 유사한 이해를 갖기 위하여 빠르게 반응한다.

한편, 듣는 이의 내부에서는 이 같은 반응들이 일어난다.

(1) 느낌들 feelings : 환경의 자극, 즉 말하는 이의 커뮤니케이션의 결과로 야기된다.

(2) 추론들 inferences : 말하는 이가 이런 의도를 가지고 이야기했을 거라고 믿으며 듣는 이가 이끌어 낸다.

(3) 태도들 attitudes : 듣는 이의 신념과 관점을 나타내며, 말하는 이가 보낸 메시지의 의미를 여과하는 역할을 한다.

(4) 사고들 thoughts : 말하는 이가 무언가를 말했을 때 듣는 이의 내부에서 은밀하

게 벌어지는 내면의 대화를 말한다.

메시지를 해석할 때 야기되는 문제들

앞에서도 잠깐 말한 바 있지만, 사람과 사람 사이의 갭에서 중요한 사실은 말하는 이가 의도한 것과는 다른 어떤 것을 듣는 이가 추론할 때 갭이 발생한다는 점이다. 사실, 똑같은 메시지를 가지고 말하는 이가 암호화시킨 내용과는 전혀 다르게 듣는 이가 해석하는 일은 우리 주변에서 얼마든지 찾아볼 수 있다.

예를 들면, 우리가 교회의 친구로부터 어떤 두 사람이 다음 주말에 교회를 방문하여 우리와 한 시간을 함께 보내기를 원한다는 내용의 전화를 받았다.

그런데 그 말을 전달한 친구는 그들이 왜 교회에 오기를 원하는지를 말하지 않았기 때문에 우리는 그들의 의도를 추론해야만 할 형편이다. 그들의 목적을 다양한 방법으로 추론할 수 있다.

1. 그들은 자신들의 기관에서 필요한 돈을 요청하기 위해 올 것이다.
2. 그들은 일자리를 요청할 것이다.
3. 그들은 프로젝트에 대한 조언을 듣기 위해 올 것이다.
4. 그들은 그들의 모임에 우리가 오지 않은 것을 항의하기 위해 올것이다.
5. 그들은 자신들이 출마한 이번 선거에 그들에 대한 지지를 요청하기 위해 올 것이다.

우리는 위의 리스트를 토대로 추론을 만들 수 있다. 한편, 말하는 이는 듣는 이가 자신이 의도한 것과 같은 생각을 하도록 유도하고자 보충 정보들을 일부러 흘리는 경우도 있다. 예를 들면, 말하는 이는 자기가 능력있는 리더라는 것을 청취자가 알기를 원한다.

이 목적을 달성하기 위하여 그녀는:
1. 자기가 얼마나 많은 연설 요청 예약을 받았는지를 말한다.
2. 자기가 큰 회사의 회장으로부터 전국대회의 연사로 초청받았다고 말한다.
3. 자기의 최근 업적이 실린 신문기사를 건네준다.
4. 자기의 최근 비디오 테입을 보여주도록 요청한다.
5. 자기가 심야 텔레비전쇼에 초대손님으로 초청되었다는 사실을 알려준다.

그러나 위에 나타난 노력에도 불구하고 듣는 이가 내리는 그 어떤 추론도 말하는 이의 의도를 거의 완벽하게 나타낼 수는 없다.

이와 같이 사람간의 커뮤니케이션에서 발생하는 잠재적인 갭 때문에 듣는 이는 자신이 상대방이 말한 바를 정확하게 이해하고 있는 지를 확인하기 위하여 말하는 이에게 자신이 받은 것을 피드백하는 것이 필요하다. 한마디로 말하면, 피드백은 보내진 것이 제대로 받아들여졌는지를 확인할 수 있는 좋은 수단이라 할 수 있다.

이 책은 독자에게 피드백하는 방법 중 몇 가지를 알려준다. 나는 그러한 방법들을 "심층 경청기술" In-Depth Listening Skills 이라고 부른다. 이 기술은 우리가 받은 정보를 잘 이해했는지의 여부를 확인하기 위해서 말하는 이에게 정보를 다시 전달하는 기술을 뜻한다.

여기에는 여러 가지 방법들이 있다. 이러한 기술들은 말하는 이의 행동들을 우리가 아주 잘 이해할 수 있도록 도와주며, 어떤 경우에는 오히려 듣는 사람이 정작 말하는 사람에 대하여 더 많은 것들을 알게 되는 경우도 있을 수 있다.

우리가 여기서 피드백과 관련해서 기억해야 할 것은 앞에서 열거한 다섯 가지 커뮤니케이션 유형 중 어느 것을 사용하던지 듣는 이에게는 늘 오해가 발생하기 마련이며, 그러한 오해들을 풀기 위하여 피드백 기술을 사용할 필요성이 대두되고 있다는 것이다.

경청기술의 목적은 우리가 얼마나 상대방의 말을 잘 이해했는지를 점검하는 기회를 제공하는 한편, 그러한 점검이 어느 정도로 정확하게 이루어졌는지의 여부를 테스트 하기 위한 것이다. 물론 이 책에서 다루는 기술들이 절대로 완벽할 수는 없겠지만 적어도 주어진 상황에서 발생할 수 있는 실수를 최소화 할 수는 있을 거라고 믿는다.

상징과 비유로서의 언어

우리는 주로 신체언어와 음성언어를 사용하여 우리의 감정과 지식을 표현하는데, 그럴 때마다 필연적으로 피할 수 없는 어려움이 뒤따르기 마련이다. 즉, 말하는 사람이 사용하는 어떤 단어나 절 phrase이 듣는 사람의 입장에서 전혀 다른 의미로 받아들여지는 경우가 있다는 것이다.

내가 어느 컨퍼런스를 인도할 때 한 젊은 여성이 강의시간 도중에 나가는 것을 보았다. 그 때 나는 "거북이"스트레스를 받거나 갈등 중에 있을 때 움츠려드는 사람들을 가리킨다 와 그들이 그러한 환경에서 원하는 것을 얻는 한 방법, 즉 어떻게 다른 사람들로 하여금 죄책감을 느끼도록 할 수 있는지에 대해서 이야기하고 있었다. 컨퍼런스를 마친 후 가진 그녀와의 대화를 통해 나는 내가 사용한 말들이 어떻게 그녀를 당황하게 했었는지를 알게 되었다.

그녀는 내가 의도했던 것과는 달리 "거북이"라는 말을 들었을 때 "조종"manipulate이라는 단어를 떠올리고 있었던 것이다.

나는 이 단어를 "다른 사람에게 영향을 행사하는 것"으로 사용했었다. 반면에, 그녀는 그것을 다른 사람들에게 자기들도 하기 싫은 어떤 것을 하도록 조종하고 강요하는 의미로 받아들였다. 그녀는 자기 자신을 거북이와 동일시했기 때문에 내가 자신을 놀렸으며 화가나서 강의장을 떠났다고 했다. 대화를 나눈 후 나는 왜 그녀가 내가 말한 것에 대해 그렇게 예민하게 반응했는지에 대해서 보다 잘 이해할 수 있었다.

나는 자주 교회를 대상으로 컨설팅을 해주곤 한다. 그런데 교회에서 자주 발생하는 갈등은 종교적인 단어들에 대한 의미의 차이 때문일 수 있다는 것을 알았다.

만약에 어떤 사람이 사용한 단어의 의미를 내가 똑같이 이해하지 않는다면 나는 그의 말을 듣고는 있지만 실제로는 그와는 다른 것을 생각할 수밖에 없을 것이다. 이러한 이유 때문에 다른 사람들이 이야기하는 것을 들을 때는 자주 그것이 무엇을 뜻하는지를 점검하는 것이 중요하다. 교회에서 사용하는 말 중에 전도, 구원 받음, 죄 또는 하늘 천국 이란 단어들은 사실 다른 많은 의미들을 함축하고 있다.

나는 전도라는 단어에 대한 21가지의 다양한 정의를 가진 리스트를 사용하는데, 이 리스트는 웬델 멘나이 Wendell Mennigh 박사가 자신의 드류신학교 박사학위 논문에서 작성한 것이다. 이러한 유형의 단어들에 대해서 각 신앙 공동체에서는 자신들 나름대로의 의미를 정의할 필요성이 있다.

어떤 사람이 나에게 전도에 대해서 말하고 있다고 가정해보자. 나는 상대방이 전도라는 단어를 사용할 때 그것을 내 나름대로 정의를 내린다. 그 후, 내가 내린 전도의 의미가 그 사람의 것과 같다고 추론하며 그의 말을 계속 듣고 있을 경우 바로 위에서 말한 사람간의 갭이 발생한다.

테네시 주 내쉬빌에 사업차 여행을 갔을 때 나는 공항과 가까운 호텔에 머물렀다. 그 호텔은 공항까지 셔틀버스 서비스를 제공하지 않았기 때문에 나는 호텔 프런트 직원에게 전화를 걸어 물어보았다.

"내가 어떻게 공항까지 갈 수 있습니까?"

"호텔에서 왼쪽으로 돌아서 첫번째 정지 신호까지 가신 후 오른쪽으로 돌아서 …."

여기까지 들은 나는 그의 이야기를 중간에서 끊고 다시 말했다.

"나는 방향에 대해서는 알 필요 없구요, 교통편을 알고 싶은데요."

직원은 그때서야 "아, 미안합니다. 제가 택시를 불러드릴 수 있습니다"라고 대답하는 것이었다. 그녀는 내가 물었던 "내가 어떻게 갈 수 있는지"를 '방향'으로 이해하고 있었다. 반면에, 나는 '내가 이용할 수 있는 교통편'을 의미했던 것이다.

이 책을 읽고 있는 독자들도 아마 이와 비슷한 경험을 한 적이 있을 것이다.

제1부

기본적인 경청기술들

1장
부연설명 기술

　이제부터 경청기술을 배우기 위한 본격적인 여행을 떠나보자.

　맨 처음으로, 살펴보고자 하는 기술은 부연설명 paraphrase이다. 부연설명이란 상대방이 말한 것을 들은 다음, 우리 자신의 말로 말한 이에게 그가 한 말을 다시 전달하는 행위라고 할 수 있다.

　아주 간단히 말하면, 내용을 요약하는 것이다. 이때 듣는 이는 단지 상대방이 말로 표현한 것만 다루어야 한다. 바꾸어 말하면 만일 말하는 이가 특별히 언급하지 않는 한 그가 말하지 않은 감정적인 요소까지 추측해서 말할 필요가 없다는 것이다.

　부연설명을 하는 가장 큰 목적은 상대방의 말을 들었을 때 우리가 그 내용을 제대로 듣고 이해했는지를 점검하도록 하기 위함이다. 또한 만일 우리가 부정확하게 상대방의 메시지를 해석했을 경우 발생할 수 있는 사람간의 갭을 좁힐 수 있도록 도와주기도 한다.

　아마도 독자들 중에는 언뜻보기에 부연설명 기술이 쉬울 것이라고 얕잡아 생각할 수 있을 것이다. 하지만 내 생각에는 우리 가운데 대부분의 사람들은 부연설명을 잘 하기 위해서는 아주 고도의 집중이 요구된다. 특히,

다른 사람들이 말하는 것을 잘 듣지 아니하면 다른 사람이 말한 것을 부연설명할 수 없게 된다는 점 때문에 듣는 이는 말하는 이에게 충분한 관심을 보여야 한다. 이제 보다 구체적으로 부연설명에 대해 알아보도록 하자.

핵심 단어들: 세분화하기

부연설명을 커뮤니케이션 기술로 한 번도 사용해 본 적이 없는 독자라면 너무 겁먹지 말라. 우선 전체를 조그마한 규모로 천천히 나누는 기술이 매우 중요하다는 것을 기억하면 좋겠다.

이를 위한 한 가지 요령은 상대방의 말이나 이야기 안에서 핵심 단어들을 분별해 내는 것이다. 이것이 상대방이 말한 것 전부를 기억하려고 애쓰는 것보다 더 쉽다. 언어로 표현된 전체 메시지를 몇 개의 핵심단어들로 "세분화"함으로써 상대방이 말한 내용의 핵심을 얻을 수 있게 된다. 그러면 핵심 단어들은 무엇이고 어떻게 찾아내는가?

핵심 단어들은 상대방이 말한 내용 중에서 어떤 의미를 줄 수 있는 동사들이나 명사들 그리고 형용사들이다. 이 기술을 처음 배우는 독자들은 처음에 부연설명을 활용할 때에 아마도 많은 단어들 중에서 단지 두 개나 혹은 기껏해야 세 개 정도만을 기억해서 사용할 것이다. 그러다가 차츰 이 기술이 익숙해지면 그 다음에는 더 많은 단어들을 기억하여 부연설명을 할 수 있을 것이다.

부연설명의 개념에 대해서 쉬운 예를 들어보자.

다음의 예는 어느 인터뷰에서 사용되었던 내용이다.

먼저, 핵심 단어들을 골라 **고딕 서체**로 강조하고, 마지막으로 그러한 핵심 단어들을 사용하여 어떻게 부연설명하는지 설명해 보겠다.

"나는 어제 모임에 참석할 수 없었다. 왜냐하면 차를 길가로 빼려고 후진하고 있을 때 다섯 살짜리 딸이 앞마당 잔디에 있는 그네를 타고 있었다. 딸아이가 나에게 손을 흔들려고 한 손을 그네에서 놓고 있다가 그만 떨어져서 팔이 부러지고 말았어. 나는 모임에 가는 것을 포기하고 아이를 병원으로 데려갔다. 딸아이는 지금 아무 이상이 없지만 나는 그 순간에 너무 놀랐었다."

이 말을 들었을 때 떠오르는 핵심 단어나 절을 고딕 서체로 표기해보자.
"나는 어제 **모임**에 참석할 수 없었다. 왜냐하면 차를 길가로 빼려고 후진하고 있을 때 다섯 살짜리 **딸**이 앞마당 잔디에 있는 그네를 타고 있었다. 딸아이가 나에게 손을 **흔들려고** 한 손을 그네에서 놓고 있다가 그만 **떨어져서** 팔이 **부러지고** 말았다. 나는 아이를 **병원**으로 데려갔다. 딸아이는 지금 아무 이상이 없지만 나는 그 순간에 너무 **놀랐었다**."

부연설명은 다음과 같이 할 수 있을 것이다.
"당신은 당신의 딸이 그네에서 떨어져 팔이 부러졌기 때문에 모임에 참석하지 못했다고 말하고 있다. 당신은 딸을 병원으로 데려갔었다."

여기에서 독자들은 내가 전체 메시지를 기억나게 하는 핵심 단어들을 선택해서 사용하고 있다는 것을 눈치챌 수 있었을 것이다. 그런데 핵심 단어를 고르는 것은 주어진 시간이 충분하거나 책을 읽을 때는 그리 어려운 일이 아니다. 하지만 상대방의 말을 듣고 있을 때 더군다나 그가 빨리 말할 때는 생각보다 어려운 작업이다.

그렇기 때문에 처음에는 말이 아니라 글로 적힌 텍스트를 가지고 연습하는 것이 도움이 된다. 그 다음에 자신감이 생기면 실제 대화의 현장에서 이루어지는 말들을 가지고 자신의 부연설명을 써보라.

부연설명의 구조

부연설명은 두 가지 요소들을 가지고 있다.

(1) 말머리, (2) 핵심 단어나 절을 사용한 내용의 재언급이다.

말머리는 서론에 해당하는 표현이며 부연설명을 처음 시작하는 부분이다. 실제 부연설명 과정에서 자주 사용되는 말머리에 해당되는 부분으로 다음과 같은 표현들이 있다.

- 당신은 말하기를 …
- 내가 듣기에 당신은 이렇게 말했지요 …
- 당신은 나에게 말하기를 …
- 만일 내가 들은 것이 맞다면, 당신은 …
- 내가 들은 것을 말하자면 …

위에서 예로 든 말들 이외에도 독자들은 나름대로 주로 사용하는 다른 많은 표현들이 있을 것이다. 말머리의 목적은 우리가 부연설명을 할 때 생각을 모을 수 있는 시간을 벌게 해주는 데 있다. 그것은 또한 말하는 이로 하여금 우리가 들은 것에 대한 피드백을 시도하고 있다는 것을 알도록 해준다.

그러나 말머리가 항상 필요한 것은 아니다. 연습을 통해 부연설명이 익숙해지면 말머리로 시작하지 않고 바로 내용의 재언급으로 들어가는 일은 흔히 있는 일이다.

부연설명의 두 번째 요소는 몇 가지 핵심 단어들을 가지고 실제적으로 말하는 이에게 물어보는 부분을 말한다. 말하는 이에게 특별한 피드백을 주는 것이 부연설명의 목적이기 때문에 말하는 이와 듣는 이 모두 의사소통한 것을 점검할 수 있다. 중요한 점은 재진술은 위에서 말한 것처럼 중요한 의미들을 지니는 몇 가지 단어들을 담고 있어야만 한다.

대안적인 형식의 부연설명

한편, 위에서 언급한 것과는 다른 목적으로 부연설명을 사용하기도 한다. 즉, 어떤 사람들은 단지 상대방이 말한 내용 그 자체보다는 그가 보낸 메시지의 의미를 점검하기 위해 부연설명을 사용한다. 물론 대부분의 경우, 우리는 말하는 이에게 그가 전달한 메시지의 내용에 대해서 피드백 해 주는 기능으로서 부연설명을 사용한다.

그러나 때로는 내용 중심의 부연설명과는 다른 의미중심의 부연설명 즉, 메시지에 함축된 의미를 발견하는데 목적을 가지는 경우도 있다. 사람들은 이런 형태의 부연설명을 다른 말로 '의미점검'이라고 부른다. 이것은 내용 점검의 부연설명과 느낌을 비롯한 인지점검 사이의 중간 과정이라고 볼 수 있다. 요약하면, 듣는 이가 말하는 이가 전달한 내용에서 의미를 추론하는 과정을 의미한다.

나는 앞장에서 다른 사람이 의미하는 것을 추론하는 과정에서 발생하는 사람간의 갭에 대해서 말한 바 있다. 듣는 이는 말하는 이가 의미하는 것을 추론만 할 뿐 내용 자체는 전혀 점검하지 않을 수도 있다. 이러한 의미점검의 목적은 너무나 자주 아무 생각없이 말하는 이의 내용을 정확하게 해석했을 것이라고 믿는 우리의 경향을 경계하는 것이다. 즉, 우리의 해석이 잘못됐을 수가 충분히 있다는 것을 기억할 필요가 있다.

로이스 체니 Lois A. Cheney 가 쓴 「하나님은 바보가 아니시다」 God Is No Fool 에는 이러한 현상을 아주 잘 보여주는 대목이 나온다.

어느 날 한 작은 아이가 자기가 학교에서 그린 그림을 엄마에게 의기양양하게 보여주었다. 엄마는 그것을 보고 이리저리 몇 번씩 살펴보다가 중얼거렸다.

"와우, 대단한데, 너무 잘 그렸네."

그러다가 갑자기 감탄하면서 말했다.

"오! 이제, 네가 무엇을 그렸는지 알겠는 걸. 이것은 집과 나무, 저것은 큰 태양, 그리고 …."

그 순간, 꼬마는 종이를 빼앗더니 구겨버리고 고함을 치며 말했다.

"그것은 그런 뜻이 아니에요!"

당신은 매우 주의깊게 사물들이 어떻게 이루어져 있으며, 서로의 역할이 무엇이고, 왜 그들이 그런 역할을 하고 있는지 레이아웃한 후 뒤로 물러서 보며 만족해 본 적이 있는가? 그 다음에 당신은 누군가 당신이 말한 것을 반복하는 것을 듣는다. 그러나 당신은 그것을 거의 인식하지 못하고 당신의 뇌는 이렇게 소리를 지른다.

"그것은 그런 뜻이 아니에요!"

당신은 온 마음을 다해 아주 조그마한 것까지도 정말 어떻게 느끼는지를 알기 위해 애써본 적이 있는가? 그리고 난 다음 정말 아주 당신에게 있어 특별한 누군가에게 말한 적이 있는가? 그리고 결국 그가 너무도 잘못

되고 또 잘못된 엉터리 같이 반응할 때 당신은 온 몸으로 이렇게 외친다.

"그것은 그런 뜻이 아니에요!"

- 때때로 하나님에 대해서 이야기할 때
- 하나님께 기도할 때
- 내가 하나님을 위해 무언가 일을 할 때
- 때때로 내가 교회에서 너무 바쁠 때 나는 알고 싶다
- 하나님께서 한숨을 쉬지는 않으시는지
- 또는 속삭이시는지
- 또는 말씀하시는지
- 또는 소리치시지 않으시는지

그것은 그런 뜻이 아니에요!

평범한 대화 속에서 위의 이야기와 똑같은 경우의 갭이 특별한 의미를 전달하고자 애쓸 때 발생할 수 있다. 단어들의 뜻은 사람마다 다를 수 있다. 내가 의미하는 것을 다른 사람들도 똑같은 의미로 사용할 것이라고 항상 기대할 수는 없다는 말이다.

그러므로 때때로 말하는 이가 말한 것을 듣는 이가 어떻게 이해했는지, 그리고 그것이 맞는지를 다시 확인할 필요가 있다. 다음의 대화를 살펴보자.

제리: "내가 당신에게 부탁한 프로젝트가 아직 끝나지 않은 것 같은데."

밥: (제리가 말을 마치기 전에 중간에 말을 막으며) "만일 내가 한 것이 마음에 들지 않으면 이 일을 다른 사람에게 맡기세요!"

그 후 그들의 대화는 이렇게 계속 된다.

제리: "나는 다른 사람에게 이 일을 맡기기를 원하는 게 아니고 단지 당신에게 말하고 싶은 것은 …."

밥: "당신은 늘 그런 식이에요. 늘 나를 누르려 하고 내 일에 대해서 비판만 하는 …."

제리: "밥, 제발 좀 조용히 하고 내 말 좀 들어봐요. 나는 당신이 이 일을 끝내지 않아도 괜찮다는 것을 말하려는 것이에요. 사장님에게 전체 아이디어를 다시 세우기로 했다고 말했단 말이에요. 그래서 나는 당신이 그 프로젝트에 더 많은 시간을 들이지 않기를 바란다고 말하고 싶은 거예요. 만일 당신이 내가 말하는 중에 끼어들지 않고 내 말을 끝까지 들었다면 이런 말다툼 할 필요가 없지 않았겠어요."

밥: "아하! 그렇습니까? 내가 이 일을 끝마치지 않아도 괜찮다는 의미였군요. 내가 괜히 헛수고 할 뻔했네요."

제리: "이제서야 내 말을 알아듣네요!"

우리가 다른 사람들과 이야기를 나눌 때 그가 말하고 있는 것의 의미를 계속 점검하는 것은 큰 도움이 된다.

여러분, 당신이 유추한 것이 말한 것과 동일할 것이라고 추측하지 말기를 바란다. 아마도 그 메시지를 엉뚱하게 해석하고 있는지 누가 알랴.

부연설명의 두 가지 방법

1. **내용의 부연설명**

   당신이 들은 말들이 말하는 이가 한 말인지 아닌지를 점검하기.

2. **의미의 부연설명**

   당신이 생각하는 의미가 말하는 이의 의미와 같은지를 점검하기.

2장
생산적인 질문을 하는 기술

생산적인 질문을 하는 기술은 얼핏 쉬워 보인다. 그러기 때문에 특별한 주의가 필요하지 않다고 생각을 아주 많이 한다. 사실, 우리는 어릴 때부터 어떻게 질문을 해야 하는지를 배워왔다. 예를 들면, "왜?" "아빠, 그게 뭐야?" "엄마, 우리 언제 할아버지한테 선물 받아?" 등의 질문들 말이다.

우리는 이러한 질문들을 자주 하거나 들으며 살아가고 있다. 아이들은 이 세상에 대해서 궁금한 것이 왜 그리도 많은지 시도 때도 없이 이것저것 시시콜콜하게 묻는다. 아이들이 질문을 하는 것은 극히 자연스런 일이다. 그래서 어른들은 부모님이나 선생님 혹은 친구들 아이들이 질문을 자유롭게 할 수 있도록 도와주어야 한다.

이러한 자유로운 질문들을 함으로써 아이들은 이 세상에 대해서 지속적인 관심를 가질 수 있는 것이다. 더 나아가 삶과 세상에 대한 호기심은 아이들이 지식을 탐구하고 계속 발전할 수 있도록 도와준다.

반면에, 만일 아이들이 "쉿! 조용히 해!" 혹은 "왜냐고 다시는 묻지마!"라는 말을 듣게 되면 세상에 대한 아이들의 호기심은 줄어들기 마련이다. 우리가 궁금한 것들, 사람들, 활발한 조직생활, 국가와 각 지방에 대한 관심사, 그리고 각 개인들은 어떤 행동을 할 때 왜 그렇게 할까? 등 알고 싶은 것들이 많다면 생산적인 질문을 하도록 돕는 이 기술이 매우 유용하고 배울만한 가치가 있다는 것을 발견하게 될 것이다.

우선, 생산적인 질문을 하는데 가장 필요한 전제조건이 있다. 그것은 잘 들어야 한다는 것이다. 왜냐하면 우리가 말하는 이의 말을 주의 깊게 듣지 않으면 적절한 질문을 하는 것이 원초적으로 불가능하기 때문이다.

"적절한 질문"들은 다름이 아니라 상대방이 말한 주제와 관련이 있는 질문을 말한다. 특히 알맞은 때에 적절한 질문을 하는 것은 말하는 이를 도울 뿐만 아니라 우리에게 필요한 정보를 이끌어 낼 수 있다는 점에서 매우 큰 위력을 발휘하게 된다. 이러한 질문들을 통하여 말하는 이와 듣는 이가 서로 의사소통하고 있는 것에 대해 보다 깊은 이해를 할 수 있게 된다는 점에서 생산적인 질문에 대한 기술은 매우 중요하다.

비유적으로 말하면, 생산적인 질문은 대화를 계속 이어가기 위한 연료가 된다고 말할 수 있다. 여기서 한 가지 주의해야 할 것은 만일 질문의 의도가 말하는 이를 돕는 것보다 그를 함정에 빠지게 하기 위한 의도에서 나온 것이라면 그 질문은 더 이상 "생산적"이지 못하다는 것이다.

질문을 긍정적으로 하라

우리는 대화하는 과정에서 세 가지 다른 방법을 통하여 생산적인 질문들을 던질 수 있다: 자유정보 free information, 삭제 deletion, 언어적 왜곡 verbal distortion 등이다. 각각의 유형에 대해 다음에서 자세히 다루고 있는데, 이론적인 기초를 배운 다음에 직접 이 기술을 연습해 보도록 하자.

1. 자유정보

생산적인 질문을 함으로써 우리는 말하는 이의 이야기에 살을 더 붙일 수 있게 된다. 다른 말로 하면, 말하는 이가 자기 자신에 대해서 혹은 나누고 싶은 주제에 대해서 계속해서 이야기할 수 있도록 격려하는 것이다. 말하는 이가 자신의 이야기를 나누면서 종종 상대방이 묻지 않았던 정보를 주는 경우를 본 적이 있는가. 그러한 정보가 바로 "자유정보"이다. 자유정보는 이야기하는 사람이 의식적으로 말하는가 하면, 때로는 본인조차도 느끼지 못한 채 무의식적으로 표현하는 경우도 있다. 독자들의 이해를 돕기 위해 한 가지 예를 들어보도록 하자.

다음의 대화에서 **고딕 서체**로 표시된 부분은 자유정보로서 말하는 이가 자발적으로 언급한 것을 나타낸다. 다음에서 알 수 있듯이, 말하는 이가 주는 자유정보를 잘 경청하면 대화에 유익이 되는 질문을 할 수 있도록 듣는 이를 도와준다.

듣는 이 Listener, 이하 L: 안녕? 요즘 어때?

말하는 이 Speaker, 이하 S: 괜찮아, 너는 별 일 없니?

L: 응. 그런데 웬일이야?

S: 뭐, 그냥 답답해서?

L: 무슨 일인데 그래? 힘이 하나도 없어 보이네.

S: 요즘에 좀 힘드네, 피곤하고 … **내가 해고 당했다는 소리 들었니?**

L: 아니, 어쩌다?

S: 직장에 자주 늦게 출근했거든. **사람들은 아내가 아픈 것을 모르잖아. 나 외에는 누가 아내를 보살펴 주겠어.**

L: 그러면, 아내가 아파서 늦게 출근한 것 때문에 해고 당한거야? 아무리 그래도 그렇지, 너무했다. 아내가 얼마나 아팠었지?

S: 한 3년쯤 됐을 거야. 암에 걸렸었잖아.

L: 증세는 좀 어때?

S: 의사가 어제 다녀갔는데 한 달밖에는 더 살지 못한데. 설상가상으로 지금 직장을 잃어서 보험혜택도 받지 못하고 각종 고지서는 쌓이고 있는데 어쩌면 좋을지 모르겠다…

L: 어려움이 많겠네. 어떻게 해결책은 있는 거니? 그 외에 다른 일은 없고?

S: 왜, 너도 알지? 우리 딸 말이야. 글쎄 얼마 전에 출산했던 자녀가 그만 죽었지 뭐야. 6개월쯤 되었는데 태어나자마자 죽은거지. 딸이 그것 때문에 충격이 커.

L: 아, 큰 일이 겹쳤네. 왜 나를 보려고 왔는지 이제 이해가 된다.

위의 간단한 예화는 자유정보와 함께 듣는 이 입장에서 자유정보에 적절하게 반응하는 것이 얼마나 중요한 지에 대해서 알 수 있는 기회를 준다.

자유정보의 중요한 목적 중의 하나는, 말하는 이가 대화의 주제를 설정할 수 있도록 돕는데 있다. 설정된 의제는 그의 내면 깊은 곳에 숨겨져 있는 개인적인 아픔을 우리에게 말할 수 있는 좋은 수단이 되기 때문에 주의깊은 듣는 이는 말하는 이가 하고 싶은 말을 마음껏 할 수 있도록 도와주게 된다.

회사 면접 담당자들이 종종 저지르는 실수 중 하나는 피면접자들이 하는 말을 듣는 것보다 자기들이 이미 설정해 놓은 이야기의 방향으로 일방적으로 나간다는 것이다. 물론, 듣는 이가 특별한 고용인에 대한 결정을 내리기 위해서 필요한 특정 정보를 얻는 취업면접처럼 자료수집 면접 data-gathering interview 형태도 있기는 하지만 말이다.

사람들이 우리에게 자유정보를 제공한다는 것은 마치 문을 열고 우리들을 자신의 세계로 들어오라고 초청하는 것과 같다. 그러나 우리에게 자신들의 이야기의 한 부분을 허락하는 것이라 할지라도 만일 우리가 필요한 질문을 하지 않는다면 그들은 우리에게 더 이상 말하지 않게 된다.

나는 자유정보는 무의식 속으로 들어가는 통로와 같다는 것을 알게 되었다. 말하는 이는 문을 완전히는 잠그지 않고 약간 열어놓은 채 우리에게 들어오라고 손짓하는 것이다. 듣는 이의 요청에 대해서 우리가 이제 할 일은 말하는 이에게 이야기하고 있는 주제에 관해 좀 더 질문을 함으로써 그 다음 이야기에 대한 우리의 관심을 보여주는 것이다.

이렇게 볼 때, 자유정보는 상대방이 우리에게 주는 아주 특별한 선물이라 할 수 있다. 그것을 받아들임으로써 우리는 그 사람에게 가치를 주게 된다. 만일 우리가 그 선물을 거절한다면 상대방은 우리에게 돌봄을 받지 못했다는 느낌을 받고, 심지어는 거절감을 경험하게 될 것이다. 반면에, 만일 우리가 말하는 이가 주는 선물을 받아들여 그것에 대해 좀 더 관심을 갖고 질문을 하게 되면 말하는 이는 우리가 자기와 기꺼이 대화하고 싶고 더 많은 것을 공유할 수 있다는 것을 느끼게 된다.

2. 삭제

생산적인 질문과 관련이 있는 두 번째 유형은 삭제이다. 결론부터 말하면, 이것의 역할은 말하는 이의 불완전한 사고로부터 나온 유실된 정보

missing information을 말하는 이와 듣는 이가 서로 채울 수 있도록 돕는 것이다.

삭제는 밑 빠진 구멍이라 할 수 있다. 이것은 명확하게 이해하기 힘들도록 너무 두리뭉실하게 이루어져서 꼭 필요한 정보가 빠진 말인 셈이다. 삭제는 우리의 뇌에서 이루어지는 작용으로서 어떤 사실들이나 사람들 그리고 느낌들과 사건들에 대한 특별한 언급을 빠뜨리는 것이다. 이 때가 바로 생산적인 질문이 필요한 시점이다. 생산적인 질문들을 통하여 삭제된 정보를 채움으로써 듣는 이와 말하는 이가 대화를 보다 명확하고 효과적으로 이끌어 갈 수 있도록 길잡이 역할을 해 준다.

다음의 예는 여러 군데 필요한 정보들이 빠져있는 경우를 보여준다. 고딕서체 단어들은 꼭 필요하지만 빠진 정보들을 표시한다. 이어서 빠진 정보를 알기 위해서 어떤 질문들이 필요한지 알아보도록 하자.

"나는 어젯밤 (1) **모임에서** (2) **일어났던 일들을 좋아하지 않는다**. (3) 회장은 (4) **모임을 어떻게 진행해야 할 지를 몰랐고**, 그룹의 (5) **나머지 사람들**은 무슨 일이 (6) **벌어지고 있는지**에 대해서 (7) **무관심해 보였다**."

앞에서 **고딕서체**로 표시된 각 단어나 절들은 무의식적으로 빠뜨렸거나 아니면 고의로 숨겨진 정보가 있음을 나타낸다. 이 때 듣는 이는 말하는 이에게 특별한 질문을 던짐으로써 놓쳐버린 사실들이나 미처 알지 못했던 느낌들을 채울 수 있다. 다음의 목록들은 위에 든 예에 대해서 듣는 이가 물어볼 수 있는 몇 가지 질문들이다.

(1) **모임에서**: 어떤 유형의 모임에 참가했는가?

(2) **일어났던 일들을 좋아하지 않는다**: 무엇을 좋아하지 않았는가? 구

체적으로 어떤 일이 일어났는가?

(3) **회장**: 누가 회장이었는가? 그/그녀는 모임을 이끄는데에 필요한 무엇을 모르고 있었나?

(4) **모임을**: 그 모임의 목적은 무엇이었나?

(5) **나머지 사람들은**: 본인을 제외하고 어떤 사람들이 그 모임에 참석하였나? 당신이 알고 있었던 특정한 사람들이 있었나?

(6) **벌어지고**: 당신은 그 모임에서 발생했던 일을 기억하고 있나? 사람들은 무엇을 하고 있었나?

(7) **무관심해**: 어떤 방식으로 사람들이 무관심했는가? 특별히 당신에게 그들이 관심이 없어 보이게 만든 일이 있었나?

듣는 이는 한 번에 모든 질문을 다 물어볼 수 없다. 하지만 서서히 대화를 하는 가운데 상대방으로부터 어떠한 반응들을 들을 것이다. 다만, 질문을 하는 목적이 보다 구체적인 정보들을 주고 받으면서 대화를 보다 역동적으로 이끌려고 하는데 있음을 잊지 말아야 한다. 그런데 종종 말하는 이들은 자신이 무엇을 말하지 않았는지조차 알지 못 할 때가 있다.

이런 의미에서 훌륭한 듣는 이란 단지 추가적인 통찰력이나 정보를 얻는 것에 그치지 않고 동시에 말하는 이가 빠뜨린 정보가 무엇인지를 알 수 있도록 도와주는 사람이다. 주의깊게 듣는 자의 도움으로 말하는 이들은 이 사실을 깨닫게 되며 더 나아가 지금 대화를 나누고 있는 문제를 더 잘 인식할 수 있게 되고 적절한 해결을 찾을 수 있는 기회를 발견하게 된다.

우리가 상대방의 말을 주의깊게 들어보면 많은 사람들이 자기들의 삶에 대해 비교적 통찰력이 낮은 것을 알 수 있다. 그 이유 중의 하나가 바로 이 책이 다루고 있는 주제, 즉 자기들의 이야기를 충분히 들어줄 수 있는 사람을 만나지 못했기 때문일 수 있다.

이렇게 볼 때, 우리가 과거나 혹은 현재 경험하고 있는 어려움을 잘 이해하기 위해서 우리가 습관처럼 회피했던 삶의 부분들을 함께 탐구할 수 있는 누군가를 만난다는 것이 얼마나 중요한지 알 수 있을 것이다.

사실, 우리 자신을 보면 우리는 타인을 비롯해 이 세상뿐만 아니라 우리 자신의 정체성에도 별 관심없이 사는 경향이 있다. 이러한 심리적인 약점이나 맹점들이 우리가 경험하는 어려움의 깊은 원인이 되기도 한다는 것을 꼭 기억하면 좋겠다. 이 같은 우리 마음의 어두운 그림자 뒤에 존재하는 것들이 여전히 우리의 잘못된 행위들을 이끌어가고 사실을 왜곡해서 보게끔 충동질한다. 그리고 앞에서 말한 부정적인 경향들은 우리가 잘 인식할 수 없는 상태에서 발생하는 경우가 많다.

한편, 우리가 다른 사람과 대화할 때 특별히 이야기를 통하여 어떤 정보를 숨길 수는 있지만 우리의 음성이나 어조 등은 우리의 속내를 무의식적으로 드러내곤 한다. 노련하게 듣는 이는 이 사실을 잘 알고 있기 때문에 말하는 이가 눌렀던 마음을 내보일 수 있도록 도와주는 질문을 한다. 다음의 대화는 상대방이 빠뜨린 정보를 알기 위해 사용되었던 질문들의 대한 실례이다.

빌: 오랫동안 당신을 만나고 싶었지만 용기가 없었어요. 그런데 이렇게 같이 이야기할 수 있어서 다행입니다.

존: 그래요, 무엇 때문에 저를 만나고 싶었나요?(여기서 다른 질문들을 물어볼 수도 있을 것이다: 예컨대, 나를 만나러 올 수 있는 용기가 생기도록 무

슨 일이 있었나요? 얼마나 오랫동안 저를 만나고 싶어 했었습니까?)

빌: 네, 교회에서 동료 교우들과의 사이에 문제가 좀 있어요. 그래서 그것에 대해 고민했었는데 믿을만한 당신이 있어서 다행입니다.

존: 왜 교회에서 무슨 일이 있었나요?(또는 무엇이 잘못되고 있나요? 아니면 당신이 저를 믿고 고민을 털어놓을 수 있다니 기쁘네요. 고민이 무엇인지 들어볼까요?)

빌: 사실, 지난 몇 개월 동안 예배 위원회 멤버들이 나를 무시하기시작했어요. 어제 몇 명의 위원들과 이야기하기 위해서 교회로 갔지요. 그들 가운데 세 명이 성가대석에서 이야기하고 있더라구요. 가을에 열릴 콘서트에 대해 알아볼 것이 있었거든요. 그래서 마침 잘 됐다 싶어서 그들에게 다가가자, 이 사람들이 내가 오는 것을 쳐다보더니 각자 다른 쪽으로 가는 게 아니겠어요? 참, 어이가 없더군요. 전화해서 메시지를 남겨도 아무런 반응도 없고, 뭘 어쩌자는 것인지. 가을 콘서트를 위해 미리 음악과 관련된 것들을 주문해야 하는데 전혀 정보를 얻을 수 있는 기회가 없으니 답답해요. 다른 사람들이 나에게 협조하기를 싫어하니 무엇을 어떻게 해야 할 지 모르겠네요.

존: 주로 누가 당신을 회피하나요?(또는, 사람들이 당신을 언제부터 무시하기 시작했나요? 이 외에도 당신이 주문에 관한 정보를 다른 사람을 통해서는 얻을 수 없나요? 당신은 단지 그들로부터만 필요한 정보를 얻을 수 있나요? 다른 사람들이 당신을 무시하게 만든 실수를 한 적은 없나요? 등의 질문이 가능할 것이다).

빌: 굳이 사람 이름을 대라면, 딕 스펜서, 해롤드 울프와 조지 타우너 이 세 사람이 내가 업무상 만나야 할 사람들이에요. 딕과 해롤드

는 항상 나에게 협조적이었거든요. 조지는 늘 나를 잡아먹을 것처럼 했지만.

존: 조지가 당신에게 왜 그렇게 비협조적이라고 생각합니까?(또는 조지가 당신에게 비협조적이라고 느낀 것은 언제부터였습니까?)

빌: 전에 조지하고 이 일 때문에 같이 일을 한 적이 있거든요. 그가 나에게 각 악보당 곡명과 가격들을 말했었는데 나는 그것을 그의 사무실에 있는 프로젝트 위에 다 놓았어요. 그 후 우리는 예배위원회 모임에 참석해서 가격에 대해서 의논하고 있었는데, 그때 나는 깜빡 잊고 프로젝트 위에다 놓은 표를 가지고 오지 못했어요. 그것 때문에 당신이 나에게 약간 화를 냈었죠.

존: 아! 그 모임이라면 나도 기억나요. 그런데 조지가 왜 당신이 필요한 정보를 주지 않는 지를 알고 있나요?

빌에게 도움을 주기 위해서 필요한 질문이 무엇이라고 생각하는가? 묻고 싶은 다른 질문들은 무엇인가? 그 질문들을 마음속으로 말하거나 아니면 아래 빈칸에 적어보라.

3. 왜곡

"왜곡은 우리가 인지한 것들과 기억하는 것들을 사실과 다르게 조작하는 행위를 말한다. 이 과정을 통해 일반적인 인간의 성격이 형성된다 modeling process. 어떤 일이 발생하면 우리는 자신에게 더 잘 맞는 방법으로 일이나 경험들을 사실과 다르게 바꾸곤 한다. 왜곡은 또한 공상의 날개를 펼 때나 미리 앞날의 일을 계획하거나 혹은 예술과 문학 작품을 만들 때 매우 중요한 역할을 하기도 한다" Byron A. Lewis and Frank Pucelik, *Magic Demystified* [Potland, Oreg.: Metamorphous Press, 1982], p. 146.

우리가 흔히 말하는 왜곡들은 사실과는 다른 말을 더하거나 제외하는 형식으로 나타나는 현상이며 "모든, 절대로, 항상, 계속적으로, 영원히, 늘, 그 누구도, 아무도" 등의 단어들을 사용하여 자신의 생각을 일반화시켜 나타내기도 한다. 위의 단어들은 어떠한 예외도 허용하지 않는 과장된 말들인데 그러기에 있는 그대로의 사실을 나타내기보다 사실을 왜곡하게 되는 것이다.

생산적인 질문은 간단한 단어들을 사용함으로써 상대방이 말한 왜곡된 표현들에 비교적 용이하게 대처할 수 있다. 다음의 예를 한 번 살펴보자.

빌은 당신의 사무실에 앉아 지난 번 모임에 대해서 당신에게 불평을 늘어놓고 있는 중이다. 그가 말한다.

"**항상** 당신이 모임을 인도할 때마다 우리는 **전혀** 이슈에 대해 충분히 논의할 수가 없어요. 당신은 **계속** 너무 빨리 모든 것을 투표로 결정하려고 해요. **항상** 그런 식이라구요."

당신은 이렇게 대꾸할 수 있다. "항상? 빌, 당신은 지금 내가 모임을 인도할 때마다 우리가 한 번도 토론한 적이 없다고 말하고 있는 겁니까?"

상대방의 왜곡된 표현에 반응할 때 잊지 말아야 할 것은 왜곡된 말에만 주목하여 사실 fact만을 걸러내야 한다는 것이다. 왜곡은 자기의 생각을 강조함으로써 다른 사람의 관심을 끌려는 목적으로 사용될 수 있다는 것을 주목할 필요가 있다.

예를 들면, 사람들은 곧잘 이런 말들을 한다.

"내가 교회에 가든 안 가든 그 누구도 나에게 관심조차 없다구."

"우리만 제외하고 모든 사람들이 휴가를 가는데."

"너는 언제 봐도 집에 있는 걸 못 보네."

이러한 말들은 왜곡된 표현의 전형적인 예이다.

이러한 각각의 왜곡된 말들에 반응하는 요령은 "그 누구도?" "모든 사람들이?" "절대로?"라는 단어들을 반복적으로 사용해서 다시 묻는 것이다.

한편, 왜곡에 대응하여 이러한 방법들을 사용할 때 몇 가지 주의해야 할 사항들이 있다. 먼저, 반복된 유형의 질문을 너무 자주 사용하다 보면 효과가 떨어진다는 것이다. 또한 음색이나 음조가 비교적 중립적이어야만 한다. 잘못하면 비난하거나 판단하는 어조로 말하거나 들리기 쉽기 때문에 오히려 상대방과의 갈등을 부채질하게 된다.

이러한 주의사항들을 기억해서 생산적인 질문들을 잘못 사용하지 말고 긍정적인 방향으로 잘 사용했으면 좋겠다.

그럼에도 불구하고 아쉽게도 많은 사람들이 생산적인 질문을 잘못 이용해서 오히려 역효과가 나는 경우도 많은데 이에 대해서도 잠시 살펴보도록 하겠다.

부정적으로 사용된 질문들

위에서도 말한 바 있지만, 생산적인 질문이 가능한 것 만큼 비생산적이고 대화를 가로막는 질문들이 사용될 가능성도 얼마든지 있다. 다음에서 살펴볼 유형의 질문들은 보통 부적절하고 피해야 할 질문들이다.

부적절하게 화제를 바꾸는 질문

듣는 기술이 부족한 듣는 이들이 자주 저지르는 실수 중 하나는 부적절한 시기에 대화의 주제를 바꾸는 것이다. 만일 말하는 이가 자신의 삶 속에 있는 가슴 아픈 사연에 대해 이야기를 할 때마다 우리가 주제를 바꾸곤 한다면 말하는 이는 우리가 그 이야기를 피하고 싶어하는 것으로 재빨리 생각한다. 더욱이 과거에도 이 같은 행동이 반복되었다면 말하는 이는 더욱 더 그렇게 생각할 것이다.

듣는 이가 불필요하고 부적절한 시간에 화제를 바꾸면 말하는 이는 우리가 현재의 대화의 주제에 대해 관심이 없다고 믿을 것이다. 더 나아가 말하는 이는 우리가 그다지 남을 돌보는 사람이 아니라는 인상을 가지게 된다.

물론 이야기를 하다 보면 주제를 다른 것으로 바꾸어야 할 순간이 있기 마련이다. 다만 이 책을 읽는 독자들은 화제를 바꾸기에 부적절한 시기에 대해 잘 알고 있어야 한다.

사생활을 침해하는 질문

질문을 가장 잘못 사용하는 경우 중 하나는 말하는 이의 사생활을 침범하는 질문을 하는 것이다. 그런 질문들은 보통 아주 사적이며 비밀보장을 요구하는 정보일 가능성이 크다. 이러한 경우 듣는 이가 말하는 이로부터 어느 정도의 높은 신뢰성을 확보하지 못한 상태라면 말하는 이에게 불편함을 느끼게 할 수 있다.

만일 같은 교회의 교인이지만 평소 잘 알지 못하는 사람이 5분정도 대화를 나누다가 갑자기 "나는 당신이 주일 날 교회에 천원 헌금하는 것을 이해합니다. 그런데 일년 수입이 얼마나 되나요?"라고 묻는다면 우리는 십중팔구 기분이 아주 상할 것이다. 아마도 감정적으로 그 사람을 경계하며 당신 일이나 잘 하라고 쏘아붙이며, 심지어는 그만 사라져달라고 말할지도 모른다. 사적인 질문들을 물어볼 수는 있다. 하지만 오직 상대방이 우리와 강한 유대감이 형성된 후에나 가능하다는 것을 기억해야만 한다.

상대방의 부담감만 가중시키는 질문

사실 상대방에게 부담감만 잔뜩 주는 질문은 전혀 질문이라고 할 수 없다. 단지 질문의 형식만 띠었을 뿐이지 비판하는 말이라고 볼 수 있기 때문이다. 만일 누군가가 우리에게, "당신이 좋은 부모라고 생각한다면 당신 딸이 그 남자친구와 같이 사귀는 것을 허락해야 한다고 생각하지 않나요?"라고 물어보는 것은 정보를 얻기 위해서 물어보는 질문이 아니다.

오히려 질문의 형식을 위장해 상대방을 질책하고 강요하는 것이다. 상대방의 부담감을 가중시키는 질문들은 보통 비판적인 어조를 띠며 그로 하여금 방어적인 자세를 취하도록 강요한다. 그것은 또한 본질적으로 대립적인 성격을 가지고 있기 때문에 말하는 이로 하여금 대화를 중단하고 기피하게 만들며 언쟁만 하다가 끝나기 일쑤이기 쉽다.

만일 누군가 나에게 이런 질문을 하면 나는 늘 상대방의 의도를 묻는 질문으로 대응한다: "당신은 나에게 정보를 알기 위해서 묻는 것인가요, 아니면 나에게 뭔가 할 말이 있나요?"

가능한 한 질문을 할 때는 판단을 유보한 상태에서 하는 게 좋다. 그런 자세로 질문을 한다면 말하는 이로부터 더 좋은 반응을 이끌어 낼 수 있을 것이다.

생산적인 질문을 하려면 시차를 활용하라

듣는 기술에 대한 개관을 다루고 있는 이 장에서 나는 "시차" lag time를 효과적으로 활용하라고 말하고 싶다. 여기서, 시차란 상대방이 말을 하는 바로 그 순간과 당신이 듣는 시간 사이의 간격을 의미한다.

즉, 듣는 이가 상대방이 말하고 있는 주제에 대해서 생각할 수 있도록 의식적으로 자신의 마음을 사용하는 시간이라고 정의할 수 있다. 이러한 시차는 당신이 질문할 수 있는 마음의 여유를 갖기 위해서 필요하다. 다른 사람이 말하는 것을 듣는 짧은 순간에 여러 가지 유형의 질문을 떠올려보는 것이 불가능하다고 생각할 지도 모른다. 그러나 충분히 가능하며 시차를 사용하여 듣는 이는 보다 적절한 질문을 할 수 있게 된다.

이 때 한 가지 주의해야 할 점이 있다. 시차의 이용은 듣는 이가 상대방이 말하는 내용을 잘 이해하고 적절한 질문을 하기 위하여 필요한 것이지 앞으로 할 질문들을 상세하게 구성하는 과정으로 잘못 사용하면 안 된다는 것이다. 그러한 오용 誤用 때문에 우리는 종종 우리가 방금 말한 내용과는 전혀 다른 주제에 대해서 상대방이 횡설수설하는 경우를 만나게 된다. 이쪽에서 "아"하면 저쪽에서는 최소한 "야" 정도는 나와야 하는데, 전혀 다른 "유"가 나오니까 오해가 생기고 불화가 생기는 것이다.

우리가 정말 상대방의 이야기를 충분히 듣기를 원한다면 일단 말하는 이가 설정한 주제를 따를 필요가 있다. 그렇게 함으로써 우리는 상대방의 메시지 주위만을 빙빙 돌거나 내용의 본질을 놓쳐버릴 가능성을 줄일 수 있다. 사려 깊은 듣는 자는 도움이 되고 생산적인 질문들을 하기 위해 최선을 다한다.

우리가 남을 돌보고 상담하는 사역의 목적 중 하나는 상대방에게 우리가 당신을 배려하고 있으며 당신이 나누는 것에 관심이 있다는 것을 나타냄으로써 마음을 편안하게 해주는 것이다. 내가 말하려고 하는 핵심을 독자들이 잘 이해하기를 바란다. 상대방이 말한 내용과 밀접한 질문에 보다 집중하라! 그러면 말하는 이들이 자신들의 갈등과 즐거움들을 우리와 함께 나눌 수 있다는 확신을 갖게 되는 효과를 얻게 된다.

물어보라 그러면 주어질 것이요, 구하라 그러면 찾을 것이요, 두드리라 그러면 당신에게 열릴 것이다.

질문을 긍정적으로 사용할 수 있는 세 가지 배경

1. 자유정보
당신이 물어보지 않았음에도 얻어지는 정보이다.

2. 삭제
삭제된 정보를 가진 생각들, 삭제된 부분들을 알아보기 위해 적절한 질문을 해야 한다.

3. 왜곡
늘, 항상과 같은 특정한 단어들을 제외하거나 포함시킬 때, 당신은 상대방이 왜곡을 위해서 사용한 "늘", "항상"과 같은 단어들을 가지고 질문할 수 있다.

질문을 부정적으로 사용할 수 있는 세 가지 질문

1. 부적절하게 화제를 바꾸는 질문

듣는 이가 자신의 감정을 다루지 못했기 때문에 발생되는 적절치 못한 화제로 전환하는 질문이다.

2. 사생활을 침해하는 질문

서로간에 신뢰상태가 쌓이지 못한 상태에서 사생활을 침범하는 질문이다.

3. 상대방의 부담감만 가중시키는 질문

질문의 형식을 띠지만 사실은 일반 진술에 더 가까우며 비판적인 어조로 말하는 이에게 부담감을 지우는 질문이다.

3장

상대방의 인식을 점검하는 기술

상대방의 인식을 점검 perception check 하는 기술에는 네 가지 방법이 있다.

1. 말하는 이의 행동에서 단서를 관찰하기
2. 말하는 이의 메시지에 담겨진 감정을 식별하기
3. 가설적인 진술 만들기
4. 질문 던지기

이 장에서는 이 네 가지 단계들을 자세히 다루며, 각 단계마다 예들을 살펴 본 후 독자들이 직접 이 기술을 연습할 수 있는 기회도 제공할 것이다.

돌보는 행위로서의 상대방의 인식을 점검하기

이 기술의 목적은 상대방의 감정을 식별함으로써 그들을 보다 효과적으로 이해하며 돌보는데 있다. 의사소통의 과정에서 종종 말하는 이는 감정이 실린 정보를 듣는 이에게 보낼 뿐, 자신의 감정을 직접적으로 표현하지는 않는 경우가 있다.

따라서 말하는 이의 인식을 점검해봄으로써 당신은 말하는 이의 느낌을 제대로 추측하고 있는 지를 확인할 수 있다. 말하는 이의 감정을 잘 식별함으로 우리가 상대방을 돌보고 있다는 것과 함께 그 사람의 내적인 감정상태에 민감하다는 것을 전달하게 된다.

우리 각자는 누구나 삶속에서 겉으로 드러나지 않는 자신만의 내면세계를 가지기 마련이다. 그러한 내면세계와 함께 우리가 경험하는 감정들은 은밀하고 혼자만이 알고 있는 것들이다. 그러면서 우리가 경험하고 느끼는 것들을 이해할 수 있는 사람이 이 세상에 과연 누가 있을까 하고 의아해하곤 한다.

과연 우리가 다른 사람들이 느끼는 감정과 그들의 내면세계를 이해한다는 게 가능한 일일까라는 질문을 스스로에게 던지며 살아가고 있다. 나는 그러한 작업이 가능하다고 믿는다. 서로의 감정들을 동일시하는 과정을 통하여 듣는 이와 말하는 이 사이에 강한 유대관계가 형성되며 바로 그 순간에 말하는 이는 듣는 이와 함께 보다 깊이 자신의 내면세계를 나눌 수 있게 된다.

목회자나 상담가 혹은 그룹의 리더들이 기억해야 하는 것은 사람들은 자신들의 내면에서 발생하고 있는 것들을 들어 줄 수 있는 능력이 우리에게 있다고 믿으면 믿을수록 말하는 이들은 더 많이 자기 자신의 감정들을 더 편하게 나누는 경향이 있다는 것이다.

인식의 점검은 매우 실제적인 기술이며 배우기에 어렵지 않다. 앞으로 나올 내용들을 읽을 때 각각의 기술의 단계를 밟고, 연습하고, 그리고 다음 단계로 나아가기를 바란다.

행동적인 단서들

인식을 점검하는 기술을 실천할 수 있으려면 우선 다음의 단계들을 학습해야 한다. 첫째로, 말하는 이가 보낸 행동적인 단서들을 관찰하라. 우리는 커뮤니케이션 과정에서 상대방의 모든 것들을 관찰할 수는 없다. 그렇다 하더라도, 특히 상대방의 어조와 몸짓언어에 주의를 기울여야 한다.

앨버트 메라비안의 조사에 따르면, 사람과 사람 사이의 커뮤니케이션의 93퍼센트는 어조와 몸의 움직임과 생리적인 변화 등을 포함한 몸짓언어로 이루어진다고 한다. 인식을 점검하는 기술을 더 알아가기 위해서 우리는 먼저 감정을 실어 전달하는 단서들을 보고 들어야만 하는데, 감정을 알 수 있는 가장 쉽고 확실한 곳이 바로 얼굴이다.

다음에서 감정적인 단서들과 그것들이 의미하는 것이 무엇인지에 대해서 자세하게 다루어 보았다.

감정적인 단서들	감정들
얼굴색의 변화(검게 변함, 습기가 많아짐)	슬픔, 당황, 분노, 두려움, 걱정
미소	행복, 기쁨, 만족, 비웃음
찡그린 얼굴	슬픔, 당혹, 궁금함, 고통, 행복하지 않음, 메스꺼움
안면골격 구조에 나타난 피부의 팽팽함	두려움, 스트레스, 공포
꽉다문 입술	긴장, 안절부절못함, 동정심
깨문 표정의 입술	망설임, 의심, 화
귀의 색깔이 변함	즐거움, 열정, 두려움, 행복
목 주위의 색깔이 변함	화, 당혹감, 사랑, 흥분
입이 뾰죽이 튀어나옴	슬픔, 당황, 웃음, 언짢음
씩씩거리는 코	화, 분노, 격노

의식할 필요가 있는 다른 행동들	
리듬	
발가락을 천천히 움직인다	침착함, 편안함, 휴식
발가락을 빠르게 움직인다	염려, 동요, 참기 어려움
손가락으로 두들김	염려, 참기 어려움, 불안정함
머리를 위아래로 흔듦	동의, 만족, 편안함
몸을 흔듦	슬픔, 참기 어려움, 매우 당황스러움
머리를 위아래로 기울임	초조, 거만
눈을 움직임	'가교로서의 언어 경청하기' (11장)
몸의 위치 (앉아 있을 때)	
앞으로 숙임	슬픔, 죄책감, 냉담, 휴식
등을 바짝 세움	경계, 자부심, 주의를 기울임, 활기참
양손을 가슴에 얹음	보호함, 냉담, 육체적으로 추위를 느낌
다리를 꼼	어느 정도 냉담함, 보호, 안전
팔과 다리를 함께 꼼	매우 보호적임, 당혹, 불확실성, 냉담함
말하는 이를 향하여 목을 돌림	참여, 열려있음, 주의를 기울임, 진실함, 관심표명
몸의 위치 (서 있을 때)	
목을 말하는 이로부터 돌림	당혹감, 부끄러움, 불확실, 화, 참지못함, 의견을 같이 안함, 냉담함, 철회, 무관심
호흡	
빨라짐	매우 당황스러움, 메스꺼움, 참지 못함, 두려움, 상처받음, 아픔, 절망, 슬픔
느려짐	침착, 편안함을 찾음, 평화, 부드러움, 기쁨, 평온함
눈	
눈가가 촉촉하다	즐거움, 아픔, 두려움, 슬픔, 행복, 사랑, 화, 비탄

눈동자가 커짐	화, 분노, 불안, 탐구
눈동자가 작아짐	두려움, 비탄에 잠김, 경계
눈의 흰자주위가 빨개짐	슬픔, 매우 불안함, 웃음, 즐거움, 억압된 분노, 눈물, 애처로움
눈물과 함께 눈을 심하게 깜빡거림	울음, 슬픔, 웃음, 후회, 외로움, 상실감

　위에서 많은 행동과 감정들에 대해서 언급했지만, 이것은 일부분에 지나지 않는다. 이외에도 더 많은 다양한 반응과 행동들이 나타날 수 있다. 다만 여기에서 강조하고 싶은 것은 상대방이 몸짓과 표정 등 신체언어로 보낸 단서들을 주의해서 살펴보면 상대방이 느낀 것을 막연히 추측할 때보다 더욱 정확하게 알 수 있게 된다는 사실이다.

　이것을 연습하는 가장 간단한 방법은 뭔가 배우기를 좋아하는 친구에게 자신의 내면으로 들어가 강한 감정을 남겼던 사건을 기억해 달라고 부탁한다. 그런 후 그가 느낀 감정을 당신이 추측하게 한다. 당신은 그의 감정과 동시에 매우 다양한 신체적인 단서들을 볼 수 있을 것이다.

　사실, 우리가 상대방으로부터 단지 하나만의 단서를 발견하게 되는 일은 매우 드물다. 사람의 신체는 동시에 많은 신호들을 내보내는데 우리가 더 세밀하게 관심을 기울이면 기울일수록, 더 정확하게 상대방의 감정을 추측할 수 있도록 도와주는 정보를 가질 수 있다. 이러한 신체적인 행위들은 매우 미묘하다는 사실에 유의해야 하며 한 번에 그러한 것들을 파악할 수 있기 위해서는 매우 날카로운 관찰력이 필요하다고 하겠다.

목소리의 톤

음악가로서 받은 7년간의 전문적인 음성트레이닝을 통해서 나는 어조와 음질에는 아주 미묘한 것들이 들어있음을 알게 되었다. 이 장의 나머지 부분에서는 말하는 이의 어조를 듣고 상대방의 감정을 추측할 수 있도록 도움을 주는 몇 가지 사실들에 대해서 다루어 보도록 하겠다. 만일 우리가 주의 깊게 상대방의 목소리를 들으면 목소리의 높낮이가 상황에 따라서 다르다는 것을 발견하게 될 것이다. 일반적으로 목소리의 범위는 고음과 중음 그리고 저음 이 세 가지로 나누어진다.

1. 목소리가 고음일 때

목소리가 고음일 때 함께 동반되는 감정들은 냉담, 무관심, 기분이 좋음, 흥분, 행복감, 들떠있음, 쾌활, 즐거움 등일 수 있다. 목소리가 고강에서 날 때 그 원인은 거의 고통에서부터 나오는 경우가 많다. 예외가 있다면 뱀 같이 뭔가 놀랄만한 것을 보았을 때 지르는 비명소리이다. 대부분의 경우 본인조차도 목소리가 높아질 때 담겨있는 어떤 깊은 감정들을 잘 알지 못한다. 그것은 마치 무의식이 고통스러운 순간을 피하는 수단으로서 고음을 유발하는 것과 같다.

2. 목소리가 중음일 때

우리가 흔히 목소리가 자연스럽게 들린다고 말할 때의 목소리는 우리 얼굴의 중간부위에서 나오는 경우가 대부분이다. 음질은 비음에서부터 시작해서 숨쉴 때 내는 소리까지 다양하게 나타난다. 이러한 음질의 경우 우리가 느끼는 감정들은 편안함, 안락, 부드러움, 따뜻함, 희망, 활발함, 비꼼, 야유함, 전투적임, 화, 떠들썩함 등이다.

한편, 음조와 말하는 이가 사용하는 단어들이 어울리는지 아니면 어울리지 않는지를 관찰할 필요가 있다. 종종 아주 미세한 차이지만 그 안에서 부조화가 발견된다. 이러한 부조화 현상은 상대방이 어떤 매우 불행한 사건에 대해 말을 할 때조차도 흥분하지 않고 따뜻하고 침착한 어조를 사용할 때 발생한다.

예를 들면, 누군가가 사기죄와 연루된 24가지 죄목으로 기소되었다고 하자. 그 다음 날 그가 변호사와 함께 법원에서 나오는 중 신문기자와 촬영기자들 앞에서 말했는데 그의 어조가 매우 비판적이고 자기 변명조에다가 눈가에 웃음까지 지었다면 사건의 정황을 보았을 때 매우 부적절한 모습이다. 그가 비록 죄의식을 느낀다고 말한다 하더라도 그의 어조와 표정에서는 전혀 그런 뜻을 찾아볼 수 없다. 그의 어조와 행동의 부조화는 듣는 이들로 하여금 그의 진심을 받아들이기 어렵게 작용한다.

3. 목소리가 저음일 때

목소리 범위의 세 번째에 해당되는 저음은 비교적 목소리에 감정이 더 분명하게 실려있기 때문에 부조화 현상이 적게 발생한다. 저음의 목소리는 쉰 듯하고 굵고 때로는 피곤한 듯이 들린다. 사람이 자신의 경험을 뚜렷이 의식적으로 알 때 목소리는 목구멍으로 가라앉는 경향이 자주 있기 마련이다. 혈액이 성대 쪽으로 흘러서 목소리를 굵게 만들며 그런 이유로 듣는 이가 듣기에 목소리가 맑지 못하고 쉿소리가 나며 저음의 베이스음처럼 들리는 것이다.

이러한 레벨의 목소리와 연관된 감정들은 슬픔, 기쁘지 않음, 아픔, 불확실성, 망설임 등이다. 그러나 이 레벨의 목소리가 더 마음 깊은 곳에서 울려서 나오는 경우가 있는데 이 때는 사랑, 열정, 예의 바름, 애정과 강한 성적인 욕구 등을 나타낸다.

따라서 이 레벨의 경우 전혀 다른 극에서 극의 해석이 가능하기 때문에 듣는 이는 의사소통에서 발생할 수 있는 다른 모든 상황들을 고려해야 한다. 다시 말해, 위에서 언급한 단서들은 커뮤니케이션이 발생하는 상황에서 해석해야 하며 그렇지 않을 경우 섣불리 잘못 판단할 수 있기 때문이다.

행동적인 단서들을 관찰한 후, 다음으로 해야 할 일은 말하는 이가 직접 언급하지 않은 감정들을 여러 가지 단서를 통하여 추론해 보는 것이다. 뒤의 4장 감정을 표현하는 기술에서 200개 이상의 감정을 나타내는 단어들의 리스트를 볼 수 있을 것이다. 거기에 나와 있는 다양한 감정들을 쭉 훑어본 후, 그 중에서 지금까지 당신이 전혀 경험해보지 못한 다섯 개 혹은 그 이상의 감정들을 찾을 수 있는 지 한 번 확인해 보라.

아마 그 이상도 찾을 수 있을 것이다. 그 리스트는 우리의 내적인 감정 상태를 나타내는 말들이 얼마나 많은지 다시 한 번 알게 해 준다.

지금까지 우리는 인식을 점검하는 네 가지 요소 중 두 가지를 살펴보았다.

(1) 말하는 이의 행동에서 단서를 관찰하기
(2) 말하는 이의 메시지에 담겨진 감정을 식별하기

상대방의 감정을 알 수 있는 가장 흔한 방법은 추측이다. 사실상, 추론이라고 할 수 있다. 사람과 사람 사이의 갭을 다뤘던 앞장에서 추론은 우리가 만든 추측, 혹은 상대방의 의도를 내 나름대로 해석하는 것이라고 말했던 것을 기억할 것이다. 이 사실을 염두에 두고 세 번째 기술인 "가설적 진술 만들기"를 살펴보자.

가설적 진술

가설적 진술은 세 부분으로 이루어진다: 말머리, 느낌을 묘사하는 단어와 상황이다. 말머리는 우리가 말하는 이와 대화를 나누고 싶다는 것을 나타내는 가설적 언어로서, 말하는 이의 생각이나 감정에 대해서 확실하게 알지 못할 때 사용한다.

다음의 예들은 가설적 진술에서 자주 사용되는 말머리들이다.

- 이게 맞는지 궁금한데요 …
- 제가 듣기로는 마치 당신의 느낌은 …
- 당신의 말에 대한 제 인상은 …
- 당신의 느낌이 이렇다고 말할 수 있을까요 …

위에서 볼 수 있듯이, 가설적 진술은 말머리로 시작해서 하나 혹은 두 개의 감정을 나타내는 단어들로 이루어진다. 예를 들면, "제가 받은 인상은 지난 주 모임에서 발생했던 일 때문에 당신이 아주 당황했던 것 같은데, 맞나요?"과 같은 표현이다. 감정을 나타내는 단어는 보통 "지난 주 모임"와 같이 일이 벌어진 상황을 동반한다.

처음 세 요소들 – 말머리, 단어, 상황 – 에 질문을 추가함으로써 가설적 진술을 사용한 인식 점검이 끝난다. 한편, 맨 나중에 반문하는 형식의 질문은 추측이 맞는지를 확인하기 위한 목적 외에도 상대방의 반응을 유도하려는 의도가 들어있다.

가설적 진술을 사용한 인식점검의 요소들을 한눈에 알아볼 수 있도록 정리해보면 말머리, 감정을 표시하는 단어, 상황, 그리고 질문이다. 이 모든 요소들을 함께 사용한 다음의 예를 한 번 들어보자.

당신과 함께 근무하는 메리가 당신 사무실로 걸어오더니 의자에 앉았다. 그녀가 말했다.

"감독님이 오늘 나를 자기 사무실로 불러서 갔더니 주교도 함께 있더군요. 몇 시간 이야기를 했는데 저를 제일교회의 담임목사로 승진시켜 보내고 싶다고 하는 것이 아니겠어요."

그녀가 이야기하고 있는 동안에 당신은 다음과 같은 사항들을 주목할 수 있을 것이다. 그녀의 뺨이 불그스름해지고 고개를 돌려 당신을 바라보며 그녀의 호흡이 가빠진다. 그녀는 손뼉을 치고 목소리는 부드러우면서 약간 흥분해 있다.

이러한 묘사로부터 당신은 그녀가 어떤 기분이라고 여겨지는가? 위에서 여러 번에 걸쳐서 말한 것을 토대로 분석해보면 아마도 다음과 같은 감정들일 것이다: 당혹감, 약간의 두려움, 전율, 또는 불확실성.

이제 당신은 메리에게 당신의 관심사에 대해 말해주고 싶고 그녀의 인식을 한 번 점검하려고 한다. 어떻게 점검할 수 있을까? 여기에 몇 개의 단계가 있다. 먼저, 가설적 언어를 사용한 말머리부터 시작한다.

"나는 그 소식에 **감동 받았어요**."

그리고 "약간은 **떨리고 긴장이**…"라고 감정을 표현한다.

다음으로, "감독님이 당신에게 요청…"이라며 상황을 첨가한다.

마지막으로, "내 말이 맞나요?"고 질문을 던진다.

이러한 각각의 요소들을 모아서 정리하면,

"메리, 나는 감독님이 당신에게 새로운 목회지를 제시했다는 소식에 감동받았어요. 아마 당신은 새로운 책임감 때문에 약간은 두려움을 느끼고 있지 않을까 생각되네요. 제 말이 맞나요?"

다른 경우를 생각해 보자. 방금 당신은 평소에 친분이 있는 자원봉사자 중 한 사람인 짐과 모임을 마쳤다. 그는 실제로 거의 친구와도 같은 사이이다. 당신과 많은 사역을 늘 함께 했으며 심지어 골프를 함께 치기도 한다. 당신은 그의 가족에 대해서도 약간은 알고 있으며 개인적으로도 그를 좋아하고 있다. 그러나 오늘 모임에서 프로젝트에 대해서 이야기하는 중에 짐은 당신을 아주 힘들게 했다. 당신은 좀 더 예민한 관찰력을 가지고 이 같은 사항을 주목했다.

짐의 목 주위의 근육들이 약간 불룩해졌다. 윗 입술이 조그마한 땀방울로 약간 빛나고 있었으며 눈도 약간 젖어 있었다. 손에 쥐고 있는 볼펜으로 테이블을 점점 빠른 속도로 두들기고 있었다. 그는 바닥을 쳐다보았으며 서 있을 때는 당신쪽으로 움직였다. 목소리는 목구멍 깊숙한 곳에서 나는 소리였으며 머뭇거리며 말했다.

당신이 이러한 요소들을 관찰하고 있을 때 그는 "농담이지요! 제가 교회를 위해 이것을 해야 한다고 생각하나요? 나는 우리가 그래도 친구라고 생각하고 있었는데. 당신이 나에게 이 일을 시키려고 하고 있다고 믿어야 하나요?"라고 말하는 것이 아닌가! 그가 무엇을 느끼고 있다고 생각이 되는가? 한 번 추측하여 말해보라.

감정추측 그 이상으로 벗어나지 마라

지금까지 우리는 상대방의 인식을 점검하는 것의 중요성에 대해 이야기했다. 그런데 이 경우 필요 이상으로 감정의 범위를 넘어서지 않는 것이 중요하다. 때때로 우리는 상대방을 완전히 잘못 이해해서 영 틀리게 그의 감정을 말하곤 한다. 물론 그렇게 한다고 해도 상대방과의 관계에서 어떤 피해를 입는 것은 없다. 왜냐하면 말하는 이는 보통 우리가 틀렸다고 말하며 자기의 실제 감정을 말하기 때문이다.

어떤 남자가 주먹을 꽉 쥐고 얼굴은 시뻘개진 채 소리를 고래고래 지르며 테이블에 있는 물건이 떨어질 정도로 쾅쾅 내리치고 있다.

만일 우리가 그의 감정을 묘사하기 위해서 "행복"이라는 감정단어를 사용한다면 우리는 그의 감정의 범위 밖으로 벗어나는 셈이다. 사실 그러한 불일치는 종종 풍자라는 이름으로 문학에서 중요한 소재로 삼고 있기도 하다.

당신의 감정을 테스트하라

감정을 잘 가다듬고 보다 정확성을 기하기 위한 방법 중 하나는 우리 자신의 감정을 테스트하는 것이다. 종종 우리 자신의 이야기들이 우리의 감정을 촉발시킨다. 만일 우리가 타인의 말을 들을 때 우리의 내면에서 일어나고 있는 것들을 잘 인식할 수 있다면 타인의 내면에서 무엇이 발생하는지를 보다 균형잡힌 시각을 가지고 추측할 수 있게 될 것이다. 그러므로 타인의 말을 들을 때 우리 자신의 내면의 상태를 먼저 파악하는 것이 중요하다.

이에 관한 약간 이례적인 사례가 한 워크숍 중에 있었던 휴식시간에 발생했다. 한 참석자가 나에게 오더니 자기 자신의 감정을 가지고 타인의 감정을 추측하라는 나의 말을 잘 이해하지 못하겠다고 말하는 것이었다. 나는 그에게 내 강의를 들었을 때 무엇을 느꼈는지를 물었다. 그는 "아무것도 느낀 것이 없어요"라고 말했다. 그는 내 목소리의 어조가 단조로왔으며 얼굴색이나 피부도 변하지 않았다고 했다. 또한 말하는 중에 내가 허공을 자주 응시하곤 했다고 말했다.

나는 다시 그에게 그래서 무엇을 느꼈는지 물어보았다.

그는 "다시 아무것도 없는데요"라고만 했다.

나는 "농담하지 마세요"라고 말했다.

"농담하는 것 아닌데요."

"당신은 아무것도 느낀 것이 없다고요, 맞나요?"

"네, 그런데요."

"내가 무엇을 느꼈는지 추측해 보세요."

"아무것도 없어요."

"맞아요, 나는 아무것도 느끼지 않았어요. 나는 나의 내면에 다가설 수 없었어요. 나는 나의 감정을 느낄 수 없었어요. 자, 추측해 보세요. 당신은 방금 나에 대해서 무엇을 알 수 있었나요?"

나는 나 자신의 감정을 의식하지 못한 나머지 그것들을 감추고 있는 것처럼 듣는 이들에게 보여졌던 것이다. 듣는 이들은 초청인사인 나로부터 일종의 진공상태나 공허함을 느꼈던 것이다. 위에서 예로 든 참석자의 경우처럼 때로는 우리의 직관을 신뢰할 필요가 있다.

감정을 나타내는 단어들을 연성화하라

우리가 대화를 나누는 상대방과의 관계 사이에 그다지 깊은 신뢰감이 형성되지 않았다면 강렬한 단어로 상대방의 감정을 표현하지 않는 게 좋다. 예를 들면, 비록 말하는 이가 현재 극심한 좌절을 경험하고 있다는 행동적인 단서들을 나타냈을지라도 *좌절*이라는 말보다 낮은 수위의 단어를 사용해서 반응하는 것이 더 적절하다는 말이다. 아마도 "방해받다", "스트레스 받다" 또는 "염려하고 있다" 등의 말들을 사용할 수 있다.

강도가 다소 약한 단어를 사용하는 목적은 상대방이 우리를 도전적이고 공격적인 사람이라고 오해할 수 있는 위험을 줄이기 위한 것이다. 만일 우리가 단어의 강도를 줄이면 말하는 이가 대화를 거절할 수 있는 빌미를 줄일 수가 있다.

다시 말하지만 인식점검을 사용하는 목적은 바로, 말하는 이가 느끼고 있는 감정에 대해서 우리가 염려하고 있다는 것을 보여주는 것이다. 따라서 단어의 연성화 軟性化, softening는 말하는 이가 가지고 있는 깊은 경험들을 우리가 기꺼이 공유하고 공감할 수 있다는 것을 그에게 알려주는 것과 다름없다. 여기에 우리가 자주 경험하는 감정들을 나타내는 단어들을 나열해 보았는데, 그 단어들 옆에는 다른 강도를 가진 감정을 가진 단어들이다.

- 화가 남: 좌절을 느낌, 상처받음, 혼란스러움
- 행복함: 편안함, 기분좋은, 흥겨운, 만족함, 즐거움
- 슬픔: 우울함, 황량함, 미안함, 불행한
- 거절당함: 부족함, 부인함, 버림받음
- 짜증남: 욱신거림, 안달이 남, 불행한, 불안정함

이 리스트는 감정의 수위를 낮춰서 말하라고 했을 때 내가 의미하는 것이 무엇을 의미하는지 독자들이 이해하는데 도움을 준다. 즉, 말하는 이가 경험하고 있는 감정에 민감하게 반응하지만 필요 이상의 과잉표현을 피하

라는 것이다.

상대방의 인식을 점검하는 기술

상대방의 인식을 점검하는 기술은 타인이 내적으로 경험하는 감정적인 상태를 추측하는 것이다.

이것은 먼저, 말하는 이의 신체언어를 관찰하고 어조와 당신에게 보내어진 음성 커뮤니케이션에 의해서 이루어진다. 이러한 행동 단서들로부터 우리는 말하는 이가 느끼고 있다고 믿어지는 것을 추측한다. 우리의 머리 속으로 그러한 감정들을 떠올린 후에, 말하는 이와의 신뢰도에 따라서 우리는 그것들을 표현하는 강도를 좀 더 누그러뜨릴 것인지를 결정한다.

마지막으로, 감정을 나타내는 단어들을 사용하여 상대방의 인식을 점검한다. 이러한 요소들을 도식으로 나타내면 다음과 같다.

말머리 + 감정표현 단어들 + 상황 + 질문

상대방과 최상의 관계를 유지해 나가기 위해서 이 기술을 계속 길러가기를 권면한다.

4장

감정을 표현하는 기술

살아가면서 가장 많이 반복되지만 좀처럼 해결하기 어려운 문제들 중 하나가 감정을 다루는 것이다. 이 장의 목적은 감정의 본질을 명확하게 이해하고 그것들을 더 잘 다루는 데 도움을 주기 위함이다.

만일 내가 당신을 테이블에 세워놓고 손발을 묶은 후 뒤로 계속 밀치면 당신의 몸은 아주 빠르게 그 상황에 대해서 정보를 보낼 것이다. 그 신호들은 현재 당하고 있는 당신의 위험에 대해서 알리는 것이며, 따라서 당신은 불안과 두려움을 느낄지도 모른다.

만일 내가 내 손 사이로 당신의 얼굴을 부드럽게 감싸면 어렸을 때 부모님이나 다른 중요한 사람이 "너는 사랑받을만 하단다"라고 말한 것을 기억하면서 당신은 따뜻함을 느낄 것이다. 그런데 똑같은 행동이 다른 감정, 예를 들면, 슬픔을 느끼게 하기도 한다.

어느 신학교에서 여름학기 중에 경청기술을 가르칠 때 나는 만지는 행위가 감정을 불러일으킬 수 있다는 것을 증명해 보인 적이 있다.

앞 줄에 앉아있던 학생에게 그녀의 얼굴을 잠시 만져도 되겠느냐고 양해를 구했다. 다행히 그녀는 순순히 동의했다. 내가 그녀의 뺨위로 두 손을 없자 그녀는 즉시 울음을 터뜨렸다. 나는 재빨리 뒤로 불러나 그녀에게 어떤 일이 일어났는 지에 대해서 물어보았다. 그녀가 말했다.

"아주 어렸을 때 나쁜 일을 할 때마다 아버지께서 내 뺨을 때리곤 했었어요."

직접적인 터치 외에도 우리의 감정들은 외부환경에 의해서 유발될 수 있다. 예를 들면, 우리는 누군가의 목소리의 톤에서 무언가를 회상할 수 있다. 그 목소리는 부모님이나 선생님으로부터 꾸중을 들었을 때를 기억나게 할 지도 모른다. 누군가가 우리에게 부드럽게 말하면 안락감이나 힘이 생기는 듯한 느낌을 받곤 한다.

그 이유는 그 어조가 누군가 특별한 사람에 의해서 우리가 돌봄을 받았던 기억들을 다시 한 번 떠오르게 해 주기 때문이다. 우리가 편안한 기분을 주었던 사람에게 끌리듯이 불안과 분노의 느낌을 가져다 주는 사람을 피하고 싶어하는 것은 전혀 이상한 일이 아니다.

어느 날 밤, 아내가 그 날 있었던 모임에서 몇몇 사람들의 행동과 말 때문에 불쾌감을 가지고 집으로 돌아왔다. 그녀는 무슨 일이 벌어졌는지에 대해 약 30분 가량 이야기했는데, 나는 무엇이 아내를 그토록 기분 상하게 했는지 알기 위해 집중해서 들었다. 이야기를 들어보니 꽤 오랫동안 그 위원회의 일부 사람들과 아내가 불편한 관계에 있었는데 그 날 오랜 앙금의 묶은 감정들이 한꺼번에 터진 것이었다.

그것은 아내의 경우뿐만이 아니다. 우리 모두에게도 있을 법한 일이다. 우리를 불편하게 만드는 것은 상대방이 최근에 한 행동 때문이라기보다 그 사람의 행동이 해결되지 않은 나의 과거의 사건들을 다시 떠오르게 하기 때문이다.

직접적으로 감정을 표현하는 기술

- **정의**: 감정을 직접 표현하는 기술은 1인칭 단수로 당신이 지금까지 경험했던 혹은 지금도 경험하고 있는 감정이나 느낌들에 대해서 말하는 것이다.
- **예**: 위원회가 결정한 사항들에 대해서 나는 분통이 터지는 것을 느꼈다.
- **목적**: 직접 표현의 목적은 당신 자신의 감정적인 상태를 식별하거나 당신과 이야기를 나누고 있는 사람의 감정을 알아보려는데 있다.

감정의 직접적인 표현

어떤 사람에게는 이 기술이 간단할 지 모른다. 하지만 다른 사람에게는 아주 어려운 기술이 될 수 있다. 만약 우리가 평소에 자신의 내적인 감정 상태를 잘 인지하고 표현했다면 이 기술을 그다지 어렵지 않게 배울 수 있을 것이다. 그러나 그와는 달리 자신의 감정들을 분별하는데 어려움을 가지고 있다면 이 기술은 꽤 복잡할 수 있다.

앞의 3장에서 나는 다른 사람의 감정을 추측하는 것에 대해서 이야기했다. 이 경우, 추측은 말하는 사람들이 자기 자신의 내적 상태를 표현하지 않았거나 할 수 없기 때문에 이루어지는 과정이다. 흔히 말하는 사람은 자기 자신의 감정을 직접 말하지 않고 간접적인 표현을 통해서 감정을 전달한다.

반면, 직접적인 표현은 우리 안에서 벌어지고 있는 감정을 상대방이 쉽게 알 수 있도록 나타내는 것이다. 이렇게 되면 듣는 이가 굳이 말하는 이의 내부 상태를 추론할 필요가 없을 것이다. 만일 내가 나의 내적 상태를 상대방이 알기를 원한다면 나는 그것을 직접 말해야만 한다. 왜냐하면 오직 나만이 내 안에서 발생하고 있는 것을 알고 있기 때문이다.

감정 처리의 어려움

우리 중 많은 사람들은 감정을 다루는데 어려움을 경험한다. 가장 일반적으로 알려진 바에 따르면, 감정이란 통제나 안전을 위해서 뇌에게 메시지를 보내는 화학적인 반응들을 일컫는 말이다.

불안은 발생할 지도 모르는 피해나 위험에 대해서 경고를 주는 우리 몸 안에 있는 초기 경계시스템이다. 또한 분노는 우리 스스로 혹은 다른 사람들과의 관계에서 만나는 어떤 어려운 문제를 풀라고 우리들을 동기부여 한다. 반면에, 즐거움은 삶의 경험들을 축하하기 위한 수단으로서 매우 쓸모있는 감정이다.

당연한 이야기지만 우리가 느낄 수 없다면 우리는 인간이기를 거부하는 것과 마찬가지다. 왜냐하면 우리는 창조될 때부터 감정을 가지고 있었기 때문이다. 하나님께서 그렇게 우리를 만드셨다. 다만 많은 사람들은 의식적으로 자신들의 감정들을 경험하거나 경험한 감정을 제대로 표현할 수 없기 때문에 그것들을 꽁꽁 감추며 살아가고 있을 뿐이다.

조절에 대한 이슈들

우리가 경험하는 감정들은 마치 우리가 마음대로 켰다 껐다 할 수 없는 그들 자신이 살아있는 생명체처럼 보인다. 그러나 사실 우리는 다른 것들을 조절할 수 있는 것처럼 감정들을 조절할 수 있고, 감정을 더 잘 조절할수록 어떻게 행동해야 하는지에 대해서도 더 효과적으로 판단할 수 있다. 반면에, 느낌이 단지 우리의 무의식에만 머물러 있다면 오히려 그 느껌들이 우리를 조절하게 된다. 이 현상을 충동적 행동발산이라고 부른다.

충동적 행동발산은 우리가 무언가를 해야만 할 것 같은 느낌을 받지만 그러한 감정이 발생한 이유를 속시원하게 설명할 수 없을 때 발생한다. 그러나 우리가 감정을 더 긴밀하고 의식적으로 느끼면 느낄수록 충동적인 행동을 할 가능성이 그만큼 줄어들게 된다. 다른 말로 하면 우리의 감정을 잘 분별하면 파괴적인 행동을 줄일 수 있는 기회가 되는 셈이다.

따라서 감정을 직접적으로 표현하는 기술을 배우기 위한 첫 번째 단계는 우리 자신의 내적 상태에 귀 기울이는 것이다. 뒤에서 독자들은 200개 이상의 감정을 표현하는 단어들을 볼 것이다 93쪽. 우리는 다른 사람의 감정들을 구별하려고 할 때 그러한 단어들을 사용한다. 대부분의 사람들은 살아가면서 그 리스트에 있는 감정들 중 90퍼센트 정도를 경험한다고 말한다. 당신의 경우는 어떠한가?

충동적 행동발산과 행동억제

우리는 네 가지 방법으로 감정들을 표현한다. 처음 두 가지 방법은, **충동적 행동발산** acting out 과 **행동억제** acting in 이다. 다른 두 가지 방법은, 음성을 통한 직접적 방법 그리고 행동을 통한 간접적 표현이다. 하나하나 살펴보도록 하자.

충동적 행동발산은 감정들이 우리로 하여금 어떤 행동을 하도록 부추기는 것이다. 앞에서 간단하게 언급했지만 우리가 자신의 감정을 인식하지 못할 때 그러한 느끼지 못한 감정들이 어느 사이에 우리를 충동질하는 것이다.

이러한 현상들이 큰 어려움을 안겨다 주지는 않는다 하더라도 때때로 되돌릴 수 없는 문제를 야기하곤 하는데, 우리는 그 때마다 "내가 왜 그런 바보 같은 짓을 했나?"하고 후회하곤 한다.

아주 오래 전 잘 알고 지내던 사람과의 사이에서 내가 경험했던 충동적 행동발산의 예를 하나 소개하겠다.

23세의 백인 미혼여자가 나에게 전화해서 지금 자신이 임신한 상태이며 낙태를 고려하고 있는데 한 번 만나서 이야기하고 싶다는 것이다. 나는 그녀와 만날 날짜를 잡았고, 만나서 그 문제에 대해 이야기를 나누었다. 이야기를 나누던 중에 나는 그녀가 7년 동안 사귀었던 남자친구와 헤어졌음을 알게 되었다. 그녀는 그에게서 화를 느끼지 않는다고 주장하며 남자친구가 자기와 결혼할 결심을 하지 못해서 자기가 먼저 헤어지자고 했다고 말했다. 내가 묻지 않은 정보를 주는 것을 볼 때 그녀는 남자친구에 대한 강한 분노를 방어하기 위한 방어기제를 사용하고 있음이 확실했다.

그녀는 나뿐만이 아니라 산부인과 의사와도 만나 이야기를 했다. 나는 산부인과 의사와 함께 이야기를 나눈 결과 남자친구와 헤어진 후 2주 동안 그녀는 매우 심한 분노를 비건설적인 방법으로 분출했다는 결론에 도달했다. 그 후 그녀는 다른 남자와 데이트를 시작했으며 사귄 지 겨우 이틀만에 성적인 관계를 가졌고, 그로 인해 임신을 하게 된 것이다.

나의 강한 권유에 그녀는 자신이 인식하지 못했던 감정들에 잘 대응할 수 있는 지를 알아보기 위하여 나와 여덟 차례의 상담을 갖게 되었다. 다섯 번째 상담을 하는 과정에서 그녀는 자신 안에 억눌려 있었던 분노의 실체를 알게 되었으며 그 분노를 울음과 땀과 깊은 상실과 좌절을 담은 말로써 분출했다. 더 나아가 그 누구도 자기를 좋아하지 않는다는 두려움을 나타내 보이기까지 했다. 모든 상담을 다 마칠 때 그녀는 자신의 분노의 대부분을 이해할 수 있었으며 건설적인 방향으로 자신의 감정을 유지할 수 있게 되었다.

한편, 충동적 행동발산은 안절부절 못할 때 그저 먹기만 한다거나 사무실에서 기분 나쁜 일 때문에 필요 이상으로 집에서 아이에게 소리지르는 행동들을 포함한다. 혹은 친한 친구의 생일을 잊어버리는 등 아주 조그마한 것에서부터 정신을 못 차릴 정도로 술을 마시는 등 과격한 행동까지 포함한다. 혹은 중요한 모임을 마련해 놓고서 그 자리에 참석하지 않는 등 파괴적인 행동으로 나타날 수 있다. 결국 이러한 행동들은 무력감이나 분노의 감정을 경험하거나 분석하는 과정을 회피하려는 의도에서 나오는 것들이다.

한편, 충동적 행동발산은 병적인 행동으로 이해할 수도 있다. 이 경우에 자신이 어떤 느낌도 전혀 가질 수 없는 상태에서 뉘우침이나 죄의식을 조금도 느끼지 못한다. 이런 사람들은 다른 사람에게 그저 다가가서 칼로 찌른 후 다시 걸어가는 등 전혀 감각이 없는 병적인 살해자인 셈이다. 우리들은 때때로 타인과의 관계에 큰 피해를 입지 않을 정도의 충동적 행동발산을 할 때가 있다.

그럼에도 불구하고 다시 한 번 강조하고 싶은 것은 우리가 자신의 감정에 솔직하게 대면하면 할수록 이러한 충동적 행동발산을 할 가능성이 낮아진다는 사실이다.

충동적 행동발산과 함께 우리가 알아야 하는 또 하나의 현상은 **행동억제**이다. 이것 역시 감정을 다루는 방법 중 하나이다.

행동억제는 충동적 행동발산과는 매우 다른 양상을 보인다. 하지만 자신의 감정을 잘 대면하지 못한 결과 발생한다는 공통점을 지닌다. 다만 잠재된 감정이 외부의 행동을 유발하는 것이 아닌 오히려 그 사람의 마음이 감정을 몸 밖으로 표출되지 못하도록 몸 안에 가두어 두려는 현상으로, 그렇게 되면 몸이 아파오기 시작한다.

정신 – 신체적인 병은 종종 이러한 행동억제의 결과로 온다. 대표적인 증세가 편두통, 소화불량성 위궤양, 허리 아랫부분의 통증과 만성적인 불쾌감 등이다. 이 경우에 의사를 찾아가 진단을 받아도 아무런 이상 증세를 발견하지 못하는 경우가 많고 계속 아픔을 호소한다. 마치 실제로 육체적인 문제가 있는 것처럼 아프지만 의사는 아무런 육체적인 원인을 찾아낼 수 없다.

또 다른 방향에서 찾아볼 수 있는 행동억제는 자신의 감정을 계속 쌓아두는 것이다. 이 경우 역시 육체적이고 감정적인 병의 원인이 된다. 좋은 예로, 나는 한 목회자와 함께 최근에 남편을 잃었던 두 명의 여자를 만났다. 그 중의 한 여자는 장례식 후 매일 같이 울었다고 말했다. 그녀는 자신이 매일 같이 우는 이유는 여전히 심리적으로 불안정한 상태이기 때문이라며 이렇게 심하게 울면 안 된다는 것을 알면서도 어쩔 수 없다고 말했다.

두 번째 여자는 첫 번째 여자와는 아주 대조적으로 자기는 전혀 울지 않는다고 했다. 이 두 여자에게 이후에 무슨 일이 발생했는 지를 추적한 결과, 첫 번째 여자는 남편을 상실한 슬픔 중에서도 어려움을 극복하기 위해 애썼고, 그 결과 매우 자상한 남자를 만나 결혼하여 잘 살고 있었다.

반면에, 두 번째 여자는 3개월 후 정신병원에 입원했다. 우울증으로 통제가 거의 불가능한 상태였고, 다른 남자와 친밀감을 유지하는데 어려움을 겪고 있다는 것을 알게 되었다.

이러한 예를 통해 알 수 있듯이, 우리가 상처받은 감정에 용기를 내고 그 감정에 정직하게 대면하면 어려움을 잘 조절할 수 있고 건강한 상태를 유지할 수 있다는 사실을 꼭 기억하기 바란다.

감정을 나타내는 단어들			
행복			
쾌활한	침착한	흐뭇한	마음 편한
격렬한	근심있는	황홀한	날아갈듯한
흥분한	즐거운	열광적인	가슴 뛸 듯한
원기있는	편안한	생기있는	흥겨운
너그러운	기분좋은	감격스러운	유쾌한
활기찬	마음이 가벼운	신나는	환희에 넘치는
명랑한	기쁜	낙천적인	평화로운
재미나는	만족스러운	평온한	느긋한
흡족한	잔잔한	눈부신	짜릿한
힘찬	감동적인	활발한	
갈망			
열망하는	격렬한	열렬한	갈망하는
열정적인	진지한	찌그러진	의기양양한
열렬한	열의가 있는		
슬픔			
부끄러운	쓸데없는	가슴이 막막한	측은한
실망한	낙망한	가슴이 찢어지는	낙심한
울적한	착잡한	비참한	침통한
혼란스러운	먹먹한	침울한	우울한
불편한	서러운	가라앉은	공허한
언짢은	가슴이 미어진	괴로운	처량한
칙칙한	슬픔이 가득한	부루퉁한	시무룩한

4장 감정을 표현하는 기술 | 93

불쌍한	창피스러운	불행한	좌절감을 느끼는
가치 없는			

상처

쑤시는	냉담한	시달리는	대담한
절망적인	낙심한	비탄에 젖은	상처입은
고립된	외로운	마음이 상한	아픈
애처로운	고통 당하는	괴로운	걱정하는

화

짜증나는	거북한	격노한	당혹스러운
불쾌한	격분한	혼란스런	화난
핏대 선	유감스러운	노발대발하는	분통이 터지다
심술난	분개한	울화통 터지다	열 받은
짜증난	성가신	속이 끓는	노한
고집 센	골이 난	시무룩한	핏대가 서다

두려움 없음

담대한	자신감 있는	확신하는	용감한
결연한	격려하는	굳센	당당한
추진력 있는	독립심 강한	충성스러운	자긍심 강한
의기양양한	확신감 있는		

관심

몰두하는	관심 있는	호기심 있는	열중하는
흥분한	매료된		

의심

혼란스러운	의심스러운	포착하기 힘든	불신하는
막막한	망설이는	가망없는	조심스러운
당혹한	비관적인	효과없는	아리송한
회의적인	믿지않는	의아스런	주저하는

신체			
숨이 찬	공허한	활기찬	속이 텅 빈
고정된	메스꺼운	마비된	충동적인
둔한	앞으로 쭉 핀	강한	힘드는
탄탄한	억센	활기없는	초조해하는
약한	지친		

애정			
저돌적인	매력적인	친밀한	사랑스러운
열광적인	매혹적인	유혹적인	부드러운
따뜻한			

기타			
따분한	잔인한	무관심한	질투심 많은
겸손한	시기하는	혼란스러운	열중해 있는
슬픔에 젖은			

두려움			
걱정스러운	조바심나는	무시무시한	염려되는
조심스러운	겁에 질린	주눅이 든	낭패감 드는
의심쩍은	두려운	배짱 없는	머뭇거리는
이성을 잃은	공포에 짓눌린	참을성 없는	불안한
초조한	당황한	망연자실하다	긴장속에 있는
위태로운	소름 끼치는	무서운	염려스러운
미심쩍은	섬뜩한	압박감 드는	겁 많은
비극적인	기력이 없는	조바심이 나는	안절부절 못하는
경외심을 가진			

간접적인 감정표현

감정을 다룰 때 일반적으로 나타내는 세 번째 방법은 감정을 표현하지만 직접적으로 언급하지 않는 경우이다. 즉, 말과 어조와 신체언어를 사용하여 감정을 이야기하지만 딱 꼬집어서 말하지는 않는다.

쉬운 예로, 당신 친구 중 한 명이 당신에게 와서 비꼬는 말투로 턱을 치켜 올리며, "당신이 어제 모임을 인도하는 것을 보았는데 당신은 아주 훌륭한 위원장이에요"라고 말했다고 치자. 여기서 어떤 감정도 직접 말하지 않았다는 사실을 주목하라.

사용된 단어들은 별 이상할 것이 없지만 단어와 함께 사용된 어조와 비꼬는 말투 신체언어는 치켜든 턱 매우 다르게 전달되고 있다. 느낌을 표현하는 단어들이 행동과 일치하지 않고 직접적으로 감정이 전달되지 않았다는 점에서 위에서 말한 진술이 간접적이라는 것을 알 수 있다. 간접적인 표현은 많은 형태를 취할 수 있다. 예를 들어보자.

- 칭찬: "당신은 아주 좋은 사람이야."
- 판: "당신은 내가 요청한 것을 한 번도 한 적이 없어."
- 부담을 가중시키는 질문: "당신은 정말 이것을 해야만 한다고 생각하나요?"
- 비난: "당신은 나를 더 이상 사랑하지 않아요."
- 직접 언급하기: "당신은 정말 골치아픈 사람이야!"
- 판단 혹은 인정: "당신은 정말 생기발랄한 사람이에요."
- 불인정: "당신은 그저 말하고 또 말하는 것 뿐이야."

이 유형의 커뮤니케이션에서 우리가 종종 부딪히는 어려움은 이런 진술 뒤에 숨어있는 상대방의 감정을 추측한 후 확인해야 한다는 점이다. 우리가 흔히 저지르기 쉬운 실수는 그저 상대방의 감정이 무엇인가 만을 추론한 후 그것이 옳다고 믿어버린다. 그러나 만일 우리가 생각이 있는 듣는 자라면 인식을 점검하는 기술을 사용해야 할 적절한 시점이다 3장 참고.

이 기술은 다른 사람이 경험하고 있는 것에 대한 당신의 추측이 맞는지의 여부를 확인하는 기술이라는 점을 기억할 것이다. 반면에, 만일 말하는 이가 직접 그 혹은 그녀가 경험하는 것을 언급한다면 인식의 점검은 필요치 않을 것이다. 만일 내가 "나는 어제 모임에서 당신이 말한 것 때문에 기분이 매우 언짢았어요"라고 말한다면, 상대방은 내가 의도하는 바나 전달하려는 것에 대해 추측할 필요가 없다.

직접적인 감정표현

상대방이 감정을 직접적으로 표현하는지 아닌지를 아는 방법은 복잡하지 않다. 간단한 공식만 알면 된다. 1인칭 단수를 사용하여 감정들을 직접 언급하는지를 확인하면 된다. 이 공식에 어긋나는 말들은 직접 표현이 아니다.

예를 들면, 만일 누군가 "우리가 휴가 중에 당신이 한 일을 우리는 좋아합니다"라고 말하였다고 하면 우리는 아마도 "좋아한다"는 단어가 포함되었기 때문에 직접적인 감정의 표현이라고 생각할지 모른다. 그러나 복수인 "우리"는 위의 공식과 맞지 않다. 따라서 직접표현이라고 부르기에는 적합하지 않다. 말하는 이들이 "그들을" they 일반적인 "우리" we로 투사함으로써 자기 자신들의 감정을 직접적으로 나타내는 것을 피한 것이다.

만일 말하는 이가 "나는 당신이 한 것을 …"이라고 말했다면 그것은 직접 표현이라고 할 수 있을 것이다. 다음의 문장들은 직접적인 표현을 대표하는 예들을 소개한 것이다.

"나는 오늘 발생한 것 때문에 매우 **당황스러웠다**."
"나는 당신이 말한 것 때문에 매우 힘들어하고 있으며, 네가 그것에 대해서 말하고 있을 때 나는 **염려하고** 있었다."

"내가 당신의 편지를 받았을 때, 당신이 원하는 직업을 잡았다는 것을 들어서 나는 매우 **행복했다.**"

"내가 그 모임에 대해서 통보받지 못해서 불참한 것에 대해서 나는 언짢았다."

"계속적으로 사람들이 문을 쾅쾅거리는 것이 나를 거슬리게 했다."

"나는 당신의 비난에 열려져 있지만 당신의 언급에 어떻게 대응해야 할지 확신이 서질 않는다."

직접적인 표현을 사용함으로써 우리는 우리의 내적인 상태를 분명하게 상대방에게 전달하는 것이다. 그렇게 함으로써 상대방은 우리가 왜 그렇게 반응했는지를 알게 될 것이다.

다음은 듣는 이가 말하는 이와 함께 직접적인 표현을 사용한 전형적인 대화이다. 린다는 듣는 이이다. 그녀와 함께 일하는 동료인 랄프가 그녀의 사무실로 오고 있을 때 린다는 앉아 있었다.

랄프: 저와 좀 이야기를 나눌 수 있을까요?

린다: 안녕? 랄프. 물론이죠, 여기 앉아요.

랄프: 당신은 내가 하려고 하던 일들을 그렇게 방해하고 싶은가요? 나는 그 이유를 알아야겠어요.

린다: 랄프, 나는 당신이 내가 당신의 일을 방해하려고 했다고 느끼도록 한 것이 무엇인지 듣고 싶네요. 나는 지금 당신이 말하고 싶은 것이 무엇인지 잘 모르겠어요.

랄프: 당신은 내가 3주 전에 주었던 프로젝트를 이미 끝내야만 했어요.

우리 부서는 상품을 고객들에게 지금쯤 줄 수 있기를 기대하고 있었는데 당신이 그 일을 너무 오랫동안 끄는 바람에 고객들이 주문을 취소했어요.

린다: 그 말을 들으니 정말 뭐가 뭔지 모르겠네요. 생산부에서 일하는 제이가 4주 전에 내게 와서 주문이 취소됐다고 말했기 때문에 나는 그 일을 하지 않은 것 뿐이에요. 당신은 마치 내가 그 일을 하지 않았기 때문에 주문이 취소됐다고 말하고 있는데 정말 헷갈리네요.

랄프: 제이가 오래 전에 주문이 취소됐다고 말했다구요? 나는 전혀 모르는 사실인데요. 왜 그가 내게 말하지 않았을까요?

린다: 그걸 내가 어떻게 알겠어요. 그에게 가서 직접 물어보시죠.

랄프: 당신을 힘들게 해서 미안해요. 내가 잘못된 정보를 가지고 있었나봐요.

린다는 직접적인 표현을 통해서 자기 감정을 충분히 나타낸 반면, 랄프는 그렇지 못했다. 린다는 이 대화 속에서 두 가지 중요한 행동을 했다. 하나는, 동료간에 발생하는 갈등의 주요 원인이 되는 잘못된 정보를 명확하게 표현했다. 두 번째, 그녀는 랄프가 추측할 필요가 없도록 자기가 느끼는 감정을 표현한 것이다.

이러한 자기노출을 항상 할 필요가 없다 하더라도 서로가 명확하게 의사소통을 함으로써 갈등이 증폭되지 않기 위해서는 반드시 필요한 요소이다.

5장
인정할 것을 인정하는 기술

경청에 관해 가르칠 때마다 나는 타인의 비판에 대해 적절하게 대응하는 방법을 언급하곤 한다. 이것은 경청에 있어서 가장 어려운 부분들 중의 하나이다.

나는 사람들에게 어떤 형태의 비판일지라도 그저 상대방의 말을 모두 부인하기에 급급해하지 말라고 충고한다. 만일 우리가 상대방의 비판을 반박해서 또 다른 비판을 한다면 그것은 단지 상대방이 한 것과 별반 다를 바 없는 셈이 된다. 이와 함께 처음부터 끝까지 방어적인 자세를 취하거나 맞받아쳐서 역습하는 것도 좋은 방법이 아니다.

5장의 주제를 가장 먼저 주장한 매뉴얼 스미스 Manuel J. Smith 는 타인들에 의해 너무 좌지우지 당하는 사람들을 도와주고자 노력한 사람이다. 그는 그런 사람들에게 방어적인 자세보다 다른 대안적인 대응법을 가르쳐주고자 했다. 그러한 대응의 궁극적인 목적은 모든 유형의 비판에 저항하려고 하기보다 듣는 이가 상대방의 비판으로부터 적절하게 배우도록 돕는데 있었다.

스미스는 사람들이 비판을 받을 때 안개 봉우리처럼 행동하기를 원했기 때문에 이 기술을 "안개" fogging 라고 이름 지었다.

그는 이렇게 말한다.

"안개 봉우리는 여러 면에서 참 희한하다. 그것은 아주 끈기가 있다. 우리는 안개 봉우리를 통해서는 사물을 분명히 볼 수 없다. 그 속으로 들어가려는 우리에게 저항하지 않는다. 들어오지 말라고 우리와 싸우지도 않는다. 거기에는 딱딱한 돌출된 부분도 없다. 우리는 안개 봉우리에다 무언가를 던질 수 있지만 아무런 영향도 받지 않는다. 할 수 없이 우리는 너무도 완고해서 어찌하도록 조종할 수 없는 안개를 바꾸려는 시도를 포기하고 안개가 사라질 때까지 그냥 그대로 나둘 수밖에는 별 다른 뾰족한 수가 없음을 깨닫게 된다. 이와 유사하게 남에게 비판을 받을 때에도 당신은 그것에 저항하지 않고 또는 당신에게 던져지는 비판적인 말들에 대해서 심리적인 반발을 강하게 하지 않고서도 담대하게 처리할 수 있다." *When I Say No, I feel Guilty* [New York: Bantam Book, 1975], p. 104

나는 이 포깅 fogging 이 가장 유용하고 배우기 쉬운 기술이라는 것을 발견하게 되었다. 이 책에 소개된 여러 가지 경청 기술 가운데 포깅이 습득하기에 가장 쉽고 재미있다. 포깅하는데 있어서 필요한 몇 가지 방법들은 다음과 같다.

1. 당신에게 분명히 사실인 진술에 대해서만 찬성할 수 있다.
2. 어느 정도 사실을 포함하고 있을지도 모르는 어떤 진술에 대해서 찬성할 수 있다.
3. 당신에게 사실일지도 모르는 가능성을 약간이라도 가지고 있는한, 상대방의 어떤 진술에 대해서 찬성할 수 있다.

포깅 말머리

독자들이 이 책의 여러 장에서 언급된 다른 기술들을 주의깊게 살펴봤다면 그들이 모두 "말머리"로 시작되고 있음을 눈치챘을 것이다. 포깅도 역시 이 방법을 따른다. 다음과 같은 말들이 포깅에서 말머리로 주로 사용하는 표현들이다.

- 맞아요.
- 당신이 아마도 맞을지도 몰라요.
- 당신이 말한 게 어쩌면 사실일지도 모르겠네요.
- 당신이 맞아요.
- 당신이 옳을 수도 있겠네요.
- 나는 당신이 옳다고 생각해요.

남에게서 비판 받을 때 우리가 취하는 가장 흔한 반응이 무엇이라고 생각하는가? 그것은 자기 방어이다.

만일 내가 비판자라는 가정하에서 상대방이 자신을 계속 방어만 하고 있다면 나는 그와 언제까지라도 말싸움을 벌일 수 있다. 내가 그를 계속 비판하며 물고 넘어지면 그는 항상 방어망을 찾을 것이다. 그러면 그가 그렇게 하는 한, 나는 계속 비판할 명목을 찾을 수밖에 없을 것이다. 이런 상황 속에서 나는 그와의 관계에서 주도자가 되고 그는 나의 반갑지 않은 행동의 대상이 되는 셈이다. 그러나 만일 그가 언제까지나 반복되는 비판과 방어라는 원형 트랙을 달리고 싶지 않다면 나 역시 계속 달리지 않고 그만 둘 수도 있다.

포깅 fogging, 인정할 것을 인정하는 것은 우리가 이런 유형의 피곤한 게

임을 하고 싶지 않다고 상대방에게 말하는 행위이다. 따라서 우리는 상대방의 비판 중에서 사실이라고 생각되는 것들에 한해 인정한 후, 다음 상황을 지켜보면 된다. 여기에 포깅 방법의 몇 가지 실례가 있다.

비판자: 당신은 항상 회의에 늦네요.

포깅: 당신 말이 맞을 수 있어요. 나는 늘 모임에 정각에 오는 것은 아니지요(종종 포깅한 후에 한 마디를 추가하는 것이 도움이 될 때가 있다. 즉, 여기에서처럼 포깅에다 상대방의 비판을 받는 상황을 연결시키는 것이다).

비판자: 당신은 자신이 이 위원회에 아주 훌륭한 위원장이라고 생각하는데 전임자인 제인이 당신보다 일을 더 잘 했어요.

포깅: 아마도 당신 말이 일리가 있을지도 몰라요. 제인이 아주 일을 잘 처리했지요(오직 상대방이 말한 것 중 맞다고 여겨지는 일부분에만 동조하라. 즉, 이 경우 제인에 대한 의견만 말한 것에 주목하라).

비판자: 나는 솔직히 당신이 그렇게 일을 잘 하지도 못하면서 위원장직을 계속 하길 원한다는 게 참 이해가 가질 않아요.

포깅: 내가 아직도 위원장직에 있다는 것에 당신이 놀라는 것은 이해할 만해요(비판자의 말에서 확실한 것에만 동조하라. 바로 앞에서 비판자가 말한 것 중 무엇이 빠졌는지 주목하라).

비판자: 하나만 더 말하겠는데요. 당신은 당신이 원하는 것에 찬성표를 얻기 위해 이 위원회에 당신의 친구들을 많이 포함시켰어요.

포깅: 이 위원회가 내가 제안한 많은 것들에 대해서 찬성한 것은 사실이죠.

포깅 진술은 단지 우리가 보기에 사실인 것에만 동조하는 것이다. 그것을 어떻게 알 수 있느냐고 의아해 하는 독자들도 있을 것이다. 상대방의 비판하는 말들을 잘 살펴보면 곧 어떤 부분에 동조할 것인지를 알 수 있다.

우리가 매니저로 일하고 있다고 가정해 보자. 포깅은 매니저들과 고용인들간의 상호대화에 아주 효과적이다. 여기 고용인들 중 한 명과 갈등을 겪고 있는 매니저가 있다. 그들의 대화를 보자.

고용인: 우리가 무엇을 생산해야 되는지 결정하는데 필요한 판매 리포트를 당신이 늦게 주는 바람에 생산쿼터를 맞추지 못했어요. 우리 모두 당신에게 화가 나 있어요. 꼭 그렇게 일해야 합니까?

매니저: 지난 달 판매량을 맞추지 못했다는 당신의 말이 맞긴 한데…

고용인: 그렇죠! 다 당신의 책임예요!

매니저: 네, 그래요. 당신이 맞을 수도 있어요. 당신에게 정보를 좀 더 빨리 주었어야 했는데 말입니다.

고용인: 한 가지 더 말할 게 있어요. 지난 한 달 동안 당신은 우리 중 누구와도 이야기를 나누지도 않았어요. 그것이 당신을 어렵게 만든 거라고 생각합니다.

매니저: 그것이 우리가 가진 문제예요. 앞으로 팀장들과 좀 더 자주 모임을 가질 수 있도록 해 볼게요.

여기서 우리가 더 주목할 필요가 있는 것은 이 장에서는 포깅을 잘 이해하도록 돕기 위해서 포깅기술만 따로 설명하고 있지만 사실, 이 기술은 앞에서 이미 다룬 바 있는 생산적인 질문을 하는 기술, 부연설명 기술, 또는 상대방의 인식을 점검하는 기술 등과 함께 사용하는 경우가 대부분이다. 다음의 간단한 실례는 우리가 포깅을 다른 기술과 함께 어떻게 사용할 수 있는지 잘 보여준다.

> 남편: 매주 일요일 오후에 당신 어머니를 방문해야만 하는 것은 정말 고역 중의 큰 고역이야. 고통 그 자체라구. 당신 어머니는 당신을 마치 아무 생각도 없는 철부지 다루듯이 하신단 말이야.
>
> 부인: 당신이 맞아요. 최근에 어머니를 자주 만났는데 나를 어린애 취급할 때가 좀 있었어요(포깅). 나도 약간은 당황스러웠어요(직접적인 감정의 표현). 그런데 내가 느끼기에는 당신이 그것 때문에 많이 불쾌한 것 같은데 그렇죠?(상대방의 인식을 점검)
>
> 남편: 그러니까 당신 정말 어린애 같은 거야? 늘 당신 어머니가 말하는 대로 하지 말고 먼저 당신 스스로 결정하도록 해 봐.
>
> 부인: 당신 말은 항상 우리 어머니가 말하는 대로 하지 말고 먼저 내가 결정을 내려야 한다는 말이죠(부연설명). 당신이 맞을지도 몰라요. 나는 엄마의 결정에 의해서 영향을 받는 지금보다 훨씬 더 강해질 수 있어요(포깅). 그런데 나는 때때로 어머니가 요구한 것과 당신이 원하는 것 사이에서 어떻게 해야 좋을지 모를 때가 있어요(직접적인 감정의 표현).

이 부인이 마지막 언급한 것을 보면 포깅이 긴 반응의 중간에 끼어있기에 거의 그 자체로는 인식하기가 쉽지 않다. 하지만 포깅을 기술적으로 상대방이 쉽게 알아채지 못하게 하면 할수록 그것은 더 효과적이다. 이러한 기술들은 상담이나 남을 돌보는 전문직업에 종사하는 사람들 카운셀러, 목회자, 사회복지사, 간호사, 의사 등 에 의해서 자주 사용되기 때문에 반드시 잘 익혀 둘 필요가 있다. 다음의 예는 목사가 화난 교인에게 전화했을 때 포깅을 효과적으로 사용한 좋은 예이다.

목사: 로이스 잘 있었어요?

로이스: 글쎄요, 별로 좋지 않아요. 목사님과 많은 관계가 있기도 해요. 저는 목사님께서 교인들을 어떻게 돌보아야 하는지 효과적인 방법을 알고 있지 않다고 생각해요.

목사: 흠, 집사님이 아마 맞을지도 몰라요. 나는 항상 모든 교인들을 만족시켜주지 못하죠(포깅). 내가 집사님을 당황스럽게 만든 특별한 무슨 일이 있었나요?(상대방의 비판에 다시 질문하기)

교인: 저는 목사님께 너무 실망했어요. 목사님이 처음 우리 교회에 오셨을 때 나는 목사님께서 우리 교회를 아주 잘 이끄실 거라고 확신했답니다. 그런데 실제로는 그렇지 못한 것을 알았어요.

목사: 교회가 일부 교인들이 바라는 대로 진행되지 않고 있는 것은 사실이에요(포깅). 그러나 나는 교회에서 일어나고 있는 그런 일 말고 집사님을 화가 나게 만든 어떤 일이 있는지 알고 싶어요(상대방의 비판 다시 질문하기와 이야기 점검).

교인: 글쎄요, 목사님께서 말씀하시니까 말하는 건데요. 네, 있어요. 저는 전에 유방염에 걸려서 너무 아파서 거의 죽을 뻔한 적이 있었지요. 교회 사무실로 전화했는데 사무실 직원이 목사님께서 저를 보러 오실 거라고 말했어요. 그들은 심지어 나중에 만일에 대비해서 목사님께 메모를 남기겠다고까지 하더군요. 그런데 목사님은 오시지 않았어요. 나는 목사님이 저를 심방하는 대신 아이들

의 중고등부 수련회에 가셨을 거라고 이해했어요. 그렇지만 아이들은 모두 건강하고 목사님 없이도 잘 할 수 있잖아요. 나는 목사님을 정말 간절히 필요로 했는데 오시지 않았어요.

목사: 사실 나는 집사님이 아프다는 메모를 받았지만 중고등부 수련회에 갔었어요(포깅). 나는 그 사실이 집사님에게 상처를 주고 크게 화나게 했다는 것을 지금에서야 알게 되었네요. 맞지요?(인식점검)

교인: 저는 목사님이 느끼고 계신 것 이상이에요.

목사: 집사님이 나에게 이것을 말해주니 걱정이 되네요. 무엇을 해야 될지도 모르겠고 어쨌든 이미 벌어진 일이니까요(직접적인 감정표현). 내가 집사님에게 상처를 주었다면 정말 미안합니다. 사과드리고 용서를 구합니다. 집사님이 나에게 크게 실망했는데 집사님을 위해서 내가 무엇을 하면 될까요?(타협)

이 대화는 실수를 빨리 고치려는 의도로 소개된 것이 아니다. 이 실례는 목사로 하여금 방어적인 자세를 취하거나 죄의식에서 벗어나오지 못하는 일이 없도록 어떻게 포깅이 도움을 주는지를 알려주기 위한 것이 목적이다. 다시 한 번 말하지만, 포깅은 다른 경청기술과 함께 사용할 때 효과가 크다는 것을 이해하길 바란다.

자기 스스로 연습하기

당신에 대한 다음의 비판에 대해 포깅을 쓰거나 말로 표현해보라.

1. 당신이 제때에 리포트를 제출하지 못해서 올해 연감 안에 포함되지 못할 것이다.

2. 당신 옷은 마치 그 위에서 누군가가 잠을 잔 것처럼 심하게 구겨져 있다.

3. 당신은 자신을 너무 돌보지 않아요. 그러다가 큰일나겠어요.

4. 그리 큰 일은 아니지만, 만일 당신이 한 번만 더 회사에 지각하면 사장님께 보고하겠어요.

5. 의사가 나에게 당신은 더 이상 이 병원에서 간호사로 일할 수 없다고 하더군요. 당신은 너무 능력이 없데요.

정리하면, 포깅은 다른 사람의 비판에서 일리가 있는 범위내에서 사실인 것을 말하는 것이다. 그러기 위해서는 사실이라고 여겨지는 것을 분별할 줄 알아야 한다. 포깅기술을 잘 터득해서 앞으로의 삶에 적용하기를 바란다. 더욱 더 대화에 자신감이 넘쳐서 남을 조작하려는 사람들을 더 잘 다룰 수 있게 될 것이다.

6장

상대방의 비판에 다시 질문하는 기술

상대방의 비판에 다시 질문하는 기술은 내가 이 책에서 소개하고 있는 많은 기술 중에서 가장 유용하다. 매뉴얼 스미스 Manuel Smith 가 자신의 책 「*When I Say No, I Feel Guilty*」에서 처음으로 소개했다.

이 기술의 목적은 비판하고 있는 상대방이 적이 아니라 우리를 돕는 교사가 되도록 하는데 있다. 우리들 대부분은 비판적인 사람들을 다루는데 크고 작은 어려움을 겪기 마련이다.

비판에 대해서 다시 질문하는 기술은 비판적인 사람이 우리를 통제하지 않도록 긍정적으로 대응하는 방법을 제시한다. 포깅을 다루었던 장에서 나는 비판자가 말하는 내용에서 사실 부분에 동의함으로써 비판자의 논조를 약화시키는 것에 대해서 말했다. 종종 비판에 대해 다시 질문하는 기술은 포깅과 밀접하게 관련되어서 나온다.

먼저, 비판에 대해 다시 질문하는 기술에 대해서 좀 더 알아본 다음에, 이것과 관련된 다른 기술에 관해서도 살펴 보도록 하겠다.

상대방의 비판에 대해 다시 질문하는 기술은 흔히 이 책에서 이미 묘사된 여러 가지 다른 기술들과 동반되어서 이루어진다. 이 질문과 함께 가장 많이 사용되는 것은 생산적인 질문이다. 그 외에도 인식점검, 부연설명, 포깅 그리고 느낌의 직접적인 표현 등의 기술들이다. 만일 해당 장들을 아직 읽지 않았다면 이 장을 읽기 전에 읽어보기 바란다.

그러나 먼저 이 장을 읽고 다른 장들을 읽어도 이 6장의 내용을 잘 이해하는데 염려할 필요는 없다. 이 기술은 배우기에 어렵지 않다. 하지만 비판받는 순간에 우리가 받는 기분나쁜 감정 때문에 실제로 실천하기에 어려움이 있을 수도 있다. 자, 이 기술을 배우도록 하자.

비판에 대한 질문과 생산적인 질문들

비판에 대한 질문은 비판자에게 그의 기분을 상하게 했던 우리의 구체적인 행동들을 지적해 달라고 물어보는 기술이다. 비판하는 이는 상황을 너무 일반화시키는 경향이 있다. 그래서 그저 단순히 비판만 하기 쉽다. 이같은 태도는 특정한 행동이 언급되지 않았기 때문에 듣는 이가 달리 무엇을 해야 할지 알지 못하는 경우가 비일비재하다.

비판에 대한 질문의 기능은 말하는 이에게 내가 고쳐야 할 것이 무엇인지를 보다 명확히 알기 위해 잘못된 특정한 행동을 직접 언급해 줄 것을 요구하는 것이다. 만일 독자가 어느 위원회의 의장이고, 멤버 중 한 사람이 그저 당신은 게으른 리더라고 말했다고 치자. 이러한 유형의 피드백은 그다지 도움이 되지 않는다.

나는 이것을 루시 신드롬 Lucy Syndrome 이라고 부른다. 자기의 작은 방 뒤에 앉아서 루시는 만화 주인공인 찰리 브라운에게 강의를 한다. 그녀가 강의를 다 마친 후, 찰리 브라운은 그녀를 바라보면서 이렇게 묻는다.

"내가 그것을 알기는 아는 것 같은데, 이제 무엇을 해야 하지?"

누군가가 우리에게 피드백을 해주었지만 어떤 특정한 행동을 말하지 않는다면 우리는 구체적으로 무엇을 잘못했는지 알려달라고 말할 필요가 있다. 그렇게 함으로써 우리는 상대방으로부터 적절한 반응을 얻을 수 있도록 다르게 해야 하는 것이 무엇인지를 알게 된다. 상대방의 행동을 잘 묘사하는 기술에 대해서는 뒤의 7장에서 실제적으로 다룰 것이다.

비판을 재조명하라

어느 사건을 재조명한다는 것은 비판적인 비효율적인 태도 방향에서 긍정적인 매우 유용한 태도 방향으로 한 사건의 의미를 바꾸는 것이다. 그림이 들어있는 액자를 바꾸면 그림이 다르게 보이는 것과 마찬가지로 비판하는 상대방을 조언자로 전환시킴으로써 그가 우리의 행동을 어떻게 인식하는지를 알게 된다. 비판하는 상대방에게 우리가 잘못하고 있는 특별한 행동이나 행동패턴을 직접 꼬집어 달라고 부탁하라. 우리의 행동을 바꿀 수 있는 좋은 계기가 될 것이다.

비판을 받는 이러한 과정은 적절한 기술로 잘 처리되면 듣는 이인 우리가 비판을 유용한 정보로 전환시킬 수 있는 일종의 피드백이 된다. 즉, 비판에 대한 질문은 상대가 친구이든지, 사업동료 혹은 고객이든지 우리에게 가치가 있는 사람과의 관계를 보호해 줄 수 있다.

내가 이 기술의 유용성을 알게 된 계기는 어느 한 사람의 행동을 통해서였다. 나는 투자수익율에 대한 불만을 말하기 위해 담당자에게 전화를 걸었다. 그와는 이미 9년 동안 거래하던 관계였다. 그에게 전화를 했을 때 그의 태도는 자기 방어적이었으며 내가 이미 바꾸려고 마음 먹고 있었던 투자회사 탓으로 돌리고 있었다.

그는 오히려 나의 그런 행동에 대해서 탓하며 적반하장식으로 나에게 화를 내고 나의 불평에 대해서는 조금도 관심이 없었다. 내가 염려하는 것들을 말할 때마다 매번 그는 방어적인 태도를 취했다. 그는 자기가 얼마나 능력있는 주식중개인이며 다른 회사와 거래해도 더 나아질 것은 아무것도 없을 거라고 말하는 것이었다.

우리가 대화를 나누는 동안 이슈는 오직 한 가지였다. 그는 나의 관심사에 대해서는 들으려고도 하지 않았고, 진짜 이슈가 무엇인지 알려고 하지 않았다. 만일 그 주식중개인이 고객과 지속적인 관계를 유지하고 싶다면 그는 방어적인 자세를 내려놓고 고객이 제시하는 이슈들에 보다 집중하여 그의 말을 듣는 것이 훨씬 더 도움이 된다.

기술을 실제적으로 사용하라

만일 당신이 생산적인 질문을 하는 기술을 읽었다면 질문을 생산적으로 사용하는 방법 중 하나는 상대방의 이야기 중에 들어있지 않은 잃어버린 정보를 주목하는 것이라는 사실을 기억할 것이다. 비판에 대한 질문은 빠져버린 사항들을 유도해내는 질문과 같은 유형이다.

다음의 대화는 비판에 대한 질문을 보여주는 좋은 예인데, 비판자와 주식중개인과의 대화이다.

빌은 그의 VIP 고객인 개리에게서 걸려온 전화를 받았다. 빌은 개리의 불평들을 들으면서 뭔가 잘못된 자신의 행동을 알기 위해 비판에 대한 질문 기술을 사용하고 있다.

개리: 빌, 나 개리에요. 다름이 아니라, 내 계좌를 다른 중개인으로 바꾸려고 하는데 당신에게 알리려고 전화했어요. 내가 받은 수익률이

기대한 것보다 너무 낮아서요. 마침 훨씬 높은 수익률을 보장한다고 다른 회사에서 근무하는 친구가 말하더군요.

빌: 개리, 솔직히 나는 고객님을 잃고 싶지 않아요. 고객님은 지금 다른 회사에서 일하는 친구가 더 좋은 수익을 보장할 수 있다고 말하고 있는데(부연설명) 우리에게서 받은 낮은 수익률이 고객님이 계좌를 옮기려는 유일한 이유인가요?

개리: 네, 그런 셈이지요. 당신은 단지 5.9퍼센트를 제공했지만, 내 친구는 12퍼센트의 수익률을 제시했어요. 이것은 아주 큰 차이 아닌가요.

빌: 고객님 말이 옳아요. 고객님이 왜 그렇게 당황스러웠을지 알 수 있겠네요(포깅/부연설명). 혹시 낮은 수익률 말고 다른 이유는 없나요? 내가 뭘 잘못했다거나요?(비판에 대한 질문하기)

개리: 흠, 이런 말은 하고 싶지 않지만, 당신은 내 계좌에 대해서 이야기하기 위해 일년에 단지 한 번만 나를 만나러 오지요. 당신은 올 때마다 거의 90퍼센트는 당신 말만 하고 끝나기 때문에 나는 거의 말할 기회조차 없었어요. 나는 당신에게 더 위험성이 있기는 하지만 좀 더 높은 이익을 배당하는 주식으로 바꾸려고 했는데 당신은 내 말을 전혀 들으려고 하지를 않았어요. 따라서 내 의견을 존중하는 친구가 더 나은 수익률을 제시했을 때 나는 바꿀 수밖에 없었어요.

빌: 내가 좀 더 고객님 말을 듣고 말을 좀 줄였어야 했다고 들리네요(부연설명).

개리: 아마 그렇게 하면 당신은 더 오랫동안 고객을 확보할 수 있을 거

예요. 미안하지만 나는 계좌를 옮기기로 결정했어요. 어쨌든, 당신이 지금 보여주었듯이 내 말에 더 귀를 기울였더라면 우리는 이러한 문제로 이렇게까지는 이야기하지 않았을 거예요.

빌: 이런 일이 발생해서 매우 유감스럽군요. 그러나 나는 고객님이 지금에라도 이런 말을 해 주니 고맙네요. 다른 고객들에게도 좀 더 예민해져야 한다는 것을 배울 수 있었습니다.

고객들을 잃은 경험을 가진 사람들이 공통적으로 갖는 어려움은 그들이 고객을 잃어버렸다는 것 뿐만 아니라 그러한 경험을 통해서 아무것도 배우지 못했다는 데 있다.

위의 예에서 적어도 빌은 자기 자신의 부적절한 행동에 대해서 배웠으며, 자신이 발견했던 몇 가지 문제점들을 이제는 고치기 시작했다는 긍정적인 교훈을 얻었다.

비판자 잘 다루기

비판에 대한 질문이 주는 또 다른 장점은 우리가 남에게 비판을 받을 때 자신의 감정을 잘 조절할 수 있도록 도와준다는 데 있다. 비판을 받으면 우리의 감정은 자주 격해지기 쉬우며 그 감정으로부터 도망가거나, 피하거나, 무시하거나, 또는 방어하려고만 한다.

따라서 이 기술은 우리가 다른 식으로 행동할 수 있도록 도와주는 셈이다. 이것은 우리가 비판자에 대해서 불안이나 심지어 분노를 느끼지 않는다는 것을 의미하지는 않는다. 단지 우리가 그러한 감정을 느낄 경우 다른 선택을 할 수 있다는 것이다.

나의 경험을 통해 볼 때 일단 이 기술이 우리 몸에 배이게 되면 상대방으로부터 공격을 당하는 순간 불안감이나 염려를 훨씬 덜 느끼게 된다는 것이다. 즉, 우리는 자기방어 외에는 갈 곳조차 없이 쉽게 코너로 몰리는 그런 일을 당하지는 않게 될 것이라는 점이다. 만일 우리의 비판자가 우리가 방어적으로 나오는 것을 알게 되면 우리는 점점 더 그들에 의해서 조종당하게 된다. 왜냐하면 그들이 대화를 주도하게 되고 우리는 반발하는 입장에 있게 되기 때문이다.

그러므로 비판에 대한 질문은 우리가 비판자의 화를 누그러뜨릴 수 있도록 도와주는 한편, 우리 자신에 대해서 뭔가 배울 수 있고 비판자는 오히려 마치 자기들이 듣는 이의 입장에 있게 되었음을 알아 차리게 된다.

너무 귀중한 교훈

나는 오래 전에 한 특정 교단과 수차례 트레이닝 이벤트에 대한 계획을 세운 바 있다. 이 행사는 미 동부지역에서부터 서부까지 두 주씩 다섯 번에 걸쳐서 갖도록 스케줄이 짜여 있었다.

나는 기독교 신앙을 가진 많은 교단들과 이미 여러 차례 일한 적이 있었기 때문에 이와 같은 계약은 그리 이상한 일이 아니었다. 나는 그 모임에 온 100명 이상의 사람들과 친해지고 함께 이벤트를 소개하기 위해서 첫 번째 워크숍에 갔었다.

대부분의 사람들은 '소명과 돌봄사역' Calling and Caring Ministries 에 대한 기본적인 정보를 알고 있는 상태였다. 행사는 잘 진행되었으며 끝날 무렵에는 많은 열정적인 사람들이 두 주간의 행사에 참여하고자 했다.

워크숍을 마친 후 나는 이 행사를 주관하는 위원회와 만날 기회가 있었다. 그들과의 만남도 잘 되었다고 확신했으며 나는 모든 것이 순조롭게 진행되리라는 믿음을 가지고 그 곳을 떠났다.

그런데 그 후 약 2주가 지났을 때 나는 본 행사의 첫 2주 동안의 행사가 취소됐다는 연락을 받았다. 왜 취소가 됐는지 이유는 없었으며, 단지 자기들이 그 행사를 갖지 않기로 했다는 말 뿐이었다.

나는 취소에 대한 이야기를 비서를 통해 들었기에 집에 도착하여 직접 고객에게 전화를 했다. 다음의 대화는 나와 그 책임자 사이에 이루어졌던 대화이다. 이 대화에서 나는 비판자를 협력자로 전환시키기 위해서 비판에 대해 질문하는 기술을 사용했다.

존: 빌, 우리가 이미 스케줄까지 다 잡아놨던 2주간의 트레이닝 행사를 취소했다는 내용을 받았어요. 왜 행사가 취소되었는지 지금 나에게 말해 줄 수 있나요?

빌: 물론, 말할 시간이 있지요.

존: 내가 전에 위원회와 모임을 갖고 떠날 때는 모든 것이 다 잘 되어가는 것 같이 보였는데요. 행사가 취소될 만한 무슨 일이 발생했는지 말해 주시겠어요?

빌: 솔직히 말하면, 당신의 트레이닝 강의를 위해서 너무나 많은 비용이 들 것 같습니다.

존: 행사 비용이 많은 것은 사실입니다(포깅). 그런데 그 외 다른 비용이 많나요?

빌: 내가 펀드에 대해서 이야기하기 위해서 프로젝트팀과 모임을 가졌는데, 다른 그룹들이 그만한 펀드를 마련할 수 없다고 했어요.

존: 그렇다면 취소 이유 중 하나는 그 그룹의 재정적인 지원의 부족이군

요(부연설명). 뭐 다른 이유는 없었나요?(비판에 대해 다시 질문)

빌: 그리고 기대한 것만큼 위원회로부터 많은 지지를 받지 못했어요. 각 그룹들이 프로그램을 홍보하는데 도움을 주었는데 그들 중 몇 그룹들이 떨어져 나갔구요. 그래서 우리는 참여할 사람들의 충분한 후원을 확보하지를 못했어요.

존: 그렇다면, 만일 제가 잘 이해했다면 취소된 주요 원인이 재정적 문제와 홍보팀의 후원 부족이군요(부연설명). 다른 이유는 없는지 궁금하군요. 저나 혹은 우리 스탭들이 당신이 행사를 취소할 수 밖에 없게 만든 무엇이 또 있었나요?(비판에 대한 질문)

빌: 글쎄요, 사실은 당신이 여기 사람들을 심하게 당황스럽게 만든 일이 있었지요.

존: 빌, 그게 무엇이었지요? 저의 행동이 행사가 취소된 이유가 되었는지를 아는 것은 저에게 매우 중요합니다(비판에 대한 질문).

빌: 당신이 했던 강의 내용 중에서 예수님께서 말씀하신 내용 가운데 진리가 숨어있기에 성경을 지나치게 문자적으로 해석하면 진리에 관한 많은 것을 놓칠 수 있다고 말했습니다. 여기에 있는 사람들은 성경적 문자주의자들인데, 그들은 당신이 성경을 믿고 있다고 생각하지 않았습니다.

존: 내가 그런 말을 하긴 했지요(포깅). 내가 그런 말을 해서 그들이 내가 성경을 믿지 않는다고 추측했고, 결국 나를 원하지 않았다는 말인가요?(비판에 대한 질문)

빌: 네, 그게 주요 원인이라고 할 수 있죠.

존: 빌, 내가 사람들의 감정을 상하게 했다면 미안합니다. 제 의도는 그

런 것이 아니었어요. 그들에게 제 의도를 설명할 다른 방법이 없을
까요?(화해 시도)

빌: 그럴 필요는 없을 것 같아요, 존. 그들이 당신을 원하지 않는다는 것
이 확실하니까요.

존: 빌, 나와 이야기해주고 피드백을 주니 고마워요. 나는 당신이 속한
교단과 나머지 네 번의 계약이 아직 남아있는데 말을 주의해서 사용
해야겠네요. 당신은 저에게 많은 도움이 되었어요. 나중에 다시 함
께 일할 기회가 있으리라 믿어요. 시간을 내줘서 고마워요.

빌은 매우 사려가 깊은 방법으로 나의 교사가 되었다. 만일 내가 취소를 야기시켰던 나의 행동을 발견하기 위해서 비판에 대한 질문을 사용하지 않았더라면, 나는 다음 그룹으로 가서도 똑같은 실수를 저질렀을 것이고, 나의 메시지를 나눌 기회도 잃어버렸을 것이다. 물론 나머지 모든 계약이야 말할 것도 없다.

나를 비판하는 사람들을 협력자로 전환하는 것이 쉬운 일은 아니다. 그러나 우리가 스스로에게 열려있으며 다른 사람들에 대한 우리의 영향을 고려한다면, 우리는 자신에 대해 더 많은 것들을 알 수 있으며, 더 나아가 변화를 가져올 다른 선택들을 할 수 있을 것이다. 그럼에도 불구하고 우리가 여전히 기존의 잘못된 생각이나 행동을 고집한다면 다른 사람들로부터도 똑같은 비판적인 반응만을 얻게 될 것이다.

7장

상대방의 행동 묘사하기

상대방의 행동 묘사하기는 듣는 이가 말하는 이의 개인적인 행동을 예민하게 살피기 위해 필요한 경청기술이다. 이 기술은 이 책에서 논의된 다른 기술들만큼 자주 사용되지는 않는다. 그러기에 저빈도 기술이라 말한다.

정의: 행동묘사는 상대방이 말한 내용이나 감정을 판단이나 비난하지 않고 그의 행동들 – 예컨대, 신체 움직임, 어조, 실제적인 단어의 사용 등을 묘사하는 것이다.

목적: 이 장은 세 가지 목적이 있다. 우리가 이 유용한 기술을 잘 배울 수 있도록 다음의 내용을 살펴보도록 하자.

- 이 기술은 듣는 이가 자신이 내린 추론과 상대방의 행동을 묘사하는 것 사이의 차이점을 구분할 수 있도록 도와준다.
- 이 기술은 말하는 이가 자신의 행동들을 알 수 있는 기회를 준다.
- 이 기술은 상대방이 자신이 말한 내용과 말할 때의 행동들이 **일치하지**

않다는 것을 알게 해 준다.

추론과 행동묘사를 구분하기

이 기술의 첫 번째 사용 목적은, 추론과 행동묘사를 구분할 수 있도록 돕는데 있다. 모든 행동이 잠재적으로 해석이 가능하다고 하더라도 행동을 묘사할 때는 어떤 형태의 해석이나 추론을 배제한 채 오직 상대방의 행동만을 관찰하며 관찰된 행동만을 표현하는 것이다.

인식을 점검하는 기술에 대한 장에서 나는 다른 사람의 행동으로부터 감정들을 추론하는 것에 대해서 이야기했다. 추론이 다른 사람들의 의도들이나 감정들에 대한 추측을 말한다면, 행동묘사는 정확하게 이와 반대이다. 이 기술을 사용할 때는 그 어떠한 추론도 하지 말고 단지 우리가 보고 들은 것만을 묘사할 뿐이다.

다음의 예들은 이 두 개념들 사이의 차이들을 잘 보여준다.

행동묘사들	추론들
1. 메리는 책상 위에다 책을 떨어뜨리고는 방을 나갔다.	1. 메리는 화가 났다. 그녀는 나를 좋아하지 않을 것임이 분명하다.
2. 우리가 고속도로를 가고 있을 때 바람이 불었다. 우리 밴이 앞 뒤로 흔들리고 있었다.	2. 운전수가 기분이 나빴다. 나를 캠프까지 데려다 주기 싫어했다.
3. 그룹이 서서 교가를 부르고 있었다. 리차드의 눈은 눈물로 젖어있었지만 다른 사람들이 부를 때에는 침착했었다.	3. 리차드는 감정을 극복했다.

추론을 할 때 우리는 다른 사람의 의도나 동기를 잘 알고 있다는 편견에 빠지기 쉽다. 하지만 상대방의 행동묘사는 상대방의 어떤 내적인 상태

나 태도들에 대해서 판단하지 않는다.

따라서 우리가 다른 사람의 말을 들을 때 우리가 내린 추론이 맞을 것이라는 착각에 빠지지 않도록 하기 위하여 추론과 행동묘사 사이의 차이를 아는 것은 우리에게 유용하다.

그런 의미에서 이 기술을 사용하는 첫 번째 목적은 우리가 다른 사람의 말을 듣는 동안에 내린 판단이나 생각이 우리가 추론한 것인지, 아니면 말하는 이가 한 행동이나 말한 것을 관찰한 것인지 우리로 하여금 분별할 수 있도록 돕는 것은 당연하다고 할 수 있다.

말하는 이가 자신의 행동들을 식별하도록 돕기

이 기술을 사용하는 두 번째 목적은 말하는 이가 자신의 행동을 식별하도록 돕는 것이다. 첫 번째 목적이 듣는 이로 하여금 자신의 생각이 단지 추론인지 상대방의 행동에서 나온 것인지를 알도록 돕기 위한 것이라면, 두 번째 목적은 말하는 이가 주어진 상황에서 자신의 행동을 파악할 수 있는 기회와 자신의 행동을 통해서 듣는 이가 특정한 해석*추론*을 하게끔 한 이유를 알 수 있도록 도와주는 것이다. 다음의 예에서 이탤릭체로 쓴 것은 듣는 이가 추론한 것이다.

당신은 당신의 사무실에서 수잔과 함께 앉아있다고 가정하자. 수잔은 무엇 때문인지는 말하지 않았지만 미리 약속을 잡고 당신을 보기 위해서 온 것이다. 대화는 다음과 같이 진행되었다.

수잔: 저와 이야기 할 시간을 내줘서 고마워요. 왜냐하면 나는 당신이 나를 해고하려고 하지 않을까 생각하고 있었어요.

나: 무슨 말을 하는지 확실히 이해할 수 없네요. 어떤 일이 있었는지 말

해 보세요.

수잔: 어제 우리 모임이 끝나고 나가면서 나는 당신이 짐 싣고 서 있는 것을 보았죠. 그리고 나는 당신이 나에 대해서 이야기하고 있었다는 것을 알았어요. 20분 정도 있으니까 짐이 내 사무실에 오더니 인사이동이 있을 거라고 말하더군요. 그는 내가 이 사실을 알기를 원했어요. 나를 해고하려는데 당신이 그에게 영향을 미쳤을 거라는 것을 확신해요.

나: 당신에게 그러한 인상을 주도록 내가 무엇을 했지요? 짐하고 이야기한 걸 가지고 그러나요?

수잔: 네.

나: 짐하고 내가 이야기한 사실이 어떻게 내가 당신에 대해서 말한 것이라고 믿도록 했나요?

수잔: 내가 옆으로 지나갈 때, 나는 당신이 '수잔은 알아야만 해요'라고 말하는 것을 들었죠.

나: 예, 나는 당신 이름을 말했지요. 당신이 나와 이야기하기 위해서 와 주어서 참 반갑네요. 다음 2주 내로 약간의 인사이동이 있을 예정이에요. 나는 짐에게 당신에게 변동에 대해서 말했는지의 여부를 물어보았어요. 왜냐하면 우리는 당신에게 인사변동으로 발생하는 새로운 자리를 부탁하려고 하거든요. 우리는 그 자리에 대한 상세한 업무에 대해서 좀 더 확실하게 마무리해야 하기에 당신에게 말하지 않았지요. 우리의 의도를 오해하게 했다면 미안합니다. 우리의 대화가 어떤 일이 일어났는지 당신이 분명히 이해하는데 도움이 되었기를 바랍니다.

수잔이 그러한 추론을 하도록 이끈 행동을 식별하도록 도움으로써 그녀의 상사는 실제 이슈와 의도들을 분명히 할 수 있었다. 이것은 신속하게 무슨 일이 벌어졌는지를 분명하게 했기에 수잔으로 하여금 아무 근거도 없이 그녀를 괴롭혔던 불안을 야기시켰던 추론을 바꿀 수 있었다. 따라서 이 두 번째 행동묘사의 사용은 말하는 이와 듣는 이 모두에게 일을 투명하게 해 주는데 도움이 되었다.

불일치 지적하기

행동묘사를 사용하는 세 번째 목적은, 말하는 이의 행동에서 나타나는 불일치를 인식하여 그러한 사항들을 그에게 지적하는 것이다. 우리는 목소리, 어조와 그에 따른 행동들이 서로 조화를 이루지 못할 때 불일치를 알게 된다. 다음은 우리가 쉽게 알 수 있는 불일치에 대한 몇 가지 예이다.

- 고함을 지르면서, "나 화 안 났어."
- 의자에 깊숙이 몸을 파묻으면서, "나는 떠날 준비가 다 됐어."
- 사랑하는 사람의 죽음에 대하여 당신에게 이야기 하면서 웃고 있는 사람을 만날 때.
- 자기의 양손을 꼰 채, 당신에게 매우 중요한 것을 말할 정도로 마음이 열려있다고 말하는 친구.
- 누군가 당신에게, "이리 와"라고 말하면서 가라는 모션을 취할 때
- 정치인이 당신에게 최상의 교육시스템을 제공할 것이라고 말하면서 고개를 저으며 "아니오"라는 듯한 행동을 취한다.

나는 어느 대학에서 교수들을 상대로 교수들끼리 그리고 학생들과의

만남에서 어떻게 그들의 말을 경청할 수 있는지에 대한 주제로 트레이닝을 한 적이 있다. 실연實演을 위한 인터뷰를 할 때 나는 교수 중 한 분에게 무엇에 대해서 이야기하고 싶으냐고 물어 보았다. 그가 웃음을 띠고 말문을 처음 뗀 말은 그의 행동과 일치하지 않았다.

그는 "지난 수요일에 어머니의 시신을 묻었다"고 말했다. 나는 그에게 "지난 수요일에 교수님의 어머니를 장지에 묻었다고 말할 때 나는 교수님이 웃음을 짓는 것을 인식했습니다. 나는 교수님이 어머니를 잃은 아픔을 잘 대면하지 못하고 있지는 않은지 궁금합니다. 제가 맞나요?" 내 반응에는 세 가지 기술들이 사용되었다: 부연설명과 행동묘사와 인식점검.

그가 자기의 경험에 대해 좀 더 이야기하기 시작하자, 얼굴에서 웃음이 사라져갔다.

이 기술을 연습하기

우리가 일상 생활에서 이 기술을 연습할 수 있는 몇 가지 방법이 있다. 먼저, 타인의 행동들에 주의를 기울이라. 레스토랑, 백화점, 클럽, 교회나 집 등 공공장소에서 사람들을 지켜보라.

만일 디지털카메라나 스마트폰이 있다면 우리 자신의 행동을, 특히 그룹이나 모임 앞에서 찍는다. 찍은 것을 보면 자신의 행동을 알게 될 것이다. 더 나아가 어떻게 다른 사람들이 우리의 행동들을 해석하는지도 알게 될 것이다. 시사프로그램을 볼 때 초대손님들의 말과 행동이 일치되지 않는 행동들을 보는 등 보통 때와는 다른 시각을 가지고 텔레비전을 보는 것도 좋은 방법이 될 수 있다.

관찰을 통하여 우리는 타인의 행동들을 더 특별하게 주목할 수 있을 것이며 상대방은 우리들을 좀 더 세심한 사람으로 생각할 것이다. 한편, 행동을 묘사할 때 우리는 앞에서 배웠던 커뮤니케이션 과정의 세 가지 요소 - 언어, 어조, 신체언어 - 들을 모두 사용할 수 있다.

언어는 누군가가 말한 것을 직접 인용하는 것이다. 예를 들면, 행동을 묘사할 때 상대방이 말한 것을 정확하게 말한다. "그는 모임에 가지 않을 거니까 태우러 오지마"라고 말했다.

두 번째 어조일 수 있다. 어조란 사람마다 다르게 해석할 가능성이 많기 때문에 좀 어려울 수 있다. "그는 매우 **부드러운** 목소리 soft tone 로 말했어"라고 누군가에게 말을 했다고 가정해 보자.

상대방은 이렇게 이해할 수도 있다. "오, 잭이 **천천히** 말했다구. 그가 더 큰소리로 말했으면 강당 맨 끝에서도 들을 수 있었을 텐데."

세 번째 요소인 **신체언어**는 몸 동작이나 육체적인 변화 등을 묘사하는 것이다. "제임스가 일어났을 때 그는 마루를 응시했으며 오른팔을 들어서 지팡이를 들었다. 그리고 천천히 복도로 걸어나갔다. 그는 힘겹게 열쇠를 돌려 문을 열려고 했다. 손잡이를 왼손으로 잡으며 그는 돌렸고 마침내 문이 열렸다."

실전 연습문제

다음은 행동묘사와 추론을 분별할 수 있는지를 알아보기 위한 간단한 진술들이다. 답은 하단에 있다. 추론이면 "추", 행동이면 "행"이라고 각 항목 앞의 밑줄에 쓰라.

____ 1. 래리는 메리가 소파를 다른 쪽으로 옮길 때 가만히 자리에 앉아 있었다.
____ 2. 메리는 소파를 움직이면서 래리가 자기와 이야기하기를 원하지 않는다는 것을 알았다.
____ 3. 메리는 "나는 당신이 왜 그렇게 기분이 상했는지 모르겠다. 만일 당신이 나한테 얘기하면 상황이 더 나아질 수 있을텐데"라고 말했다.
____ 4. 래리는 자기 머리를 아래로 움추린 채 깊은 한숨을 내쉬었다.
____ 5. 그는 자신의 문제를 메리에게 말해도 그녀는 이해하지 못할 거라고 확신했다.
____ 6. 메리는 매우 당황했으나 여전히 래리의 말을 듣고 싶어했다.
____ 7. 래리는 "알았어. 말은 하겠는데, 아마도 정신 바짝 차려야 할 거야!"라고 말했다.
____ 8. 메리는 소파에 등을 깊숙이 기대고, "알았어. 듣고 있으니까 말해 봐"라며 대답했다.
____ 9. 래리는 메리가 말한 것을 믿지 않았다.
____ 10. 메리는 "괜찮을 거야"라고 말한 후 래리에게 기대면서 그의 손을 잡았다.

〈답〉
1. 행 2. 추 3. 행 4. 행 5. 추 6. 추 7. 행 8. 행 9. 추 10. 행

제 2 부

삶의 이야기를 어떻게 들을까

8장
삶의 이야기 경청하기

　어린 아이들이나 청소년들 그리고 어른들에 이르기까지 누구나 모든 사람들은 이야기를 한다. 땅에 숨겨져 매장되어 있는 다이아몬드처럼 이야기 안에 숨어있는 것들이 우리 인간의 내면 깊숙한 곳에 자리잡은 무의식 속에 존재하는 진리라고 할 수 있다.
　이야기하기 스토리텔링는 자기 노출의 형태를 가지고 있다. 우리는 누구나 다 어느 정도 자신의 이야기를 말하며 살아간다. 다만 우리 자신이 느끼고 있는 보다 깊은 갈등들을 숨기기 위해서 남이 잘 이해하지 못하도록 애매모호하게 추상적으로 표현하고자 노력할 뿐이다. 타인의 이야기를 듣는 것은 단지 말하는 이가 사용한 언어에만 집중하는 것이 아니라, 앞장에서 살펴보았던 신체언어와 이야기를 말할 때 나타나는 어조 등을 자세하게 관찰하는 과정이다.
　상대방의 이야기 안에 숨겨진 깊은 의미를 듣는 법을 배우게 되면 우리는 이전에 저질렀던 똑같은 실수를 반복할 가능성을 줄이게 될 것이다. 그 순간 우리는 타인의 이야기들을 진심으로 들을 수 있는 준비가 된 것이며, 좀 더 진지하게 우리가 얻은 상대방에 대한 통찰력을 보다 효과적으로 사용할 수 있도록 노력하게 될 것이다. 본 장에서는 이야기를 경청하는 것에 대해서 내가 얻었던 몇 가지 통찰력을 함께 나누고자 한다.

왜 이야기를 경청하는 것이 중요한가

대학생 시절에 가졌던 한 경험은 나로 하여금 이야기를 경청하는 것에 관심을 갖게 만들었다. 나는 당시 영어영문학과의 한 수업을 들으며 시와 소설에서 어떻게 은유와 상징주의가 사용되었는지에 관해 공부하고 있었다. 비록 수업시간에는 매우 좋은 점수를 받았지만 나는 일상적인 매일매일의 커뮤니케이션을 하는 과정 속에서는 배운 것을 그다지 잘 활용하지 않았다. 이야기들은 단지 작가들에 의해서 만들어진 사건들이라고만 생각하고 있었던 것이다.

그 후 세월이 많이 흐른 뒤에 나는 정신병원에서 1년 동안 인턴십 과정을 밟고 있었다. 그 때 어린이들이 하는 이야기들을 어떻게 들을 수 있는지에 대해서 배우게 되었다.

"어린이들의 이야기"는 일차적인 이야기 primary stories 들이라고 불린다. 이런 유형의 이야기는 추상적이지 않고 단순하기 때문에 듣기가 아주 쉽다. 이야기에 사용된 은유나 주제들을 쉽게 끄집어 낼 수 있다. 따라서 듣는 이는 아이들이 무엇에 대해서 힘들어하고 있는지에 대한 정보들을 쉽게 알 수 있게 된다.

효과적으로 아이들을 돌보기 원하는 부모들은 자신의 아이들의 내면에서 무슨 일이 벌어지고 있는지를 알 원하기 때문에 아이들의 이야기를 매우 주의 깊게 듣는다. 사실 단순히 아이들이 학교에서 적은 이야기들에 관심을 갖고 읽기만 해도 우리는 아이들이 극복하고자 하는 내적인 문제나 어려움들을 알게 된다. 여기에 다섯 살 난 아이를 가진 한 어머니가 들려 준 짧은 이야기를 소개한다.

엄마와 딸이 부엌 싱크대 옆에 서 있었다. 그 딸은 엄마가 닦은 접시들을 물로 헹구면서 있었다. 엄마가 말했다.

"뭔가 재미있는 이야기 없니?"

딸은 다음과 같은 한 문장 밖에 안 되는 짧은 문장을 말하기 시작했다.

"옛날에 한 엄마가 작은 딸을 목욕탕 안에 들여보냈는데 물이 너무 뜨거워 그 작은 아이는 화상을 입었습니다."

이것은 소위 말하는 "옛날 옛날에 이런 사람이 있었습니다"로 시작하는 유형의 이야기다. 딸이 사용한 언어는 아이 자신의 문제를 마치 누군가 타인의 문제로 투사하고 있었다. 그 아이의 엄마는 딸의 "옛날 옛날에 이런 사람이 있었습니다"의 상투적인 이야기를 알아들었을 뿐만 아니라 딸이 이 비유를 통해서 무엇을 말하고 싶은지 알 수 있었다.

다시 말해, "뜨거운 욕조"와 "뜨거운 물"이었다.

엄마는 간단히 말하며 말을 이었다.

"물이 너무 뜨겁니?"

"내 손을 태우고 있어요."

딸이 이야기 속에서 사용한 언어가 복잡하거나 추상적인 언어들을 사용하지 않았기 때문에 이해하기가 더 용이했다. 반면, 어른들의 경우에는 훨씬 더 애매모호하게 이야기하는 경향이 있음을 기억할 필요가 있다.

스토리텔링에 있어서 추상적 표현의 역할

우리의 마음을 살펴보면 아주 놀랄 만한 것을 발견할 수 있다. 그것은 우리의 뇌는 우리가 감정적으로 상처받는 존재가 되는 것으로부터 우리를 보호하기 위해 할 수 있는 모든 것을 한다는 사실이다. 뇌는 해로운 것들에 대항하여 보호막을 치는 한편, 감추어진 것들에 대한 언어적 혹은 비언어적인 단서들을 제공한다.

성경에 나와 있는 "내가 비록 지금은 희미하게 보이나"의 이미지는 숨겨진 단서들에 대한 적절한 비유가 된다. 당신은 저편에 무언가가 있다는 것을 알고는 있지만 확실하게 그것의 정체에 대해서는 모른다.

추상적 이야기의 목적은 말하는 이가 위협적인 상황에 처했을 때 그 혹은 그녀가 너무 많이 외부에 노출되지 않도록 보호하는 것이다. 우리가 일반적으로 다른 사람들과 맺고 있는 관계들은 서로의 깊은 내면적인 필요를 드러낼 수 있는 신뢰가 부족한 경우가 많다. 어느 때는 우리 자신도 스스로 무슨 말을 하고 있는지 모르는 경우도 있다. 그리고 때때로 듣는 사람과의 관계에 따라서 고의적으로 말하는 의도를 숨기려고 하고 있는 자신을 의식할 때가 있다.

이러한 우리의 경향에 대해서 앞으로 나올 삶의 이야기를 경청하는 것을 읽다 보면 더 잘 알게 될 것이다. 좋은 이야기를 듣는 이는 이야기를 말하는 이보다 오히려 더 많이 그에 대해서 알 수도 있다.

독자들 가운데 혹시 반복해서 계속 똑같은 이야기를 말하는 노인을 방문한 적이 있을지 모른다. 만일 주의를 기울여서 그가 말하는 이야기를 들으면 우리는 지극히 평범하기 이를 데 없어 보이는 그들의 말속에 중요한 은유나 주제들이 내포되어 있다는 것을 발견하게 된다. 이러한 주제들을 통하여 말하는 이의 마음 깊은 곳에 숨어있는 진실을 식별하는 것이 가능한 것이다.

이야기를 경청하는 레벨들

특별한 이야기를 들을 때 듣는 이는 상대방이 말하는 이야기 속에 네 가지 다른 레벨이 있음을 알게 된다. 비록 이러한 레벨들이 분명하고 뚜렷한 형태를 나타내는 것은 아니지만 이야기들은 종종 한 번에 다양한 레벨로 말해 질 수 있다. 이러한 레벨들은 말하는 이가 사용하는 특별한 언어에 의해서 식별될 수 있다.

1. 예전의 시간으로 돌아가서 회상함
2. 과거의 감정을 회상함
3. 현재의 감정을 표현함
4. 자기 노출("아하!" 순간을 나타냄)

앞으로 이어지는 내용들에서는 이야기를 말하는 이가 어떤 레벨을 사용하고 있는지를 우리가 분별할 수 있도록 하기 위하여 각각의 레벨들에 대해서 알아보려고 한다. 각 레벨은 말하는 이의 삶 속에서 발생했던 특별한 사건을 표현하기 위하여 사용된 언어에 의해서 결정될 수 있다.

레벨 1: 예전의 시간으로 돌아가서 회상함

이 레벨은 매우 구체적인 몇 가지 특징들을 내포하고 있다. 우선 말의 서두 부분이나 말머리를 들어보라.

"내가 어렸을 때, 나는 …" 혹은 "내가 … 였을 때로 거슬러 올라가면"과 같은 언급들은 예전의 시간으로 돌아가서 회상하는 유형에서 흔히 사용되는 상투적인 방법이다. 좀 더 문학적인 표현으로 자주 사용되는 형식으로는, "아주 오래 전에 먼 곳에서 아무개가 살고 있었는데 …" 혹은 "옛날 옛적에 …" 등을 들 수 있다.

신화나 전설을 다룬 거의 모든 책들에서 시간을 거슬러 올라가는 방법으로 '서두'를 시작하는 경우를 많이 보게 된다. 예컨대, "제우스 신이 다스리던 초창기에 …" 'Prometheus the Firebringer', by W.M. Hutchinson ; "이 모든 것이 아주 오래 전에 발생했는데, 너무 오래 전에 발생해서 기억이 아주 희미해져 간다" 'The Argonauts', by Charles Kingsley ; "옛날, 아주 아주 오래 전에 그리스라고 하는 황홀한 땅에서 샘물이 언덕길로 콸콸 쏟아져 나왔다" 'The Chimera', by Nathaniel Hawthorne.

한편, 이 차원에 속하지만 하나의 다른 형식으로 말머리를 시작하는 경우가 있다. "그리고 그가 전에 아무리 늙고 지쳐 있었다 해도 그 마법의 과일을 먹는 사람은 누구나 활기찬 젊은이로 다시 태어날 수 있다는 이야기가 전해 내려오고 있었다" 'The Apples of Youth', by E.M. Wilmot-Buxton.

성경 속의 많은 이야기들도 이것과 유사한 스토리텔링의 형식을 사용한다. 창세기와 요한복음은 둘 다 글머리를 "태초에 …"로 시작한다. 아마도 우리가 거슬러 올라갈 수 있는 시간 중 가장 오랜 시점일 것이다.

위의 예에서 알 수 있듯이, 개인적인 이야기든 문학적인 이야기든지 예전의 시간을 회상하는 식으로 이야기 하는 방법은 오래 전부터 발달되어 왔다. 이러한 커뮤니케이션 형식을 들으면 말하는 이가 말하고자 하는 어떠한 단서들을 엿볼 수 있다.

즉, 이 이야기 형식에는 여러 가지 자료와 사실적인 정보가 들어있으며 드물기는 하지만 어떤 느낌과 감정이 실린 단어들이 포함되어 있을 수 있는 경우도 있다. 우리는 아마도 말하는 이의 고조된 음색도 들을 수 있을지 모른다.

이 이야기 레벨의 목적은 현재의 이야기를 비교적 시간과 공간이 먼 상황으로 돌리려는데 있다. 이렇게 함으로써 현재 상황에 자신이 노출되는 것을 방지할 수 있는 동시에 위험수위를 낮추는 한 방법이 된다. 서로의 관계에 있어서 감정적으로 그리 가깝지 않다면 이 유형의 이야기를 매우 자주 듣게 된다. 또한 우리가 과거의 일부를 상대방과 나누거나 일반적인 사회에서 발생하는 사교적인 대화에서 빈번하게 사용되어지는 것을 볼 수 있다.

레벨 2: 과거의 감정을 회상함

과거의 감정을 회상하는 이야기 구조는 과거의 시간을 회상하는 레벨에서 나타나는 단서들과 유사한 요소들을 포함한다. 하지만 매우 중요한 한 가지 사항이 추가되는데 바로 "느낌"이라는 요소이다. 이것은 사람들이 자신의 이야기를 말할 때 항상 느낌을 직접 언급한다는 것을 의미하는 것이 아니라 말하는 이의 목소리와 신체언어 안에 그들의 감정이 들어있다는 뜻이다. 물론 사람들은 때때로 직접적으로 느낌을 표현하기도 한다.

누군가 아마도 이렇게 말할지도 모른다.

"나는 사장한테 정말 화가 났던 5년 전의 일이 아직도 기억난다. 그는 나를 마치 인간 이하의 동물처럼 다루었었지."

이 경우에, 말하는 이는 감정을 과거시제로 표현했다.

레벨 3: 현재의 감정을 표현함

이 레벨의 이야기에서 듣는 이에게 상대방의 이야기는 매우 분명하게 다가온다. 우리는 상대방이 표현한 감정에 대해서 알 수 있는 매우 많은 뚜렷한 현상들을 포착할 수 있다. 상대방의 얼굴이 이따금씩 붉어지고 뺨이나 코 혹은 귀와 목주위의 색깔이 변하는 것을 볼 수 있을 지도 모른다. 당신은 또한 말하는 이의 목소리가 감정이 심하게 실려있어 목구멍에서 나오는 듯한 음성을 관찰할 수 있을 것이다. 비록 뺨까지 흘러내리지는 않는다 하더라도 눈시울이 촉촉히 젖어 있다. 눈물로 빛나는 눈, 빨갛게 달아오른 뺨, 부드러우면서도 묵직한 음성들은 보통 드러나는 몇 가지 단서들을 제공한다. 전달되는 이야기는 일반적으로 직접적이며 덜 추상적이다.

앞으로 나올 다섯 가지 이야기 유형의 어느 것이든 지금까지 말한 세 가지 이야기 레벨에서 이루어지는데, 어떤 이야기에서는 세 가지 레벨이 동시에 사용되고 있다는 사실도 발견할 수 있다. 이것은 각기 다른 레벨들이 특히, 어느 정도 긴 이야기 안에서 서로 연결되며 사용될 수 있음을 의미한다.

레벨 4: 자기 노출

듣는 이가 상대방의 이야기 안에 담겨진 보다 깊은 의미를 점검하다보면, 이야기를 말하는 이가 이야기 안에 들어있는 숨겨진 의미를 본인 스스로가 인식하고 있다는 것을 알게 되는 순간이 있다. 이러한 자기 자신 안에 숨겨졌었던 의미를 인식하게 되는 순간을 자기 노출이라고 볼 수 있다. 다른 말로 하면, "아~하 그렇구나!" 하는 순간이다. 이 순간은 또한 말하는 이 개인의 통찰력이 잠재해 있던 의식의 영역을 깨우는 순간이기도 하다. 이 경우 보통 두 가지 종류의 감정적인 반응들이 일어난다.

사람은 이야기 유형에 따라서 울거나 혹은 웃는다. 이렇게 말할 때 사람들은 가슴 아픈 이야기보다는 즐거운 이야기들을 나누기를 더 좋아하는 경향이 있다 라고 생각할 수도 있다. 그러나 뜻밖에도 내가 발견한 것은 사람들은 그들이 가졌던 즐거웠던 이야기보다는 상처받았던 이야기들을 더 나누고 싶어한다는 것이다.

이 레벨 4의 기능은 우리 자신의 이야기의 의미를 우리가 의식적으로 인식하도록 돕는 데 있다. 그 이야기는 깊은 의미를 담고 있는 컨테이너와 같다. 이야기는 다름 아닌 자기 자신의 내면적인 비밀들을 표현하는 것이기 때문에 자기 노출은 자신의 무의식속에 꼭꼭 눌려왔었던 이야기들을 의식의 밖으로 드러내게 하는데 도움이 된다.

우리가 자신 안에 존재하고 있는 복잡한 것들을 발견하고자 노력할 때 우리의 삶은 커다란 의미를 지니게 되는 한편, 삶의 가치를 더 잘 이해할 수 있게 된다. 우리가 자기 자신의 기쁨이나 아픔들을 의식적으로 대면하고자 하면 할수록 우리의 삶을 갈기갈기 찢어놓고 역기능적으로 만들었던 것들에 대한 해결책을 갖게 될 것이다.

위에서 말한 우리 자신의 이야기들을 구체적으로 의식하게 되는 그러한 계시적인 행위가 가져다 주는 또 다른 유익이 있다. 그것은 타인과의 관계를 전보다 훨씬 더 풍성하고 다양하게 만들어 준다는 것이다. 이 말은 또한 우리 자신뿐만 아니라 타인의 삶에 대해서도 다른 관점을 갖게 된다는 것을 의미한다.

다시 말해, 우리가 우리 자신의 이야기들을 통하여 다른 사람과 의사소통을 하듯이 다른 사람들도 자신의 이야기를 통하여 우리와 의사소통하고 있는 것이다.

이제 이러한 네 가지 이야기 레벨들이 좀 더 유용한 경청수단이 되기 위해서 필요한 이야기의 종류에 대해서 알아보도록 하자.

이야기의 유형들

성인들이 다른 사람들과 자신의 삶의 여정의 일부분을 나누는 것을 분석해보면 다섯 가지의 이야기 유형이 있음을 알게 된다. 여기서 우리가 유의해야 할 것은 이러한 유형들이 어떤 일정한 틀이 있다거나 아니면 이야기를 말하는 사람들이 의식적으로 이러한 유형들을 사용한다는 것을 말하는 것은 아니다.

이 책에 나오는 다섯 가지 유형의 이야기에는 무의식적인 마음의 표현도 나타나기 때문이다. 그리고 이 다섯 가지 유형들은 위에서 언급했던 네 가지 레벨 가운데 어떠한 것이라도 함께 사용되어질 수 있다. 또한 한 이야기 안에 여러 개의 레벨들이 나타날 수 있으며 동시에 다양한 이야기 형태들이 통합적으로 함께 사용되어지기도 한다. 우리가 가장 일반적으로 자주 사용하는 다섯 가지 이야기 형태들에 대해서 하나씩 다루어 보도록 하자.

1. 재투자 이야기

재투자 이야기는 말하는 이가 어떻게 자신의 시간, 정력, 그리고 물질을 새로운 활동을 위해 쏟아부었는가를 나누는 유형의 이야기이다. 즉, 이 유형의 이야기는 과거에 관심을 기울였던 헌신이 아닌 새롭고 다른 일에 전력투구하며 재투자하는 이야기를 말한다. 여기서 재투자라 함은 오랫동안 헌신했던 행동이나 업무를 대체하는 활동을 전개하는 것을 말한다. 몇 가지 예를 드는 것이 이 유형의 이야기를 더 분명하게 이해하는데 도움이 될 것이다.

당신이 전에 아주 활발하게 교회활동을 했던 교인과 함께 앉아있다고 가정해보자. 당신은 그녀와 함께 아주 멋진 식당에서 점심을 하기 위해서 미리 약속을 해 두었다. 그녀의 이름은 낸시이며 나이는 38세 정도 되었는데 당신이 몇 년 동안 알고 지내던 사이였다. 얼마 전만 해도 그녀는 교회일에 매우 열성적이었다. 교회에 정규적으로 출석하는 것은 물론 성가대에도 빠지지 않았던 열성대원이었고 가끔씩은 제자훈련반에서 가르치기도 했었다. 그러나 그녀는 이제 더 이상 교회활동에 적극적이지 않다.

그녀의 재투자 이야기는 다음과 같다.

"당신도 알다시피, 나는 교회에 매우 적극적으로 참여했었지만 몇 가지 이유 때문에 이제는 그렇지 못해요. 약 1년 전에 나는 우리 지역의 소방서에서 자원봉사자로 일하기 시작했는데 주일 오전에 주차관리원으로 배치가 되었어요. 흥미로운 것은 나는 교회에서 사람들과 친밀감을 느꼈었는데 지금은 소방서에서 더 많은 친구들을 사귈 수 있다는 점이에요."

위의 예는 전에 헌신했던 교회활동들과 지금 자원봉사자로 일하고 있는 것 사이에서 발생하는 재투자에 대한 이야기임을 말해주고 있다. 이 사람은 헌신을 통해 교회와 친밀했던 관계를 그만 둔 것이다. 이런 의미에서 재투자 이야기는 전에 있었던 관계를 포기하는 내용인데, 그것과 관련된 아픔들을 드러내지 않고 억누르는 경향이 있다.

다른 말로 말하면, 이러한 종류의 이야기는 자신의 감정을 봉쇄한 결과 발생하곤 한다. 이러한 현상은 말하는 이의 마음에 해결되지 않은 아픔과 상실이 있음을 듣는 이에게 말하는 것임을 알 필요가 있다.

그러한 재투자 혹은 재헌신이 단지 종교적인 기관에만 한정되어 있는 것은 아니다. 이러한 이야기들은 교회를 비롯한 종교기관을 넘어서도 얼마든지 발생 가능한 현상이다.

부부 사이가 멀어지기 시작한 결혼생활에서도 몇 가지 같은 단서들이 나타난다. 지속적으로 교회나 사교클럽에서 점점 많은 시간을 보내고 남편과는 갈수록 적은 시간을 보내는 부인의 경우 위에서 예를 든 교회를 떠나고 있는 사람과 같은 감정을 종종 경험하게 된다.

재투자 이야기는 대체적으로 추상적인 이야기 형태를 지닌다. 사람이 한때 가졌던 강한 유대감이 지금 변하고 있으며, 그 변화는 상실이나 슬픔에서부터 나왔을 가능성이 많기 때문이다. 따라서 재투자 뒤에 숨어 있는 실체를 점검하는 것이 반드시 필요하다. 능숙하고 노련한 듣는 이는 그 숨은 의미를 발견하는데 매우 효과적인 기술을 가지고 있는 사람이다.

앞에서 언급한 여자분의 재투자 이야기를 토대로 다음의 이야기를 큰 소리로 읽고, 그 안에 깊이 숨겨진 의미를 인식할 수 있는지 한 번 확인해 보기를 바란다. 다음은 낸시의 말이다.

"나는 꽤 오랫동안 교회에서 아주 열심히 일을 했었어요. 교회 생활은 내 삶의 아주 중요한 일부분이었죠. 우리 가족도 교회를 오랫동안 섬겨왔었고 자연스럽게 나는 교회에서 맡겨진 일들을 즐겼었습니다. 수년 동안 주일학교에서 피아노 반주자로 활동했었는데 늘 즐거웠어요. 그러던 어느 주일 설교에서 목사님이 여성을 마치 이류 시민과 같은 열등한 존재로 비하시켰을 때 나는 매우 화가 났답니다. 그런데 바로 그 다음 날인 월요일에 직장에서 일하고 있는데 친구가 나에게 오더니만 이번 주말에 자기가 봉사하는 소방서에서 사람이 한 명 부족한데 좀 도와줄 수 있느냐고 묻는 게 아니겠어요. 단지 그 날 하루만 좀 도와주면 된다고 하길래 갔어요. 사람들은 저에게 아주 친절하게 해 주었고 내가 그곳에 도움을 줄 수 있고 또 그들도 나를 좀 더 원하는 것 같았어요. 그 다음 주 자원봉사하는 날에 나는 친구와 함께 다시 그 곳에 갔고 지금은 정회원이 되었으며 매우 만족하고 있어요. 오해하지 말 것은, 제가 더 이상 하나님을 믿지 않는다는 것은 아니에요. 하나님을 믿습니다. 그러나 나는 내 인격에 대해서 모욕당해야 할 아무런 이유가 없어요. 어쨌든 나는 지금 친구와 매우 의미있고 즐거운 시간을 보내고 있어요."

이 재투자 이야기는 많은 메타 meta 이야기 – 이야기 안에 숨겨진 다른 이야기 – 들을 가지고 있다. 여기서, 메타 meta 는 '무엇의 안 혹은 옆의' 란 뜻이다. 낸시가 우리에게 이야기하고 있다고 가정하자. 듣는 이로서 당신에게 전달된 낸시의 메시지가 무엇을 담고 있다고 생각하는가? 메시지들이 무엇을 의미하고 있는지 추측해보라. 그것들을 한 번 적어보든지, 아니면 머리에 기억하고 있든지, 낸시의 이야기 속에 숨겨진 깊은 이슈들을 당신이 볼 수 있는지를 점검해 봤으면 좋겠다. 이 이야기를 통하여 우리는 아마도 다음과 같은 몇 가지 이슈들을 발견할 수 있을 것이다.

(1) 낸시는 자신의 헌신을 교회에서 소방서로 대체했다.
(2) 낸시가 교회와의 관계를 상실했을 때 아픔이 원인이 되었다. 그녀는 직접적으로 그 아픔에 대해서 말하지 않았다. 하지만 우리는 목사님과 그녀와의 관계를 고려해 봤을 때 아직 그녀 안에 목사님의 발언의 아픔이 남아 있음을 짐작할 수 있다.
(3) 낸시는 소방서에서 만난 새로운 친구들을 자주 언급한데 반해서 교회 친구들에 대해서는 어떠한 말도 하지 않았다. 이로 미루어볼 때 그녀는 교회 친구들을 그리워하고 있지만, 무의식적으로 그녀의 마음은 그것에 대한 어떠한 언급도 하지 못하도록 억누르고 있으며, 대신에 완전히 반대되는 소방서 친구들을 빗대어 표현하고 있다.

위에서 알 수 있듯이 재투자 이야기는 거의 항상 예측할 수 있는 요소들을 포함한 중요한 이야기 구조를 가지고 있다. 이러한 요소들이나 주제들은 아마도 위의 예처럼 상실을 포함하고 있을지도 모른다. 이것은 자신이 헌신적으로 투자했던 관계들에서 새로운 관계를 맺는 변화에 대한 중요한 동기로 작용한다.

낸시의 재투자 이야기에서 여러 방법으로 인지될 수 있는 다른 주제는 거절감에 대한 이야기이다. 낸시는 두 가지 거절당함을 경험했었을 가능성이 있다.

하나는, 목사님이 설교에서 말한 내용과, 다른 하나는, 자기가 더 이상 교회에 나가지 않았음에도 불구하고 아무도 관심을 가져다 주지 않았다는 거절, 즉 교회 친구들로부터 거절당한 경험들이다. 아마도 이 외에도 다른 거절감이 있을 수도 있는데, 그것들은 전환과 관련이 있다. 뒤에서 전환 이야기에 대해 알아보겠다.

전환은 보통 세 가지 단계로 나뉘어진다: 종결, 혼란의 단계, 새로운 시작 등의 과정이다. 누군가가 재투자의 과정을 지날 때 그 이야기는 이러한 전환의 단계를 균형을 이루며 경험한다. 왜냐하면 그 사람은 한 관계의 종결로부터 다른 관계의 시작으로 옮겨가고 있기 때문이다. 그러한 변화에서 볼 수 있는 어려움들 중의 하나는 전에 맺었던 관계를 완전하게 마무리할 수 없는 경우가 많다.

우리는 이전의 관계를 종결하지 않은 채 새로운 관계에 집중할 수 있다는 것이다. 이러한 아직도 마음 한 구석에 남아있는 씁쓸한 감정이나 확실히 매듭짓지 못한 종결들이 새로운 관계에 영향을 미친다. 이러한 경우, 미래의 어느 한 시점에서 그러한 감정들이 우리의 의식으로 다시 돌아올 수 있는데 이런 이유 때문에 우리는 새롭게 맺은 관계에서 벌어지는 아주 작은 일에도 부적절하게 화를 내곤 하는 것이다. 그 결과 그러한 행동이 자주 오해를 불러 일으키며 이야기를 듣는사람에게 혼란을 주기도 한다.

재투자 이야기의 배경에는 많은 이슈들이 있다. 그러한 이야기 속에 숨겨진 것들을 점검하는 것은 매우 중요하다. 왜냐하면 사람들은 예전의 관계를 잘 정리할 수 있는 반면, 다시 이전의 관계로 돌아갈 수 있는 가능성도 늘 열려있기 때문이다.

2. 암시를 나타내는 이야기

암시를 나타내는 이야기 속에서 말하는 이는 실제로는 자신의 이야기들을 말한다. 그러한 이야기들을 들으면서 듣는 이는 상대방이 말하는 사건들이 사실은 그가 현재 직면하고 있는 상황임을 암시하고 있음을 알 수 있다. 상대방이 암시적으로 말할 경우 주의깊은 듣는 이는 그가 사용하는 비유나 하나의 단어, 절, 또는 생각들이 공통된 주제로 연결됨을 발견할 수 있다.

나는 어느 목사님으로부터 놀라운 암시하는 이야기를 우연히 듣게 되었다. 그는 우리가 휴식시간 중 복도에 서 있었을 때 다른 교회리더들과 함께 담소를 나누고 있었다. 목사님은 방금 교인 중 한 사람을 심방하고 왔는데 그로부터 뭔가 중요한 뼈 있는 이야기를 들었다고 말했다. 그 교인은 암에 걸려 매우 심각한 상태이며 현재 병원에 있는 상태였다. 그는 목사님에게 혹시 집 뒤뜰에 큰 나무들이 있느냐고 물었다고 한다. 목사님은 있다고 대답하면서, 그가 물어본 것과 똑같은 질문을 던졌다. 이러한 반응은 매우 중요한데, 왜냐하면 목사님은 자기 자신만의 이야기를 떠벌리려는 유혹에 빠지지 않고 대신 상대방의 이야기를 들으려고 했기 때문이다.

목사님이 교인에게 물었다.

"성도님의 뒤뜰에도 큰 나무들이 있나요?"

"네, 있지요."

그러면서 다음과 같은 간단한 이야기를 들려주었다고 한다.

"사실 아주 아름다운 오래된 나무가 있어요. 그렇지만 속이 많이 썩어 있어서 제가 생각하기엔 죽어가고 있는 것 같아요. 그래서 차라리 잘라내는 것이 더 나을지도 몰라요."

목사님은 교인이 말하고 있는 말속에서 보다 깊은 이야기를 들을 수 있었다. 즉, 그는 교인이 사용한 은유를 눈치챌 수 있었으며 그것을 교인의 이야기를 점검하기 위한 하나의 피드백으로 사용했다.

목사님이 다시 물었다.

"나는 집사님이 병원에 있는 자신을 혹시 속이 썩어져 가고 있는 나무처럼 느끼고 있는지, 그리고 삶이 집사님을 무너뜨리게 하고 있다고 느끼고 있는 것은 아닌지 알고 싶네요. 혹시 이것이 집사님 내부에서 일어나고 있는 느낌입니까?"

상대방의 암시하는 리허설 이야기를 들으면서 우리는 구어의 힘을 인식하게 된다. 언어는 우리가 생각하는 것 이상의 것을 실어 나를 수 있다. 인간의 마음은 비유적인 표현들을 창조하는데, 이것들이 표면적으로 나타난 것들 이상의 것들을 말하고 있기 때문이다.

예를 들면, 내가 이 문장의 서두 부분을 쓸 때 나는 비행기 안에서 내 옆에 앉아있는 사람에 의해서 방해를 받았다. 나는 조지아 주 애틀란타시를 경유하여 오하이오 주의 콜럼버스에서 텍사스 샌 안토니오까지 가는 중이었다. 내 옆에 앉은 중년의 부인이 나에게 그녀의 손녀가 내가 휴대용 워드

프로세서에다 글을 쓰는 것을 볼 수 있느냐고 물었다. 손녀는 글 읽는 것을 무척 좋아하는데 이제 1학년을 마쳤다고 한다.

나는 괜찮다고 말했다. 잠시 타이핑하는 것을 멈추고 그 아이와 이야기하기 시작했는데 그러던 중에 어떤 아이디어가 떠올랐다. 나는 나에게 이야기해 줄 수 있는 대상으로 그녀를 얻게 된 것이다.

'아이들은 이야기 하는 것을 좋아하며 그 이야기 속에서 내가 그 아이에 대해서 발견할 수 있는 더 중요하고 깊은 이슈들이 들어있을거야.'

나는 그 어린 소녀에게 그녀의 이름은 로렌이었다 어떤 이야기도 좋으니 한번 들려줄 수 있는지 물어보았다. 나는 그것을 컴퓨터에 기록할 것이며 보고 싶으면 내가 타이핑 하는 것을 보고 있어도 된다고 미리 알려주었다. 그녀는 매우 좋아했다. 작은 소녀는 아직도 많은 것을 배워야 하는데 다행히도 그녀는 배우는데 꽤 관심을 보였다.

반면에, 많은 어른들은 무언가 탐구하거나 삶의 깊이와 넓이를 탐색하고 음미하는 것을 중단하며 살아가곤 한다. 여러 가지 이유로 나는 그 아이에게 이야기를 해 달라고 부탁한 것이다. 다음에 나오는 이야기는 소녀가 말한 내용이며, 우리의 대화가 어떻게 전개되었는지를 보여준다.

"책을 읽는 것은 재미있어요. 나는 아주 많은 책을 읽었어요. 나는 친구들과 더 재미있게 놀아요. 친구 한 명의 이름은 에미인데요. 에미도 책읽기를 좋아해요. 제가 즐겨읽는 책은 주로 토끼에 대한 책이에요. 나는 토끼들이 좋아서 토끼에 대한 책도 좋아해요. 토끼들은 귀여워요. 토끼들은 아무 얘기도 안 하고, 그저 도망다니기만 하죠 …."

"너는 도망만 다니는 토끼와 같다고 자신을 생각해 본 적이 있니? 너는 도망가고 싶을 때 무엇을 느꼈니? 슬펐니?"

"그럼요."(눈물이 아이의 눈에 금세 글썽인다).

"토끼가 도망갔을 때 무슨 일이 일어났니?"

"땅속에 숨었어요. 가톨릭 주교인 할머니의 토끼는 장작더미 아래에 숨었어요."

"왜 토끼가 도망갔니?"

"토끼는 누군가 자신에게 총을 쏠까봐 무서웠어요."

"너가 도망가고 싶었을 때 너도 두려움을 느꼈니?"

"네."

한편, 어린 아이가 의미있는 비유들이나 주제들을 가지고 이야기를 말하는 것처럼 어른들 특히, 나이든 어른들도 때때로 그렇게 할 수 있다.

나는 아버지와 함께 했던 경험을 기억한다. 89세 때 돌아가시기 2년전 그는 넘어지셔서 엉덩이뼈가 부러졌었다. 장녀였던 누나가 나에게 이 사고를 전화로 알렸고 버지니아 베드포드의 엘킨스 국립요양원으로 아버지를 보러 갈 수 있는지를 나에게 물어보았다. 나는 그러겠다고 말했고, 며칠 후에 비행기를 탔다. 병원에 도착한 후 아버지의 병실로 걸어가고 있을 때 그는 의자에 앉아 있었으며 미끄러지지 말라고 수건으로 둘둘 말려 있었다. 그는 엉덩이에 핀을 박은 후 처음으로 앉아있는 것이었다. 안경은 벗겨져 있었고 보청기도 끼지 않은 상태였으며 그의 틀니는 물속에 처박혀 있었다. 한마디로 말해서 그의 모든 인조장치들은 서랍 위에 놓여져 있었다.

나는 아버지가 나를 보고 말을 알아들으실 수 있도록 하기 위해서 그의 앞을 향해서 무릎을 꿇었다.

"아버지, 기분이 좀 어떠세요?"

아버지는 지금 얼마나 힘든지 말하기보다 나에게 두세 가지의 과거 시간을 회상하는 레벨의 암시하는 이야기를 들려주었다. 여기서 한 가지 더 추가할 것은 더 먼 과거의 이야기를 하면 할수록 그것이 남긴 상처는 더 깊다는 것을 나타낸다는 것이다.

아버지가 이렇게 말씀하셨다.

"내가 열일곱 살 때 펜실베이니아 철도회사에서 일했었다고 너에게 말한 적 있니? 그때 나는 전보통신사였지. 너도 알겠지만, 그 당시 철도회사는 경기가 참 좋은 시절이었어. 지금은 거의 폐사 직전이지만 말이야."

아버지는 이윽고 다른 이야기로 이어갔는데, 똑같은 주제였지만 다른 비유들을 사용하셨다.

"너는 내가 40년동안 포츠타운에 있는 베들레헴 철강소에서 일했다는 것을 알고 있었니? 내가 금문교를 위한 탑들을 세웠었단다. 누군가가 나에게 철강소가 문을 닫았고 지금은 더 이상 운영되지 않고 있다고 말하더군."

만일 당신이 지금 내가 말하고 있는 이야기를 이해한다면 당신은 아마도 아버지가 나에게 말하고자 하는 골자 – 즉, 이야기 속의 이야기들 – 를 눈치챘을지도 모른다. 물론 아버지는 의식적으로는 아들인 나에게 왜 그런 이야기를 해야 하는지 몰랐을 것이다. 그는 그 의미가 무엇인지 내가 물어볼 때까지 그 이야기 속에 담겨져 있는 더 깊은 메시지를 인식하지 못했다. 이것은 사실 우리들 대부분의 경우에도 그렇다. 이것이 가능한 이유는 스토리텔링은 무의식적으로 말하는 행위이기 때문이다.

아버지가 나에게 그 이야기들을 말하셨을 때 나는 더 깊은 의미를 들을 수 있었다. 처음에 나는 내 느낌을 점검하기를 망설였다. 왜냐하면 아버지의 상실은 결과적으로 나의 상실과 연결되어 있기 때문이었다. 나는 그 때 모험을 택했고 추측을 시도했다.

나는 "아버지, 저는 아버지께서 삶을 포기하고 계신건지 아닌지 궁금해요. 그런가요?"라고 물었다.

아버지의 몸은 나의 질문에 즉각적으로 응답했다. 당신이 가깝게 다가서면 설수록 또는 직접적으로 메타 이야기들을 언급하면 할수록, 거기에는 피할 수 없이 매우 빠른 속도의 신체언어의 변화가 있다. 즉, 상대방이 자신의 본심을 드러내는 질문을 하는 순간 말하는 이는 눈물이나 웃음으로 반응하기 마련이다.

아버지는 즉시 그의 팔을 나에게로 향하시면서 나를 당신쪽으로 가깝게 끌어당기는 것이었다. 아버지께서 우시는 것을 보는 것은 지금까지 살아오면서 그 때를 포함해서 딱 두번이다. 그는 짧게 우시고 난 후, 당신이 말씀하셨던 이야기들이 무엇을 의미하는지를 말씀해 주셨다. 한 마디로 말해서 그는 죽는 게 두려웠다. 아버지께서 나누어 주셨던 이야기들은 분명히 무언가를 내포하고 있었다.

첫번째 이야기에서 열일곱 살 나이를 언급한 것은 이야기를 과거속으로 돌려놓은 것이다 레벨은 전에 '과거의 시간으로 회상하기'에서 설명한 바 있다. 그리고 그는 그것을 암시적으로 말했다 암시하는 이야기 유형. 나는 전에도 철도회사 이야기를 많이 들었기 때문에 그 내용은 전혀 새로울 것이 없었다. 다만 상황이 바뀌었을 뿐이다.

이야기는 항상 말한 상황 속에서 재해석되어야만 한다. 다른 상황에서 말했던 같은 이야기도 사용된 비유들이나 주제들이 다른 의미를 나타낼 수도 있기 때문이다.

마태복음에서 예수님께서 행하신 많은 말씀들이 산상수훈 마태복음 5-7장 이라는 이름으로 묶여져 있다. 그런데 대부분의 같은 말씀들이 누가복음에도 인용되어 있다. 그러나 같은 이야기들이 다른 맥락 속에 놓여져 있다. 이야기들이 다른 맥락이나 상황에 놓여있을 때 대부분의 경우 비유들의 의미는 다를 수 있다는 사실을 기억해야 한다.

말하는 이가 사용하고 있는 비유들은 그 자신을 대상으로 한다. 아버지의 이야기의 경우, 철도회사나 베들레헴 철강회사는 바로 우리 아버지에 대한 상징인 셈이다. 이 회사들이 문을 닫아버렸기 때문에 두 이야기들의 공통된 주제 그 비유들은 아버지에게 일어나고 있는 일들이라는 더 깊은 의미를 쉽게 추측할 수 있도록 도와준다. 그러한 상징적인 언어는 무의식의 세계가 창조한 것이며 이야기의 깊은 의미를 이해하고자 할 때 매우 중요한 역할을 한다.

설교를 통한 목사님의 이야기 경청하기

이야기를 경청하는 것의 가장 흥미로운 면들 중 하나는 당신의 목사님이나 다른 연사가 메시지를 전달하는 것을 들을 수 있는 능력을 향상시켜 준다는 것이다. 특히, 설교는 듣는 이가 이야기를 경청하는 것을 가장 잘 훈련할 수 있는 환경을 제공해준다.

만일 듣는 이가 설교 내용에서 가장 흔하게 사용되는 단어들이나 절 혹은 이야기들을 기록하고 설교자가 사용하는 비유들을 인식하게 된다면, 목사님이 그의 개인적인 삶속에서 경험하고 있는 몇 가지 깊은 갈등들을 발견하는데 긴 시간이 걸리지 않을 것이다.

자신의 이야기를 한 번도 그 누구에게도 말한 적이 없는 사람은 이 세상에 거의 존재하지 않는다. 우리가 할 수 있는 유일한 것은 그 이야기를 더 추상적으로 표현하거나, 만일 설교가라면 좀 더 어려운 신학적인 용어를 사용하는 것뿐이다.

내가 트레이닝 모임에서 한 그룹과 함께 사역을 할 때 그룹 멤버 중 한 분이 부목사였는데 주일날 예배 때 설교를 하기로 되어 있었다. 우리 그룹 모임을 그가 시무하는 교회에서 갖고 있었기 때문에 우리들은 한 시간 정도 소요되는 예배에 참석하기로 했다. 부목사가 나를 보았을 때 나는 교회 입구쪽에 서 있었는데, 그가 내게 물었다.

"예배 후에 함께 점심을 먹기로 한 계획이 예정대로 진행됩니까?"

나는 그대로 될 것이라고 확인시켜 주었다.

그는 이렇게 말했다.

"제 설교의 첫 번째 이야기를 들으면 내가 왜 교수님과 이야기하고 싶어하는지 알게 될 것입니다."

이 분은 그룹에서 이야기 듣기 훈련을 할 때 매우 성실하게 참가했었고 자신의 삶의 이야기와 의미를 나름대로 잘 인식하고 있었다.

나는 그의 설교에 등장한 첫번째 이야기를 열심히 들었다. 왜냐하면, 첫 번째 이야기는 나머지 모든 이야기들의 핵심 주제를 내포하는 경우가 많기 때문이다. 보통 첫 번째 이야기 외에 나머지 이야기들은 첫 번째에 비해 추상적으로 흐르기 쉽다.

다음에 자세히 말하겠지만, 그의 첫 번째 이야기는 과거를 회상하는 레벨의 암시하는 리허설 이야기였다. 다음의 이야기를 읽어본 후 만일 당신이라면 그와 점심을 먹을 때 어떤 말을 하겠는가 생각해 보라.

"좋은 주일 아침입니다! 나는 지난 여름 제 아내와 저에게 일어났었던 한 이야기를 들려드림으로써 설교를 시작하려고 합니다. 지난 여름 우리는 펜실베이니아 주에 있는 알레게니 강의 하얀 물결을 지치며 래프팅을 즐기고 있었습니다. 래프팅을 하러 떠나기 전에 우리는 이 험한 물살에서 어떻게 2인용 고무보트를 탈 수 있는지 자세한 지도를 받았습니다.

먼저, 격랑이 이는 파도를 만드는 두 가지 종류의 바위들에 대해서 이야기를 들었습니다. 조그만 바위들은 우유와 같은 조그마한 물살을 만드는 반면에, 다른 유형의 바위들은 커다란 물살을 만드는 아주 커다란 것들입니다. 우리는 이 커다란 파도를 만나면 그것에 자연스럽게 의지하라는 얘기를 들었습니다. 만일 우리가 커다란 파도에 저항하면 할수록 강물에 빠지기 쉽기 때문입니다. 제 아내는 그 파도에 의지하기를 거절하였기에 그만 강물에 빠지고야 말았습니다."

이 이야기는 이야기를 말하는 사람의 내부에 잠재해 있는 무의식이 그에게 발생했던 일을 타인에게 전달하기 위해서 어떤 방식으로 주제들이나 비유들을 만들어내는지를 설명해 주는 아주 좋은 예이다.

다음은 그가 행한 설교의 첫 이야기에서 사용한 몇 가지 비유들과 가능한 추론들이다.

- 강 = 삶; 흰 물살을 일으키는 강 = 격렬한 삶
- 2인용 고무보트 = 결혼; 바위들 = 문제를 야기하는 원인들
- 고무보트를 뒤집음 = 이혼 혹은 별거

여기서 주의할 것은, 어떤 비유나 주제의 의미에 대한 추론은 듣는 이가 받은 여러 가지 교육을 통해서 얻어진 것이라는 점이다. 모든 비유들은

하나 이상의 추론이나 의미를 가진다. 나의 추측이 틀린 경우도 많이 있지만, 가설적인 언어로 말했다면 상대방과의 관계를 해치지는 않을 것이다. 왜냐하면 듣는 이가 한 가설적인 해석은 말하는 이가 대안적인 의미들을 스스로 식별하는데 도움을 주기 때문이다.

예배를 마친 후 우리는 교회에서 가까운 조그마한 식당에서 점심을 먹기 위해 자리에 앉았다. 그는 얼굴이 약간 발그스름해져 있는 상태에서 나를 쳐다보며 물었다.

"교수님은 내 이야기를 들으셨나요?"

"예. 듣기는 들었지만 확실하게 목사님에게 어떤 일이 일어났었는지는 알지 못합니다. 내가 생각하기에는 목사님의 결혼생활이 마치 바위들 같았어요. 현재 별거하고 있나요, 아니면 이혼 수속 중에 있나요?"

"제 아내는 다음 주 수요일에 저를 떠날 것입니다."

우리는 한 시간 가량 더 그의 문제가 무엇인지, 그리고 앞으로 무엇을 할 것인지에 대해 이야기를 나누었다.

만일 우리가 남의 이야기를 듣는 요령을 잘 배우면 타인과 의사소통을 할 때 필요한 기술을 효과적인 방법으로 향상시켜 줄 것이다. 사람들이 리허설 이야기를 사용하는 이유는 사람들이 일반적으로 무의식 속에 남아있는 아픔을 어떤 식으로든지 표현해서 다루기를 원하고 있기 때문이다. 이러한 이야기 속에 담겨져있는 무의식의 세계를 의식의 세계로 옮겨놓아 적절하게 다루는 것은 충분히 가능한 일이다.

당신 자신의 이야기를 들어보라. 당신이 자꾸자꾸 반복하며 암시하고자 하는 일들을 인식하려고 노력하라. 그러면 당신의 삶속에 새로운 통찰력을 불러일으킬 것이다.

3. "이러이러한 누군가를 안다"라는 유형의 투사 이야기

이 유형은 투사를 통하여 말하여지는 이야기이다. 그의 마음은 자기 자신의 문제나 내적인 상태를 다른 사람이나 사물에 옮겨놓는다. 이런 맥락에서 이 이야기는 말하는 이들이 다른 사람에 대해서 말하지만, 실제로는 자기 자신에 대해서 말하는 유형이다. 혹시 독자들에게 이러한 유형의 이야기가 생소하고 처음이라면 아마도 다음과 같은 표현은 자주 들어봤을 것이다.

예를 들면, "나는 이런 일을 한 친구를 알고 있는데 …", "나는 목사님에 대해서 이런 것을 알고 있는데 …", "나는 이러이러한 이웃이 있는데 …", "나는 이러이러한 교회를 가는데 …" 등이다.

바로 이러한 표현들이 다른 유형의 이야기와 차별되는 투사 이야기가 갖는 특별한 말머리이다.

사람들은 그들 자신의 깊은 문제들을 다른 누군가 혹은 어떤 사물에 대한 이야기로 투사한다. 투사의 기능은 이야기를 말하는 이가 문제를 다루는 중에 노출될 수 있는 위험으로부터 자신을 보호하려는데 있다. 이런 의미에서 이야기는 특별한 형태의 추상화 작업을 거친다. 이야기의 대상이 되고 있는 사람이 종종 말하는 사람 자신일 경우가 있다는 것이다.

앞에서 언급했던 부목사가 설교를 시작할 때 말했던 재미있는 작은 이야기를 생각해보자. 훈련 받은 듣는 이인 담임목사는 강단에 앉아 있었다. 부목사는 어쩌면 자신이 회중들에게 말하고 있는 것을 깨닫지 못했을 수도 있다. "나는 성경에 나오는 두 인물들인 베드로와 안드레에 대해서 이야기하고자 합니다. 안드레는 베드로의 형제입니다. 안드레는 모든 허드렛일을 다했지만 공로는 베드로가 다 차지했습니다."

많은 사람들은 이 어리둥절한 예화에 그리 크게 웃지 않았다. 회중가운데는 그 어떤 잔잔한 파문도 일지 않았는데 그들은 그 이야기를 문자 그대로 받아들여 부목사가 베드로와 안드레에 대해서 이야기하고 있다고 생각했기 때문이다. 물론 그는 그들에 대해서 이야기한 것이지만, 사실은 자신에 대해서 이야기하고 있기도 하다. 안드레는 말하고 있는 당사자인 부목사에 대한 비유이자 대리인인 셈이다.

즉, "안드레 = 부목사, 그리고 베드로 = 담임목사"라는 공식이 성립된다. 그의 본심은 회중들에게 자신은 열심히 일하고 있는 반면에, 그 공로는 다 담임목사에게 돌아가고 있다는 것을 말하고자 한 것이다.

요약하면, "나는 이러이러한 누군가를 안다" 이야기의 유형은 이야기를 말하는 이가 어떤 사물이나 단체를 향해서 자신의 내적인 상태를 투사하기 위하여 사용하는 대화의 형태라고 할 수 있다. 또한 일반적인 대화 유형과는 어딘가 달라보이는 이 이야기 유형은 말하는 이가 어느 사물에게 자신의 성격 혹은 특징들을 부과하고자 할 때 발생한다.

예를 들면, 영화나 TV를 보면 사용하는 물건이나 사물이 사람이나 동물로 변화하는 애니메이션도 일종의 이 유형에 속하는 커뮤니케이션 방법이라고 할 수 있다.

오래 전에 있었던 일이다.

어느 트레이닝 모임을 마친 후 다음 날 오전 비행기를 타기 위해 하룻밤을 그 곳에 머물러야 했었다. 기다리는 동안에 그 날 모임의 참석자들 가운데 한 분이 자기와 이야기를 좀 할 수 있느냐고 물어와서, 나는 기꺼이 그러겠노라고 말했다. 우리는 식탁에 앉아 이야기를 나누었는데 그는 자기가 다녔던 두 교회에 대해서 말하기 시작했다. 그는 그 교회들은 서로 싸우기 일쑤였고 마치 정신분열증에 걸린 사람들 같다고 말했다.

한 시간 이상을 그는 그 교회들에서 일어났었던 여러 가지 이야기들을 이야기했다. 그와 이야기를 나누는 동안에 나는 짧은 이야기 대부분에서 그가 "정신분열"이라는 단어를 매우 빈번하게 사용하고 있다는 것을 발견하게 되었다. 그 반복되는 단어가 나의 관심을 끌었으며 "아프다", "무엇을 해야 할 지 모르겠다", "싸우다" 등의 단어들과 연결시켜 생각해 보았다. 그가 이야기를 마치자 나는 내가 들은 것들을 점검하리라 마음 먹었기에 물어봤다.

"나는 당신이 정신분열증에 걸릴 것을 두려워 하고 있는 것은 아닌지 알고 싶습니다."

그는 자기의 머리를 양팔 아래로 숙였다. 몇 분이 지난 후 그는 머리를 올리면서 이렇게 대답했다.

"지난 주 저의 아버지께서 정신병원에서 정신분열증이라는 진단을 받았습니다. 저는 나도 역시 그 병에 걸리면 어쩌나 두렵네요."

그의 이야기 속에서 나왔던 교회는 바로 그 자신을 지칭하는 것이었다.

그 나무는 바로 나다!

우리가 "나는 이러이러한 누군가를 안다" 유형의 이야기에 익숙해지면 우리도 의식적으로 그러한 이야기를 다른 사람들에게 종종 말하고 있다는 것을 알게 될 것이다. 나는 의식적으로 나 자신의 이야기들을 알게 되었으며 거의 큰소리로 이야기해 본 적도 없는 생각들조차도 인식하게 되었다.

아내와 나 사이에 있었던 일이다. 우리는 매일 나가는 산책을 하기 전에 어떤 일로 인해 의견이 맞지 않았다. 그래서 45분 동안 걸으면서 거의 한 마디도 말하지 않았다. 보통 우리는 매우 많은 이야기를 나누었지만 그 날은 정적만이 오랫동안 흘렀다. 길가에서 자라고 있던 조그만 나무에 이르렀을 때 나는 잎사귀가 갈색으로 변했음을 알게 되었고 나무는 거의 죽어가는 것처럼 보였다. 나는 속으로 중얼거렸다.

"만일 나무에 빨리 물을 주지 않으면 곧 죽겠는 걸."

내가 속으로 혼잣말을 하자마자 나는 나의 메타이야기가 의미하는 것을 갑자기 깨닫게 되었다. 물론, 그 나무는 나를 대표했으며 물은 아내로부터 내가 받을 필요가 있는 양육과 사랑을 대신하고 있었다. 산책을 시작한 후 한 시간이 지나자 우리는 남아있던 문제를 해결했으며 "나무"는 다시 푸른 색으로 생기를 되찾았다.

잠재언어

"나는 이러이러한 누군가를 안다" 이야기의 또 다른 유형은 잠재언어를 사용하는 이야기라고 불리는 것이다. 잠재언어는 성경적인 비유로 말하면 "거울로 보는 것처럼 희미하지만"과도 같은 베일 뒤에 감추어진 언어다. 그것의 기능은 위험에 처할 경우를 대비해서 안전성을 유지하는 것이다. 즉, 이 이야기는 심리학에서 사용하는 "전치" 轉置, displacement 라고 할 수 있다. 말하는 이는 애매모호한 아이디어를 내적인 갈등과 염려를 상징하기 위해서 사용한다.

일반적으로 사람들은 타인으로부터 받을 수 있는 비판이나 거절로부터 안전해지기를 원한다. 그러기 때문에 그들 자신에 대해 말할 때 변장된 형태의 이야기를 사용한다. 언급하는 사람이나 사물이 더 애매모호하고 추상적일수록 그 사람은 더욱 더 안전을 원하고 있다고 보면 거의 틀림이 없다.

만일 그다지 신뢰하지 않는 사람이 말하는 것을 들어보면 그는 다른 사람이나 사물들로 대체시킴으로써 자신의 내적인 혼란을 숨기려 한다는 것을 알 수 있다. 또한 그 사람이 정신적으로 문제가 있으면 있을수록 사용하는 언어는 더욱 더 추상적이기 쉽다. 건강한 사람은 위기나 어려움을 대하는데 보다 나은 방법을 가지고 있기 때문에 굳이 자신의 언어를 변장할 필요성이 없기 때문이다.

어떤 남자가 자기는 하루에 단지 두 시간밖에 일하지 않는다고 자신의 치료사에게 말했다. 그는 또한 자기는 그 일에 그다지 맞지 않지만 일을 해야 먹고 살 수 있다고 덧붙였다.

그런 후 그는 "독일의 경우를 보라. 독일사람들은 매우 엄격하다. 절대로 다른 사람들을 속이지 못하게 한다. 만일 사람들이 일을 할 수 없으면 그들은 많은 것을 잃게 되는데, 심지어는 들판으로 끌려가며 죽음을 당하기까지 한다."

이 간단한 이야기 속에서 잠재언어로 두 가지 유형의 비유가 사용되었다. 이 남자의 현실과는 너무나도 거리가 먼 외국나라인 "독일"은 치료사의 "사무실"을 상징하며 "사람"들은 "자기 자신"을 나타낸다. 사람들이 처벌받거나 죽임을 당하는 것은 이 사람이 지금 얼마나 심한 두려움을 느끼고 있는지를 당신에게 말하기 시작하고 있는 것이다.

자신의 이야기를 외국나라와 다른 사람으로 투사시킴으로써 자신 내부의 보다 깊은 감정들을 숨기고 싶은 강렬한 필요성을 말하고 있기도 하다 Vincent E. Maxxanti and Harold Bessell, *American Journal of Psychology*, April 1956.

내가 이름 붙인 "나는 이러이러한 누군가를 안다" 유형의 이야기는 우리가 타인과 이야기를 나눌 때 가장 식별하기 쉬운 이야기 유형 중 하나이기는 하다. 하지만 항상 그 내용을 점검할 수 있는 이야기는 아니라는 사실을 기억할 필요가 있다. 타인의 이야기를 듣는데 있어 가장 어려운 것들 중의 하나는 우리는 사람을 액면 그대로 받아들이는 경향이 있다는 것이다. 그것이 매우 적절한 때도 있기는 하지만 대부분의 경우 사람들은 겉으로 드러나는 것보다 훨씬 더 함축적이고 암시적인 방법으로 말하고 있다는 것을 유의할 필요가 있다.

4. 기념일적인 이야기

기념일적인 이야기는 과거에 발생했던 일들에 관한 주제들을 내포하며 동시에 특정한 연도가 이야기 속에 나타나곤 한다. 전형적인 예로 해마다 크리스마스가 되면 우울증에 빠지는 사람들을 들 수 있다. 우리는 또한 친구나 인생에서 중요한 다른 누군가의 기일忌日이 되면 죽은 사람들의 이야기 등에 관하여 말하곤 한다.

독자들 중에서는 혼자 된 미망인으로부터 그녀의 남편이 사망한 일주년을 맞이하기 전에 어떤 기념일에 관한 이야기를 듣게 될 지도 모른다. 그녀는 아마 이런 이야기를 할 것이다.

"나는 요즘 정말 슬퍼요. 이 곳 양로원에서 많은 친구들을 잃어버렸어요. 사랑했던 사람들을 포기한다는 것은 매우 힘든 일이에요."

혹은 내용이 좀 더 추상적일지도 모른다.

일년 전에 아내를 잃어버린 친구를 우리가 방문했다고 하자.

그는 우리에게 "나는 요즘 십대 아이들이 무슨 생각을 하고 있는지 도무지 모르겠어. 우리 집 옆에 사는 아이는 갓 태어난 6명의 고양이를 삼베로 만든 바구니에 담아서는 글쎄 강물에다 버렸다지 않나. 이런 기가 막힌 일을 들은 적이 있나?"라고 말했다.

우리는 상대방이 말한 주제에 대해서 이야기 점검을 할 수 있을 것이다. 이 말은 아마 이렇게 들릴 지도 모른다.

"나는 부인을 일년 전에 잃었던 자네가 자신을 삼베 바구니에 담긴 채 익사한 고양이들처럼 느끼고 있는 것은 아닌지 모르겠네."

사람들은 자신들의 감정들과 행동을 자극하는 기념일이 갖는 특성들을 깊이 의식하지 못한다. 이 부분을 쓰기 몇 주 전, 나는 왠지 안절부절 못하고 화가 나 있으며 약간 우울한 증세가 있다는 것을 알게 되었다. 보통 나는 아주 에너지가 넘치는 사람이기에 우울증에 빠지는 사람이 아니었다. 해결되지 않은 곤혹스러운 기간이 일주일 약간 넘게 지속되었다. 나는 아내에게 괜히 트집을 잡았는데 이상하게도 아내도 나에게 트집을 잡는 것이었다. 사실은 우리 둘 다 매우 불안정했던 것이다.

어느 날 오후 우리는 동네에 있는 어느 식당에 저녁을 먹으러 갔었다. 줄을 서서 차례를 기다리면서 나는 아내에게 무엇이 그렇게 당신을 괴롭히고 있느냐고 물어보았다. 몇 분이 채 지나지 않아서 그녀는 나를 돌아보면서 무슨 일이 일어났는지 알았다고 말했다. 그녀는 6월 10일이 그녀 어머니의 17번째 기일 忌日이었음을 말해 주었다. 그녀가 그것을 말했을 때 나 역시 6월 8일이 우리 어머니가 돌아가신 지 18주년이 되는 날이었음을 알게 되었다. 우리 둘이 그것에 대해서 말을 하고 우리가 느꼈던 감정들을 탐색하며 약간 울기도 한 결과 비록 아픔이 있었지만 몇 시간 내 우리는 정상적인 상태로 다시 돌아올 수 있었다.

이러한 경험을 하는 동안 나는 괴로움과 어머니의 죽음에 대하여 슬픔을 느꼈을 뿐만이 아니라 18년이 지난 지금도 여전히 그러한 기분에 휩싸인다는 것을 인식할 수 있었다. 바로 이것이 기념일적 이야기들이 하는 역할이다. 그러한 이야기들은 과거에 벌어졌었던 사건들을 반복하여 말하며 아울러 그 사건이 벌어진 년도와 일들에 더 많은 감정을 실어 나르도록 충동을 한다. 만일 우리가 이 다음에 "기분나빴던 날"들을 경험한다면 우리는 자신에게, "이것이 언제 일어났었지? 그 당시 혹은 그즈음에 뭔가 감정적으로 중요한 일들이 발생했었나?" 등의 사실들을 물어보며 궁금해 할 것이다.

기념일적인 일들이 발생하면 과거의 그 사건에 의해서 야기된 감정들과 그리고 그것들과 똑같은 사건 속에서 그 당시에 해결하지 못한 다른 감정들에 대응해야 한다.

예를 들면, 우리의 삶속에서 상실이 발생하면 아이러니컬하게도 우리는 그러한 상실의 경험을 기념일날 다시 경험하게 된다. 상실의 경험을 하게 될 때 우리는 기념일에 관한 여러 가지 이야기와 감정들에 대처하고, 또 한편으로는 그와 연관된 많은 다른 사건들에도 대응해야 하는 것이다.

만일 우리가 죽은 아이에 대한 상실감에 고통받고 있다면 아이가 죽은 날이 돌아오면 당신은 마치 저기압의 날씨처럼 행동할 것이다. 이 같은 기분은 아이의 죽음과는 거의 상관이 없지만 여전히 중요한 미처 해결하지 못한 슬픔들까지도 밀어닥치게 만든다.

이와 같은 이유로, 기념일에 관련된 이야기와 사건들은 감정적으로 매우 강력한 것이다. 정리하면 우리는 단지 현재 시점에서 기념일의 중심되는 사건만 다루는 것이 아니라 과거에 매듭짓지 못했던 애통의 과정들에 관한 모든 것들을 다뤄야만 하는 것이다.

5. 전환 이야기

삶이 전환되어가는 발달과정에 대해서는 윌리암 브릿지 박사가 그의 책, *"Managing Transitions: Making Sense of Life's Change"*, by Dr. William Bridges (Redding, Mass.: Addison-Wesley Publishing Co.)에서 아주 잘 묘사했다. 그 책에서는 모든 전환에는 이 전의 일의 종료 ending, 혼란기 소위 말하는 중립존, neutral zone 그리고 새로운 시작 beginnings 등의 세 가지 단계들이 있다고 말한다. 타인들의 이야기 속에서 이러한 세 가지 요소들을 들어보면 나는 많은 이야기들이 이러한 요소들 가운데 하나 혹은 그 이상을 내포하고 있는 것을 발견하게 된다. 그러한 단계들을 점검할 때 나는 실제로 사람들이 자신의 삶속에서 여러 가지 중요한 변화들을 경험하고 있음을 알게 되었다.

대부분의 사람들은 소소한 변화 change 에는 그다지 큰 어려움을 당하지 않는다. 하지만 전환 transition 이라는 중요한 순간을 지날 때에는 쉽지 않음을 경험한다.

예를 들면, 어떤 사람이 "나는 이 직업을 더 이상 원하는지 아닌지 확신이 서질 않는다. 이젠 좀 지겹기도 하고 뭔가 다른 새로운 것을 하고 싶다는 생각이 든다. 그런데 어려운 점은 내가 무엇을 하기를 원하는 것인지 알지 못한다는 데 있다"라고 말한다면 이 이야기는 종료와 혼란 상태의 시작이라는 요소들을 포함하고 있는 것이다.

나는 교회생활을 이젠 좀 쉬려고 하는 부부들과 함께 앉아 있었다. 그들의 삶의 문제들을 알아가면서 나는 그들 부부가 내적인 변화의 단계에 들어갔음을 발견했다. 그들은 직장과 교회에서 발생하고 있는 많은 일들로 인해 변화와 상처를 동시에 받고 있었다.

남편은 회사의 조직을 재정비하기 위한 몇 가지 제안을 내놓았는데 지금 자신이 내놓은 변화가 회사에서 이루어지고 있는 중이라고 말했다. 또한 그가 섬기는 교회에도 몇 가지 중요한 변화들을 제시했지만 그다지 큰 효과는 없다고 한다. 사실 그의 제안들은 익명의 많은 교인들을 충동질한 몇몇 사람들에 의해서 묵살된 것이었다. 이 사건은 그로 하여금 감정을 다스릴 수 있는 한계를 넘어서게 했으며, 그 결과 그는 감정적으로 물러나게 했다.

그는 소위 말하는 "방치된 시간" desert time 어떤 이미지들과 그에 대한 이해들을 그대로 내버려두는 시간의 단계로 들어가고 있었다. 방치된 시간은 내적인 신뢰체계를 상당 부분 상실할 수 있는 시간이기도 하다.

그의 이야기들은 감정적으로 매우 격하게 소용돌이치고 있었으며 심지어는 그의 삶 자체가 변화되고 있었다. 그는 개인적으로 전환의 시기에 놓여 있었기 때문에 그의 이야기들은 자꾸 움직이는 모래알과 같은 삶의 주제들로 꽉 차 있었다. 다른 말로 말하면, 그는 모든 것을 그저 흘러가는 대로 내버려두고 혼란에 빠져있는 황무지를 향하여 가고 있는 셈이다.

이러한 전환의 이야기를 타인으로부터 들을 때 듣는 이의 역할은 그 사람이 그 사막에 머무를 수 있도록 필요한 지지를 제공하는 것이다. 왜냐하면 그러한 단계를 지나면서 그 사람은 자신에게 필요한 무언가를 발견할 수 있다는 희망이 있기 때문이다.

어쩌면 이 시간은 잠시동안 우리의 삶을 물기라고는 거의 찾을 수 없는 메마른 부두에다 정착시킨 것과 같은 느낌을 갖게 할 수도 있다. 하지만 그럼에도 불구하고, 방치된 시간들은 우리가 스스로 새로운 비전을 찾는 시간이기도 하다.

지금까지 우리는 이야기를 말하는 사람에 대해서 알아보았다. 대부분의 사람들은 이야기를 말하며 살아가기 때문에 이러한 주제에 대해서 배울 때 보편적인 관심을 보이기 마련이다.

그런데 이러한 기술들을 배우는데 어려움을 주는 것은 말하는 사람의 입장이 아니라 듣는 이 입장에서 어떻게 상대방의 다양한 이야기 유형에 대처하느냐 하는데 있다. 여기서 가장 큰 어려움은 사람들이 자기의 이야기를 말하는 동안에 듣는 사람들은 자신들이 인식한 가정들과 정보들을 가지고 말하는 이에게 어떻게 대처할 것인가 하는 것이다.

이야기의 유형들의 요약

우리가 다른 사람들의 이야기를 들을 때 자주 들을 수 있는 다섯가지 유형들로 다음과 같은 것들이 있다.

1. 재투자 이야기: 옮겨진 헌신과 충성에 관한 이야기
2. 암시를 나타내는 이야기: 지금 나의 삶 속에 무엇이 일어나고 있는가를 알리기 위해서 과거에 일어났었던 사건들을 암시적으로 말하는 것.
3. "나는 이러이러한 누군가를 안다"라는 유형의 투사 이야기: 말하는 이가 자신의 내적상태를 누군가 다른 사람이나 사물에 투사하며 표현한다.
4. 기념일적인 이야기: 사건이 발생한 년도 등 시간이 나타나는 일종의 리허설 이야기. 과거 사건에 대해서 아직 완전히 끝나지 않은 아픔이나

즐거움 등을 다루기 위해서 사용된다.

5. **전환 이야기**: 종결, 혼란, 그리고 새로운 시작의 주제들을 내포한다.

대안적 이야기의 특성

　대안적 이야기는 우리가 상대방의 이야기를 들을 때 우리 마음에 떠오르는 그와 관련된 다른 이야기를 말한다. 우리는 무의식적으로 타인의 이야기의 의제들을 모은 후, 그 이야기들의 배경을 들은 다음 의제와 유사한 이야기를 발견하면 바로 나 나름대로의 대안적 이야기를 말하곤 한다. 예를 들면, "아, 맞아! 나는 네가 말한 것과 유사한 것을 알고 있어. 사실 만일 네가 어린아이였을 때 뭔가 나쁜 일이 있었다면, 너는 나에게 일어났었던 일을 들어야만 해!"라고 말하는 것이다.

　우리 자신의 이야기, 그 자체가 그리 부정적인 내용이 아니더라도 다른 사람의 깊은 아픔의 이야기를 다루고자 할 때는 우리 자신의 이야기는 말하지 않는 것이 바람직하다. 왜냐하면 내 이야기를 너무 자주 말하면 상대방은 자신의 이야기를 더 이상 우리와 나누려고 하지 않기 때문이다.

　하나님께서 우리에게 주신 가장 큰 선물 중의 하나가 바로 대안적 이야기이다. 하지만 이 선물이 상대방의 이야기를 들을 때는 우리에게 최악의 독이 될 수 있다. 만일 우리가 이 선물을 적절하게 사용한다면 우리가 아닌 이야기를 말하는 이의 유익을 위하여 효과적으로 사용할 수 있음을 깊이 인식할 필요가 있다.

　한편, 상대방의 말을 들을 때 대안적 이야기가 우리의 의식 속에서 떠오르려고 할 때 비록 그것이 단지 매우 불명확 할지라도 그러한 감정들을 포함해서 우리의 의식 속에서 발생하는 것이 무엇인지를 분명하게 인식하는 것은 우리 자신을 위해서 필요하다.

만일 우리 자신의 이야기 속에서 상대방의 이야기와 유사한 경험들을 분명히 인식할 수 있다면 우리는 말하는 이에게 발생하는 것들을 더 잘 이해할 수 있는 더 나은 기회를 갖게 될 것이다. 즉, 누군가 우리에게 과거의 일들을 회상하는 레벨의 리허설 이야기를 말하면 그것은 우리의 삶속에서 상대방과 똑같은 시기에 벌어졌던 일들을 회상할 수 있는 좋은 기회인 셈이다. 상대방이 자신의 이야기 속으로 더 깊이 들어가면 갈수록 우리에게 떠오르는 대안적 이야기는 우리가 경험했던 다양한 기억들을 의식적으로 떠올릴 수 있도록 자극하게 한다.

여기서 한 가지 중요한 점이 있다. 그것은 우리는 아마도 우리의 대안적 이야기를 되살리기 원하지 않을지도 모른다는 것이다. 그래서 삶 속에서 경험했던 더 깊은 아픔들로부터 자신을 보호하기 위해서 말하는 사람이 아닌 듣는 이가 오히려 화제를 바꾸려고 시도하는 것이다. 이러한 경험들을 독자들도 종종 했을 것이다.

어떤 사람이 "나는 이러이러한 사람을 알고 있다" 유형의 이야기를 하려고 한다고 가정해 보자. 그러한 이야기가 우리의 감정을 매우 상하게 해서 그와 대화를 나누는 것이 약간은 불편하다. 그렇다면 먼저 그러한 감정을 속이지 말고 그대로 유지하면서 그러한 감정들이 연상시키는 어떤 그림이나 단어들이 의식 속에 떠오르도록 허용하라. 그러면 더 구체적으로 과거에 경험했던 어떤 사건이나 일들이 구체적으로 드러날 것이다. 드러난 사건이나 일들을 통해서 우리 스스로가 경험했던 이야기들과 내 앞에서 말하고 있는 사람의 이야기 내용 사이의 유사점을 발견할 수 있는 것이다.

또한, 타인들의 이야기를 들을 때 우리는 이상하리만큼 어떤 사람의 이야기들은 듣기가 매우 힘들다는 것을 느끼게 되는 때가 있다. 그런 현상을 일으키는 중요한 원인 중 하나는 우리가 자신의 아픔을 이해하는 것만큼 다른 사람의 아픔 속으로 들어갈 수 있기 때문이다. 우리들 대다수는 자신의 강한 감정들과 대면하는데 보통 불편함을 느낀다. 그러기 때문에 자신의 아픈 감정들을 회피할 뿐더러 다른 사람의 그것과도 부딪히기를 꺼려한다. 감정이 대화의 주요소가 되지 않기 위해 일반적으로 우리는 이성적이거나 논리적인 사람을 만나기를 원한다.

그러나 하나님께서 우리를 창조하실 때 사람들 모두가 감정을 지니도록 창조하셨다. 물론, 다른 사람의 감정에 과민반응을 하지 않은 채 우리 자신에게 유익이 되도록 감정을 사용하는 것이 그리 쉬운 일은 아닐 것이다. 좀 이상하게 들릴지 모르지만 상대방의 말을 들을때 애써 잊고 있었던 자신의 이야기가 떠오른다면 말하는 사람은 실제로 우리의 치료사가 되는 셈이다.

즉, 이 사람은 우리에게 아직도 진행중인 우리 자신의 이야기를 의식할 수 있도록 동기부여를 제공해주고 있는 것이다. 우리가 타인의 이야기를 들을 때 우리는 말하는 상대방을 도울 뿐만 아니라 동시에 말하는 이는 듣는 이인 당신을 돕고 있다고 말할 수 있다. 이 얼마나 다이내믹한 대화의 모습인가!

대안적 이야기는 교회나 직장에서 다른 사람들을 방문해서 도움을 주고자 하는 사람들에게 극복해야 할 어려움이 될 수 있다. 현대를 살아가는 사람들은 다양한 유형의 개인적인 아픔들을 안고 있기 때문에 아파하고 있는 사람들을 방문해서 그들의 고통스러운 이야기들을 듣기 원하지 않는 경향이 있다. 왜냐하면 그들의 아픔이 바로 나 자신의 아픔을 떠올리게 하기 때문이다.

전도하는데 가장 큰 장벽은 바로 이러한 내적 성찰을 꺼려하는 사람들의 경향이다. 비록 몇몇 사람들은 자기들의 신앙에 대해서 강요당하기를 원치 않는다고 말한다. 하지만 실상은 그들은 신앙을 통해서 드러낼 수 있는 대안적 이야기에 대해서 더 곤혹스러운 것이다.

복음의 중심이 되는 이야기 중 하나는 겟세마네 동산으로 들어가셨던 예수님에 대한 이야기이다. 언뜻 보기에는 그 장면에 그다지 많은 이야기가 들어 있는 것처럼 보이지 않는다. 하지만 사실은 매우 의미심장한 다양한 이야기들이 숨어 있으며 영적이고 육체적으로 건강한 생활을 위한 모델이 된다. 이 이야기에는 그리스도인이나 그 외 다른 사람들이 좀 더 깊이 있고 건설적인 삶을 살아갈 수 있도록 도움을 주는 유형의 전략들이 있다.

예수님께서는 제자들을 데리시고 겟세마네 동산으로 가셨다. 마태복음의 저자는 예수님께서 그와 함께 한 12명의 제자들 가운데 세 명을 데리시고 동산의 약간 더 멀찍한 곳으로 가셔서 그들에게 "깨어있어 기도하라!"고 말씀하셨다고 기록하고 있다. 그 때 예수님께서는 혼자셨고 땅에 무릎을 꿇고 기도하셨다 누가복음에서는 예수님의 땀방울이 핏방울처럼 되었다는 이야기를 추가하고 있다.

얼마 지난 후 예수님께서 세 명의 제자들에게 돌아오셨을 때에 그는 제자들이 자고 있는 것을 보았다. 예수님께서는 깨어 있으라고 권고하신 후 다시 그들을 떠나 혼자 기도하시던 곳으로 돌아가셨다. 예수님께서는 세 번 이 일을 반복하셨는데 그 때마다 발견할 수 있었던 것은 제자들의 자고 있는 광경이었다. 그 후 예수님께서는 로마 군사들에게 포박 당하시고 끌려가셨다.

이 메타 이야기 – 이야기 혹은 심층구조를 가진 이야기 – 는 주제의 반복에 의해서 해석된다. 마치 가수가 노래를 부를 때 각 소절의 가사를 부른 후 후렴을 반복하는 찬송가처럼 세 번 되풀이 된다. 이 반복되는 논제는 우리의 일상적인 삶속에서 경험하는 아픔에 대한 깊은 메시지를 담고 있다.

만일 우리가 새로운 삶 부활, 즉 구습을 벗어버리고 새로움으로 옷을 입는 삶의 능력을 안다면 우리는 새로운 삶으로 말미암아 발생하는 아픔으로 들어가 그것과 싸우며 그러한 고통이 우리를 이끄는 교사가 되도록 허용하는 것이 필요하다.

예수님께서는 분명히 십자가의 고통 속으로 들어가시기를 원하지 않으셨다. 그는 하나님께 자신이 "그 잔을 마시지 않을 수 있는지"를 물어보셨다. 대답은 "아니다, 마셔야 한다"였다.

따라서 십자가는 인간 역사 가운데 나타난 것들 가운데 가장 뛰어난 인간의 삶을 위한 모델인 것이다. 만일 형통하고 새로운 삶을 원한다면 우리는 우리의 삶속에서 경험하는 고통을 회피하지 말고 인정하며 들어가야 한다. 물론 고통을 신뢰하는 것은 항상 어려운 일이다. 항상 어려워 왔으며 앞으로도 늘 쉽지 않을 것이지만 "좁은 그 길이 생명의 길이며 매우 적은 사람들만이 그 길을 발견"하기에 우리는 자신의 십자가를 지고 그 길을 따라야만 한다.

갈등과 아픔을 삶속에서 받아들여야 한다는 이야기는 구약과 신약에 나오는 많은 이야기들이 보여주는 대표적인 삶의 모델이기도 하다. 우리가 자신의 아픔에 들어갈 때 우리는 천사와 밤새워 씨름하던 야곱과 같다는 것을 느낄 것이다. 그러한 고통스러운 사건이나 순간으로부터 벗어나게 되면 우리는 두 가지를 경험하게 된다. 하나는 치유받은 상처자요, 다른 하나는 전과 다른 새로운 이름 혹은 정체성을 가지게 된다.

남을 돌볼 줄 아는 듣는 이는 다른 사람의 이야기를 열심히 들을 뿐만이 아니라 자기 자신과도 화해할 줄 아는 사람이다. 자신의 이야기 중 알지 못했던 무언가를 발견함으로써 우리가 돌보는 사람들에게 훨씬 더 적절한 돌봄과 상담의 행위를 제공할 수 있게 될 것이다.

침묵의 기술

위에서 언급한 모든 기술들은 듣는 이가 말하는 이와 상호작용을 해야 하기 때문에 적극적인 경청기술이라고 부른다. 반면에, 침묵 역시 매우 중요한 기술이다. 때때로 그다지 많은 말을 하지 않더라도 단지 말하는 이와 함께 있어서 들어주는 것만으로도 매우 중요한 역할을 한다.

우리는 자기 이야기를 너무도 말하고 싶어하기 때문에 침묵을 지키기가 어렵다는 것을 알고 있다. 그러나 사람들이 특별한 이야기를 말하고자 한다면 그렇게 하도록 내버려 두어라. 상대방의 이야기가 끝난 후에도 우리는 그들과 더 적극적으로 대화를 나눌 수 있다.

이 말은 우리가 상대방이 말하는 내내 침묵을 지켜야 한다는 것을 말하는 것이 아니다. 오히려 침묵을 창조적으로 사용할 수 있어야 한다는 것이 내 말의 요점이다. 언제 적극적으로 반응을 해야 하고 언제 침묵해야 하는지에 대한 판단은 많은 훈련과 말하는 이의 반응을 살핌으로써 이루어진다. 우리가 상대방으로부터 받는 긍정적이나 부정적인 반응은 우리가 어떻게 하느냐에 달려있다는 것을 꼭 기억하기를 바란다.

이야기 점검하기

의제들과 메타 이야기들의 점검은 이야기듣기 기술 중의 하나이다. 이것은 우리가 듣고 있는 복잡한 구조를 가진 이야기들의 의미를 추측하는 과정이다. 그러나 먼저 우리는 말하는 이와의 관계를 신중하게 생각해야 한다. 이야기를 점검하는 것은 단지 상대방과 충분한 신뢰관계가 형성되었을 때 이루어져야 한다. 만일 우리가 상대방과 적절한 친밀감이 없이 이를 시도하면 사람들은 마치 우리의 행위를 자신들의 사생활을 침해하는 것으로 받아들이며 감정적으로 분노를 느껴 우리와 소원 疏遠 해지려 할 것이다. 우리가 일단 상대방과 돈독한 유대관계를 맺게 되면 당신의 행동들이 자신들을 배려하며 도움을 주려는 모습으로 느끼게 된다.

먼저 상대방과 돈독한 관계를 형성하지 않은 채 듣는 이가 타인의 이야기를 점검할 때 어떠한 일이 벌어지는지 예를 한 번 들어보자.

어느 사람이 경청기술 훈련을 무사히 마친 후 비행기를 타고 집으로 돌아가는 길이었다. 그의 좌석 옆에 앉은 사람이 자기의 이야기를 하기 시작했다. 그의 이야기가 거의 끝나갈 무렵에 그는 그 사람의 이야기를 점검했다. 그러자 갑자기 말하던 사람이 버튼을 누르며 승무원을 부르는 것이었다. 승무원이 다가오자 그 사람은 다른 자리로 바꿔달라고 요구했다. 그 이유인즉, 자기는 "정신병자"하고는 같이 앉을 수 없다는 것이었다. 충분한 신뢰가 형성되면 우리는 말하는 이에게 도움이 되기 위해서 이야기 점검을 하는 것이 적절하다고 생각되는 시점을 알 수 있을 것이다.

한편, 이야기 점검은 다음과 같이 세 가지 부분으로 이루어진다.

1. 말머리
2. 메타 이야기 의제나 은유를 말하고

3. 질문을 한다

말머리는 듣는 이가 단지 추측을 하는 가설적인 말로 이루어진다. 궁극적으로 모든 피드백은 듣는 이가 상대방이 말하는 것을 알고 있다 라고 하는 것을 가정한다. 내가 틀릴 수도 있다. 그렇다고 해서 그것이 부정적인 것만은 아니다. 말하는 이는 간단하게 내가 옳지 않다고 말할 수 있으며 나에게 다른 이야기들을 들려줄 수 있다.

말머리에 속하는 말들로서:

"내가 방금 들은 것에 대해서 확실하게는 모르지만"

"제가 뭐 좀 확인하고 싶은 게 있는데"

"제가 이것이 맞는지 궁금한데요"

"나에게 그것은 마치"

가설적인 말은 가능한 한 추론 부분을 "당신은"이라는 직접적으로 상대방을 지칭하는 말은 피하고 "나"를 주어로 시작하는 것이 좋다.

메타 이야기의 확인은 말머리 다음에 이루어진다. 만일 말하는 이가 비유들을 사용했으면 우리도 같은 비유나 은유를 사용하는 것이 좋다. 앞에서 이야기했었던 암으로 죽어가는 사람의 이야기를 다시 한 번 떠올려 보자.

그는 썩어져 가는 나무에 대한 이야기를 했다. 그러한 이야기를 들을 때 아마도 우리는 상대방이 사용한 메타 이야기를 다음과 같은 방법으로 점검할 수 있을 것이다.

"나는 당신이 자신을 지금 썩어져 가고 있는 나무와도 같다는 느낌을 마음속으로 느끼고 있는지 그리고 그러한 느낌이 당신을 두렵게 하는지 궁금한데 맞나요?"

또한 이야기 점검을 할 때에는 은유적인 표현을 사용하기보다 상대방이 자주 반복한 말이나 주제들을 사용하는 것이 좋다. 주제는 상대방이 반복해서 사용하는 의미심장한 단어나 절 등을 듣는 이가 포착함으로써 알 수 있다. 같은 주제가 여러 번 이야기 안에서 나오는 경우도 있다. 이러한 사건이나 주제들의 반복은 주로 나이 든 노인들에게서 발생한다. 반복되는 이야기는 몇 가지 중요한 이슈들을 해결하고자 시도하는 무의식적인 노력들을 나타내기 때문에 매우 중요하다.

이러한 반복되는 의제들을 듣는 방법 중 가장 쉬운 것은 몇 주에 걸쳐서 목사님의 설교를 듣는 것이다. 그가 말하는 설교를 신학적이건 세속적이건 따라감으로써 우리는 목사님의 개인적인 삶의 내부에서 발생하고 있는 것을 비교적 정확하게 추측할 수 있게 될 것이다.

얼마 전에 나는 교회 지도자 그룹들을 대상으로 소명과 돌봄사역 에 대한 예비 워크숍을 인도한 적이 있었다. 모임이 거의 끝나갈 즈음에 그 날 모인 목사님들 가운데 한 분이 약간은 도전적인 자세로 나에게 다가오더니 이야기 듣기가 특히, 목회자의 설교에 등장하는 주제들을 들음으로써 정말 이루어 질 수 있는지 묻는 것이었다.

나는 목사님에게 만일 3주 연속했던 설교문이나 설교 방송들을 보내줄 수 있는지 말했다. 나는 나의 이론을 시험하고자 했다.

내가 집으로 돌아온 지 몇 주가 지난 후, 그는 고난주일, 종려주일과 부활주일에 했던 설교문을 보내 주었다.

나는 처음 설교문 중에서 첫 번째 문장을 읽었다.

"내가 어린 아이였을 때 나는 길이 갈라지는 지점에 식품점이 있었던 한 작은 마을에서 살았습니다."

그 문장을 읽은 후, 나는 설교에서 그 후의 나머지 주제가 무엇이 될 것인가를 생각하며 메모했다.

"길가에서 갈라진 지점은 무언가 결정을 해야 할 시기를 의미한다. 식품점은 길가의 갈라진 지점에 앉아있는 설교가 자신과 동일시된다."

두 번째 설교에서, 그는 겟세마네 동산에서 자신의 삶 가운데 가장 힘든 결정을 내려야 할 운명에 처한 예수님에 대한 이야기를 했다. 이 부분에서 내가 노트한 것과 같은 의제들이 떠올랐다.

얼마 후 시간이 지난 다음 그 목사님을 다시 만나 대화를 나누는 가운데 그는 자기가 보낸 설교들을 작성할 당시의 사정에 대해서 나에게 들려주었다. 그는 당시 자신이 전에 내렸던 그 어느 것보다도 가장 어려운 결정을 내려야 할 때였다고 한다.

이야기를 경청하는 것은 이야기 안에 내재해 있는 은유들이나 이야기 주제의 패턴을 듣는 기술이다. 그런데 이 기술은 듣는 이가 상대방이 말한 가슴 아픈 사건이나 이야기들의 깊은 의미를 확인할 수 있도록 도와준다. 이야기는 인간의 무의식에 들어있는 진실을 담고 있는 그릇과도 같다.

나는 독자들이 미지의 이야기를 의식의 표면 위로 떠오르게 함으로써 그 고통을 보다 효과적으로 해결할 수 있도록 노력하는 것이 가능하다는 것을 알 수 있기를 바란다.

언어는 인간의 무의식을 나타내는 시스템이라는 말에 나는 동의한다. 만약에 훈련받은 듣는 이가 정확하게 이야기 듣기의 기술을 사용한다면 어려움을 야기시키는 여러 가지 역기능들을 발견할 수 있는 것이 가능하다.

그러나 이야기 듣기는 빨리 배울 수 있는 것이 아니다. 많은 시간의 훈련이 필요한데, 나는 독자들이 이야기를 경청하는 훈련을 두려워하지 말고 계속 시도하기를 강력하게 권고한다.

    인생이 바뀔 수 있다.

9장
양극단의 이야기 경청하기

　양극단의 이야기 경청하기를 이해하기 위해서 독자들은 내가 앞장에서 다루었던 이야기 경청하기에 관한 내용들을 반드시 먼저 읽어야 한다. 만일 그 부분을 읽지 않으면 이 장의 내용을 잘 이해할 수 없게 될 것이다. 양극단의 이야기 경청하기는 우리가 상대방의 이야기에서 발생하는 양극단, 즉 정반대되는 이야기들을 인식할 수 있도록 돕는다.

　나는 8장에서 우리가 자신의 이야기를 말할 수밖에 없는 상황을 적어도 한두 번 정도 경험한다는 것을 말한 바 있다. 본 장에서 나는 우리 삶에서 찾을 수 있는 양극단의 이야기에 대해서 논의하고자 한다.

　양극단의 이야기는 사람이 의식적인 상태에서 하는 의도적인 창작행위가 아니라 개인의 삶에서 자연스럽게 발생하는 일로서, 어느 정도 우리의 삶의 균형을 유지하려는 속성이 있다는 것을 나타내는 것이다. 본 장에서는 다음과 같은 사항들을 다룰 것이다.

　(1) 양극단의 이야기의 특성들
　(2) 삶의 균형의 본질

(3) 양극단의 이야기를 들은 후 해석하는 방법

(4) 양극단의 이야기에 바탕을 둔 인지와 이야기 점검을 하는 방법

양극단의 이야기의 특성들

성경에 나오는 다음의 인용구들은 양극단 이야기의 특성을 나타낸다. 가장 유명하고 분명한 예는 전도서 3:1-8에서 발견할 수 있다.

- 태어날 때 ─ 죽을 때
- 심을 때 ─ 뽑을 때
- 죽일 때 ─ 치료할 때
- 무너뜨릴 때 ─ 세울 때
- 울 때 ─ 웃을 때
- 통곡할 때 ─ 춤출 때
- 돌을 던질 때 ─ 돌을 거둘 때
- 안을 때 ─ 안는 일을 멀리할 때
- 찾을 때 ─ 잃을 때
- 지킬 때 ─ 버릴 때
- 찢을 때 ─ 꿰맬 때
- 잠잠할 때 ─ 말할 때
- 사랑할 때 ─ 미워할 때
- 전쟁할 때 ─ 평화로울 때

신약 성경에서도 우리는 또한 양극단의 이야기들을 볼 수 있는 구절들이 있다.

"누구든지 제 목숨을 **구원**하고자 하면 **잃을** 것이요 누구든지 나를 위하여 제 목숨을 잃으면 **찾으리라**" 마 16:25.

이 외에도 더 세밀한 관찰이 요구되는 구절이 있다.

"밤 사경에 예수께서 바다 위로 걸어서 제자들에게 오시니 제자들이 그 바다 위로 걸어오심을 보고 놀라 유령이라 하며 **무서워하여 소리지르거늘** 예수께서 즉시 일러 가라사대 안심하라 내니 **두려워 말라** 베드로가 대답하여 가로되 주여 만일 주시어든 나를 명하사 물 위로 오라 하소서 한대 오라 하시니 베드로가 배에서 내려 물 위로 걸어서 예수께로 가되 바람을 보고 무서워 **빠져 가는지라** 소리질러 가로되 주여 나를 **구원하소서** 하니 예수께서 즉시 손을 내밀어 저를 붙잡으시며 가라사대 **믿음** 이 적은 자여 왜 **의심** 하였느냐 하시고" 마 14:25-31.

양극단은 말하자면, 정반대를 의미한다. 반대의 말은 직접적인 병렬법을 사용하여 언급된다. 즉, "날 때가 있으면 죽을 때가 있다" 혹은 이야기의 전반적인 전개 속에서 양극단적인 주제가 두 번 혹은 그 이상 반복된다. 위의 예를 든 마태복음 14장에 나온 **믿음**과 **의심**이 이에 해당한다.

양극단의 이야기 경청하기의 기술을 배울 때 활자화 된 이야기로부터 시작하는 게 좋다. 그 이유는 이야기의 흐름과 진행의 속도를 좀 늦출 수 있고 씌여진 말의 특별한 형태를 볼 수 있기 때문이다. 전도서에 나온 문장들을 보면 말들이 어떤 패턴을 가지고 리듬감을 가지고 있음을 발견하게 된다. 이런 유형의 양극단 이야기가 인식하기에 가장 쉽다.

보통 일상적인 대화에서도 똑같은 특징 일정한 패턴이 있는 들이 사용된다. 우리는 아마도 병원에 누군가를 방문하러 가면 다음과 같은 대화를 들을 수 있을 것이다.

듣는 이 Listener : 안녕, 오늘 좀 어때요?
환자 Patient : 그다지 좋지 않네요. 어제가 오늘보다 더 좋았었는데.
L: 어떻게 다른데요?
P: 오늘 왠지 우울해지네요. 전에는 전혀 안 그랬거든요.
L: 당신을 슬프게 만든 것이 오늘 있었나요?
P: 내가 이 병원에 처음 왔을 때 우리 가족이 거의 매일같이 나를 보러 왔었는데, 지금은 더 이상 찾아오질 않아요.

만일 듣는 이가 양극단적 이야기를 의식한다면 아마도 위의 예에서 나타나 있는 양극단적인 사건간에 벌어져 있는 시간의 근접성에 대해서는 별반 주의를 기울이지 않을 수도 있다. 우리의 첫 번째 임무는 우리가 듣는 많은 이야기들 속에서 다양한 유형의 양극단의 이야기가 발생할 수 있기에, 일단 양극단적인 요소가 들어있는지 없는지를 아는 것이다. 양극단 이야기가 무엇을 의미하는지에 대해서는 이 9장의 뒷부분에서 논의하도록 하겠다.

이야기를 말하는 이가 자기들의 삶에 대한 무언가를 드러낼 때, 그 이야기 속에 숨어있는 양극단적인 요소들이 시간상으로 서로가 그리 가깝게 연결되지 않을 수도 있다. 그렇다고 하더라도 양극단의 요소들이 없다는 것을 나타내는 것은 아니다. 단지 그 두 개의 극단적인 요소들 사이의 차이점이 추상적이기 때문에 금방 알아채기가 어렵다는 것뿐이다. 여기서 주목할 필요가 있는 것은 며칠이라는 시간적인 간격을 두고 말해진 두 개의 반대적인 이야기들 속에서도 양극단적인 요소들이 충분히 발생할 수 있다는 것이다. 그러나 대개의 경우 상반된 요소들은 하나의 특정한 이야기나 연달아 이어지는 유사한 이야기 속에서 일어난다.

양극단의 이야기에 나타난 균형잡힌 삶의 본질

양극단의 이야기를 배우는 것은 경청자에게 자칫 상대방의 대화 속에서 놓치기 쉬운 아주 많은 양의 정보를 제공한다. 다른 사람과 이야기를 나눔으로써 심리적인 균형이나 혹은 마음의 평정 상태가 인간의 마음속에서 유지되는 것이다. 우리의 성격이 갖는 이러한 요소들은 매우 특별한 목적을 가지고 있다. 그것은 인간 개개인으로 하여금 마음의 평정을 유지할 수 있도록 돕는 것이다.

한편, 우리의 내면을 차지하는 요소들은 종종 본질상 정반대적인 특징이 있다. 예를 들면, 슬픈 요소가 있고 또 한편으로는 기쁜 요소가 있다. 우리는 또한 적극적인 공격성향을 좋아하는 반면에 어느 면에서는 게으른 면도 있는 것이다. 이러한 요소들 하나하나는 각기 목적이 있다. 공격적인 성향은 주로 아침에 발생하며 당신의 인생을 통제하고 싶어하는 사람들에 의해서 당신이 조종 당하지 않도록 반응하게끔 한다. 반면에, 나태한 성향은 당신이 너무 무리하지 않도록 쉽게 해준다.

그런데 만일 이러한 균형을 이루고자 하는 성향 중 어느 하나가 다른 사람에 의해서 무너질 때 역기능과 부적응과 같은 부작용이 발생할 수 있다. 만일 우리가 항상 과도하게 공격적인 성향을 보인다면 아마도 우리의 공격적인 행동 때문에 친구들을 잃어버리게 될 것이다.

또한 만약 우리가 너무 나태하면 가치있는 일들을 성취하지 못하게 될 것이다. 그러나 이 두 가지 성향을 잘 융합해서 그 두 가지 성향이 균형을 이루게 되면 우리는 하고자 하는 일을 잘 이룰 수가 있다.

그러므로 양극단적인 성향으로부터 균형을 잘 이루는 것은 유연성을 가지고 한 쪽 끝에서 다른 끝까지 자유롭게 움직일 수 있는 능력이라 할 수 있을 것이다. 너무 엄격하고 고집스러운 행동은 양극단 사이에서 발생하는 감정의 폭을 의지적으로 제어하기 위해서는 감정을 조절해야 하는데, 그러기 위해서 필요한 감정의 범위가 너무 좁기 때문에 발생하는 것이다.

중년의 고객과 상담하면서 나는 그녀가 자신의 삶속의 가슴 아픈 일들을 자주 피하고 있다는 것을 발견하게 되었다. 그런데 그녀는 그러한 아픔이 자신의 삶속에서 있었다는 것 자체를 인식하지 못한 것이 아니라, 그 아픔을 마치 자신의 삶을 위협하는 부정적인 존재로 다루고 있었다.

그녀와 몇 가지 이슈들에 대해서 이야기를 한 후 나는 그녀의 믿음체계가 그녀로 하여금 아픔을 만나게 되면 자신은 그 아픔에서 빠져나오지 못할 것이라는 믿음을 갖도록 했다는 것을 확실하게 알게 되었다. 그녀는 자기의 아픈 요소들이 어떤 목적이 있을 거라고 이해할 필요가 있었다. 우리가 당하는 아픔의 요소들이 우리 주위 사람들과의 대인관계에서 어려움이 있다는 것을 알리는 주위 경보시스템이기 때문이다.

아쉽게도 그녀는 자기의 양극단적인 느낌들에 대응하기 위해서 다른 방법을 사용하였다. 즉, 그녀는 만일 그러한 아픔들을 대면하게 되면 자신의 삶은 그리 안정적이지 못할 것이라고 생각한 것이다. 그녀는 삶의 극단적인 것들이 부정적인 면만 있는 것이 아니라, 자신의 삶의 바깥 경계선들 사이에서 융통성을 가질 수 있도록 돕는 역할을 한다는 것을 알지 못했다.

아마도 위에 언급한 것들이 잘 이해가 되지 않을지도 모른다. 독자들의 이해를 돕기 위해 시각적인 이미지를 가지고 예를 들어보려고 한다. 만일 그녀가 둥근 모양의 종이 위에다 자기의 삶에서 경험했던 모든 양극단적인 것들을 올려놓는다면 그녀는 자신의 인격의 외부적인 한계를 인식하게 될 것이다. 그녀는 이러한 경계선들 사이에서 살고 있는 것이며 그러한 경계선들은 그녀만의 세계의 벽 혹은 담들이 되고 있는 것이다.

나는 우리의 삶은 기쁨 혹은 슬픔 중 어느 한 가지로만 차 있는 것이 아닌 기쁨과 아픔이 함께 있는 것이라는 그녀가 이해할 수 있도록 돕고자 했다. 그녀는 기쁨과 아픔 두 개의 감정들이 친구와 아군이 될 수 있다는 것을 이해를 하면서 그 둘 사이에서 유연하게 움직일 수 있다는 것을 발견할 수 있는 충분한 능력이 있었다. 이것은 단지 기쁨은 좋은 것이고 아픔은 나쁜 것이라고 믿는 것을 의미하는 것이 아니라 두 가지가 다 생산적인 목적을 가지고 있음을 아는 것이다.

양극단을 둘러싼 그녀의 믿음체계는 대부분의 사람들이 전형적으로 가지고 있는 현상이기도 하다. 우리는 우리들이 경험하고 있는 양극단적인 면들을 세밀하게 탐구할 수 있는 기회를 그리 많이 가지고 있질 못하다. 양극단적인 면들은 우리의 삶에 대한 확신과 아울러 불확실성을 상징하는데 이러한 혼합된 반응 때문에 우리는 불안과 불신을 느끼는 것이다.

자연현상 속에 나타나는 양극단의 예를 한 번 생각해 보자.
- 춥다 – 덥다
- 밝다 – 어둡다
- 해가 뜨고 – 해가 짐
- 싹이 나고 – 싹이 짐
- 태양 – 달

구약성경은 우리에게 하나님께서는 아무것도 없는 텅 빈 공간 속에서 **지구**를 창조하셨으며 비를 **의인**과 **악인**에게 모두 내리신다고 말한다. 또한, 신약성경에서도 우리는 이러한 대조된 말들을 쉽게 찾아볼 수 있다. 예를 들면, **죽음**과 **부활**, **믿음**과 **의심**, 예수님께서 지옥까지 내려가셨다가 다시 하늘로 **오르셨다**. 이렇게 볼 때 하나님께서는 대조의 세계들을 만드신 것이다.

우리는 망원경을 통해서 우리가 거주하고 있는 지구와 은하계 속의 다른 많은 행성들을 볼 수 있다. 이러한 각 행성들은 그 모양이 나선형이건, 원형이건, 아니면 타원형이건 간에 끝 모서리를 가지고 있다. 비록 그들이 몇 백 광년의 거리에 걸쳐 있다 하더라도 그들은 여전히 별과 성운, 혜성과 준항성체 quasar, 그리고 블랙홀과 행성들 사이에 경계선을 가지고 있는 것이다.

마찬가지로 우리의 삶속에 존재하는 양극단적인 요소들이 우리의 삶 속에서 어떤 모양과 구조를 가지냐에 따라서 그 형태가 결정된다. 우리의 양극단적인 요소들이 좁고 경직되면 그들은 우리의 행동에 영향을 미쳐서 고집스럽고 편협한 태도와 관계를 낳는다.

이러한 태도들은 특히 우리가 양극단적인 요소들 중 다른 쪽은 탐색하지도 않은 채 다른 한 극단에 머물러 있어야 한다고 믿을 때 그 결과는 훨씬 나쁠 수 있다. 그러한 태도는 "A 아니면 B"적인 사고방식인 셈이다.

요크 휄로우 연구소의 엘튼 드루블루드의 80번째 생일이 다가왔을 때 나는 아주 오랫동안 많은 열매를 보여준 그에게 그리스도인으로서 살아온 삶의 여정 속에서 배운 것을 한 단어로 가장 잘 나타낸다면 무엇인지 알려 달라고 했다. 그는 입에 잔뜩 힘을 주면서 "그리고" and 라는 단어를 말하는 것이었다.

나는 "그리고라구요?"라고 다시 물었다.

그는 이렇게 대답했다.

"그럼, '그리고'지! 삶은 '그리고'라구. 좋음과 나쁨, 삶과 죽음, 하나님과의 친밀한 교제 그리고 때로는 멀어짐. 삶은 바로 '그리고'라고 말할 수 있지. 그리스도인이 반드시 해야 할 사명은 바로 '그리고'를 기억하며 삶의 서로 다른 상반성 속에서 사는 것이라네. 자네가 이러한 삶의 '그리고' 안에서 사는 법을 배우게 될 때 비로소 살아가는 지혜를 얻게 되는 것일세."

감정적인 균형은 우리들 각자가 물 안에 있는 통나무 위를 어떻게 걸어야 하는지를 배움으로써 얻는 삶의 교훈이다. 너무 한 쪽으로만 걸으면, 물에 빠져 온 몸이 물에 적셔질 것이다.

예수님은 말씀하셨다.

"모든 것을 절제하는 가운데 행하라."

양극단성 해석하기

이제부터는 우리가 양극단 이야기를 들은 후에 어떻게 반응해야 하는지에 대해 이야기하려고 한다. 양극단 이야기의 이해와 적절한 해석을 위한 열쇠는 위에서 묘사한 양극단 언어를 이야기 속에서 잘 파악하는데 있다. 듣는 이는 양극단성의 내용이 있는지 그리고 그것이 반복되는 패턴을 가지는지 유심히 관찰해야 한다.

다음에 나오는 이야기는 반복되는 양극단 이야기의 패턴을 가진다. 당신이 그러한 요소들을 발견할 수 있는지, 그리고 이 사람이 가지고 있는 내적인 갈등에 관해서 추측해보기를 바란다.

어렸을 때 나는 과연 무슨 재주가 있으며 무엇을 잘 하는지 정말 알고 싶었다. 나는 제대로 잘 하는 것이 아무것도 없는 것 같았다. 어떤 아이들은 글을 잘 쓰지만 나는 그렇지 못했다. 또 다른 아이들은 다른 사람들과 잘 어울리는 아주 좋은 인간관계 기술을 가졌지만 나는 나를 파티에 초청해 주는 사람이 거의 없었다. 나는 항상 그룹의 외곽지대에 속해 있었고 다른 아이들은 관심의 대상이 되는 능력이 있었다.

고민하고 갈등하던 중, 나는 내가 노래를 잘 할 수 있다는 것을 발견했다. 그것을 학교 음악시간을 통해 반복적으로 확인할 수 있었으며 교회에서도 그랬다. 성가대에서 노래를 불러줄 수 있겠느냐고 요청을 받기도 했으며 솔로로 노래할 수 있는 기회도 있었다.

한편, 십대가 되자 나는 내 자신이 운동을 잘 했으면 하고 바란다는 것을 알았으며, 학교 스포츠 클럽 중 세 군데에서 가입 허가서를 받기도 했다. 또한 다른 많은 그룹들로부터 노래를 불러달라는 요청을 받았다. 고등학교 졸업반이었을 때 우리 학교를 대표해서 주에서 열렸던 릴레이 결승전에서 뛸 선수가 될 수 있는 영광을 얻었으며, 학교 음악지휘자 선생님으로부터 주 대표 합창단에 우리 학교의 대표가 되어달라는 부탁도 받게 되었다.

나는 육상부 계주코치를 찾아가서 주 대표 합창단에 가야겠다고 말했던 것을 지금도 기억한다. 중요한 두 가지 행사가 하필이면 같은 날 있었기에 나는 어디에 참가할 지를 결정해야만 했다. 코치 선생님은 나에게 매우 화를 내며 노래는 여자아이들이나 하는 것이라면서 노래를 깔보았다. 내가 음악을 선택했던 이유 중 하나는 계주코치 선생님은 종종 내가 잘 하지 못하면 창피를 주곤 했었다. 반면에, 지휘자 선생님은 보다 부드럽고 예의있게 나를 대해 주셨다.

나는 지금 어른이 되었는데 그 때의 결정에 대해서 전혀 후회하지 않는다. 지금의 내가 될 수 있도록 도와주었던 것은 바로 음악이었다. 음악은 나에게 내적인 강함과 긍정적인 자아상을 심어주었다.

이 이야기를 읽은 후, 독자들은 분명 많은 양극단적인 요소들을 적을 수 있을 것이다. 만일 연필이나 형광펜을 가지고 있다면 이야기로 다시 돌아가서 양극단적인 요소들에 밑줄을 그어보아라. 각각의 요소들에다 번호를 매겨라. 그것들 중에 어떤 것은 시간적으로 매우 가깝고 다른 것은 비교적 멀리 떨어진 일이라는 것을 주목하게 될 것이다. 여기 내가 찾아낸 것들이 있는데, 당신이 찾아낸 것들과 비교해 보기를 바란다.

양극단적 요소들을 식별하기

1. 어린 아이 ─────────── 어른
2. 재주가 없음 ─────────── 재주를 발견함
3. 글을 잘 쓴다 ─────────── 잘 쓰지 못한다
4. 좋은 인간관계 기술이 있다 ─────────── 기술이 없다
5. 노래 ─────────── 운동
6. 주 계주경기 ─────────── 주 대표 합창단
7. 학교 ─────────── 교회
8. 불친절함 ─────────── 친절함
9. 부정적 자아상 ─────────── 긍정적 자아상

양극단적 요소들을 해석하기

위에 나열한 양극단적 요소들에서 몇 가지 의제들이 떠오른다.

하나는, 개인적인 정체성에 대한 양극단적 감정이다. 자기 자아에 대

한 좋은 감정과 나쁜 감정. 이러한 아홉가지 요소들을 통해서 독자들은 이제 이 책 전반부에서 배웠던 인지점검을 사용할 수 있을 것이다 3장 인지점검 참조.

아마 인지점검을 실행하기 위해서 필요한 네 가지 요소들을 기억할 것이다. 말머리 가설적인 말, 느낌을 나타내는 단어 감정을 식별한다, 상황, 그리고 질문 상대방으로 하여금 당신의 추측에 반응하게 하기 위해서.

스스로 양극단 요소의 리스트를 작성하거나 나의 리스트를 볼때 이런 질문을 자신에게 던져보라.

"말하는 이가 자신의 이야기를 말할 때 그 사람이 어떤 감정을 경험하고 있을까?"

말하는 이가 위에서 말한 모든 양극단적 요소들을 동시에 경험하고 있다고 상상해 보라.

"의식적이든 무의식적인 레벨이든지 어떤 종류의 느낌을 그가 가지고 있을까?"

내가 적은 다음의 감정리스트를 읽기 전에 한 번 독자들이 스스로 추측해 보고 이 페이지의 모퉁이에다 적어보라. 인지점검을 할 때 우리는 보통 단지 하나의 감정만을 말할 수도 있을 것이다. 하지만 만일 우리가 노력만 한다면 두 개 이상도 발견할 수 있을 것이다. 이제 위에서 말한 양극단 이야기에 대한 몇 가지 감정적인 반응들을 말해보도록 하자.

몇 가지 감정들
- 적절함
- 부적절함
- 외로움
- 깔봄
- 화가 남
- 만족스러움

• 기쁨　　　　　• 받아들임

독자들은 이러한 감정들 속에서도 적절함/부적절함, 화가 남/기쁨, 받아들임/외로움과 같은 양극단적 요소들이 있음을 알 수 있을 것이다. 이러한 감정들을 발견한 후에 인지점검을 하나의 완전한 문장으로 나타내면 다음과 같을 것이다.

"나는 당신이 십대 시절에 성취했던 모든 것들에 대해 매우 기쁜지 아닌지 궁금합니다. 제 말이 맞나요?"

또는 인지점검에 양극단의 두 요소들이 다 포함될 수도 있을 것이다.

"나는 당신이 당신을 깔보았던 계주코치에게서는 화가 났으며 동시에 주를 대표하는 합창단의 일원이 되는 것에 대해 기뻤다고 생각됩니다. 그 당시에 당신에게 있었던 일들에 대해서 상반된 혹은 혼합된 느낌들이 있었나요?"

양극단의 요소들을 사용한 이야기 점검

독자들은 아마도 상대방이 말한 이야기는 단지 과거에 발생했었던 사건들에 대한 것이 아님을 이야기 경청하기 장에서 배웠던 것을 기억할 것이다. 그러한 "아주 오래 전에 먼 곳에서" 있었던 이야기들의 의제들은 사실, 현재 그의 마음속에서 벌어지고 있는 것들에 대해서 듣는 이에게 말하고 있는 경우가 훨씬 더 많다.

양극단 이야기 속에는 그 이야기를 말하는 이가 자신의 메시지 안에 숨어있는 보다 깊은 의미를 확인할 수 있도록 돕기 위하여 점검할 수 있는 반복되는 의제들이 있기 마련이다. 좀 전에 나왔던 다음의 양극단 요소들을 다시 한 번 살펴보자.

1. 어린 아이 ──────────── 어른
2. 재주가 없음 ──────────── 재주를 발견함
3. 다른 아이들은 글을 잘 쓴다 ──────── 자기는 잘 쓰지 못한다
4. 좋은 인간관계 기술이 있다 ──────── 인간관계 기술이 없다
5. 노래 ──────────── 운동
6. 주 계주경기 ──────────── 주 대표 합창단
7. 학교 ──────────── 교회
8. 육상코치의 불친절함 ──────── 음악 선생님의 친절함
9. 낮은 자아상 ──────────── 긍정적인 자아상

메시지 안에 숨어있는 보다 깊은 이야기를 분명하게 하기 위해서 나는 위에서 살펴본 것 중에서 (5)번 항목인 노래/운동과 관련된 항목들에 대해서 좀 더 언급하고자 한다. 만일 우리가 주제에 따라서 몇 가지 양극단 이야기로 그룹화하면 말하는 이가 의도하는 몇 가지 깊은 이슈들을 식별할 수 있다.

이야기 주제: 어려운 결정들을 하기

5. 노래 ──────────── 운동
6. 주 계주경기 ──────────── 주 대표 합창단
7. 학교 ──────────── 교회

8. 육상코치의 불친절함   음악 선생님의 친절함

위에서 언급한 각각의 양극단적 요소들은 듣는 이에게 말하는 이가 어려운 선택을 해야 했을 때 어떤 정보를 알려주는 특징들을 지닌다. 그러한 특징들 가운데 계속적으로 반복되는 의제들이 들어있기 때문에 듣는 이는 그 당시에 어떤 의제들이 말하는 이에게 중요한 의미를 갖는지 추측할 수 있게 해 준다. 위의 양극단적 요소들에 대한 이야기 점검은 다음과 같이 이루어질 수 있을 것이다.

"당신이 말한 것으로부터 내가 받은 인상은 당신은 그 당시에 당신의 삶에서 매우 어려운 선택을 결정해야만 하는 기로에 서 있었던 것 같은데 제 말이 맞나요?" 낮은 자아상을 극복하려는 모습으로 이해할 수 있나요?

위의 이야기에서 주목할 수 있는 다른 의제는 자기 자신의 정체성에 대한 개인적인 갈등을 상징하는 양극단적 요소들이다. 자기는 할 수 없는 것을 다른 아이들은 할 수 있다고 그는 자꾸 반복해서 되풀이한다. 그의 이야기에서 떠오르는 이슈들은 사실 당시의 우발적인 것이 아니다. 자기가 할 수 있는 것과 없는 것에 대한 그의 내적 갈등은 최근까지도 겪고 있는 어려움의 일부분이다. 아래의 양극단적 요소들은 이 점을 잘 보여준다.

2. 재주가 없음 ·················· 재주를 발견함
3. 다른 아이들은 글을 잘 쓴다 ·················· 자기는 잘 쓰지 못한다
4. 좋은 인간관계 기술이 있다 ·················· 인간관계 기술이 없다
8. 육상코치의 불친절함 ·················· 음악 선생님의 친절함
9. 낮은 자아상 ·················· 긍정적인 자아상

위의 메타 의미 숨은 의미 들에서 엿볼 수 있는 내용 점검은 다음과 같을 것이다. "당신은 나에게 당신의 삶속에서 비록 그 순간에는 잘 하지 못했었는데 나중에는 잘 할 수 있게 된 때가 있었다는 것을 말했다. 나는 혹시 당신이 현재 능숙하게 다루지 못하는 무언가가 발생하고 있는지 아닌지 궁금하다. 뭔가 그런 일들이 벌어지고 있나요?"

양극단적 이야기를 점검하는데 반드시 한 가지 방법만이 있는 것은 아니다. 하지만 더 개괄적이거나 보편적인 방법으로 하는 것이 중요하다. 다른 말로 말하면 말하는 이에게 주는 피드백은 특정하고 너무 구체적인 추론보다는 약간은 두리뭉실하게 할 필요가 있다는 말이다. 그렇게 함으로써 말하는 이가 비록 무의식적인 차원에서라도 의제를 찾을 수 있도록 격려하는 것이다.

그 후에 말하는 이는 양극단적인 차원에서 자신들의 이야기 속에 함축되어있는 의미들을 인식할 수 있게 되며, 그러한 통찰력을 거친 후 자신들이 무엇을 하기를 원하는지 생각할 수 있게 된다. 말하는 이들은 아마도 무엇이 자신의 삶속에서 벌어지고 있는지에 대해서 좀 더 이야기하고 싶으며, 더 나아가 자신들의 자아상에 관해서 탐구하기를 원하고 있는지도 모른다. 그들은 또한 자신의 내면의 세계로 들어가서 자아상에 대해서 갈등을 느꼈던 시간을 탐구하기를 원하고 있는지도 모른다. 이런 의미에서, 듣는 이의 역할은 말하는 이들이 자신의 행복을 위하여 안목을 키울 수 있도록 돕는데 있다고 할 수 있다.

위에서 언급한 실례는 우리가 양극단 이야기의 본질을 이해하고 말하는 이의 인식과 이야기를 점검하는데 도움을 준다. 나는 양극단적 이야기들을 통하여 우리 자신을 들여다보며 이 기술을 배우기 위해서우리 각 자에게 무엇이 필요한지 알 수 있기를 바란다.

갈등 유발자로서의 양극단적 요소

우리들 각자는 서로가 잘 협력하거나 혹은 갈등을 일으키는 요소들을 우리의 성격 안에 다 가지고 있기 마련이다. 이러한 요소들이 바로 우리가 가지고 있는 양극단성을 이룬다. 예를 들면, 내 안에는 다양한 양극단성을 만들어내는 많은 요소들이 있다.

나는 큰 회의나 트레이닝 모임을 인도하는 전문적인 경영관리자적인 요소가 있다. 반면에 나는 또한 무언가 남을 화나게 만들었을 때 도망가서 숨고 싶은 두려움에 떠는 작은 아이 같은 부분들도 있다. 또한 나는 부드럽고 자상해서 남을 사랑하고 싶을 때가 있으며 또한 비판적이고 남을 억누르려고 하는 분노를 내는 요소들도 있다.

우리 가족 안에서 내가 가지고 있는 아버지로서의 요소는 아이들을 사랑하는 것을 통해서 나타나는 한편, 나 개인적인 요소들은 단지 나 자신을 돌보고 싶다는 생각으로 드러난다. 또한 남편으로서는 아내와 나 사이에 존재하는 모든 문제들을 해결하기를 원하는가 하면, 내 마음의 다른 부분을 차지하고 있는 독신으로서의 요소들은 이러한 갈등들을 회피해서 나 홀로 있고 싶다는 갈망이 있기도 하다.

종이나 혹은 이 책의 어떤 여백에다가 한 번 자신이 가진 속성 중 몇 가지 부분들에 대해서 적어보라 나는 여기서 "부분"을 은유적으로 사용하고 있다. 즉, 우리 마음안에 자리잡은 무의식의 세계가 마치 움직이는 부품들로 이루어진 기계나 몇 개의 객실을 가진 컨테이너와 같이 분명히 나눌 수 있는 부분으로 아루어져 있다는 것을 뜻하는 것은 아니다.

독자들이 리스트를 작성하면서 떠오르기 시작하는 양극단적인 요소들을 인식하기를 바란다. 우리 자신의 이야기에서 정반대의 양극단적인 요소가 있음을 알 수 있는 근거는 바로 그 이야기 속에 들어있는 각각의 요소들이 각기 다른 메시지를 보내기 때문이다. 다른 말로 말하자면, 각 요소들은 서로 완전히 정반대의 목적들을 가지고 있는 것이다.

독자들은 아마도 나처럼 마음의 애정부분과 분노부분이 서로 잘 융합하는데 어려움이 있을 수 있다는 것을 경험한 적이 있을 것이다. 그래서 우리는 내 안에 존재하는 서로 다른 이 두 개의 요소들을 잘 다루어서 그것들이 각각 무엇을 의미하는지에 대해서 알고 싶어한다.

이런 의미에서 볼 때 건강한 감정은 서로 다른 각 부분들이 서로 원활한 커뮤니케이션을 할 때 얻어질 수 있다. 따라서 한 사람이 자신의 내부에 존재하는 자아에게 이야기할 수 있다는 것은 그의 마음이 균형이나 평정의 상태를 유지하고 있음을 의미한다.

종종 우리의 자아가 자기의 내부에서 자신과 싸우고 있는 상태를 경험하게 되는데 이 순간을 우리는 내적 갈등이라고 부른다. 이러한 내적인 불협화음을 줄이기 위해서 우리 내부를 이루고 있는 각각의 부분들은 서로 다른 부분들에게 의존할 수밖에 없는, 즉 서로가 서로를 도와주어야 하는 존재라고 하는 것을 발견할 필요가 있다.

나는 지금 텍사스의 샌 안토니오에서 랩탑 컴퓨터를 사용하여 이 장을 쓰고 있는 중이다. 지난 주 하루만 집에 있었는데 일정상 오늘 이후부터 5일간 집으로 돌아갈 수 없는 스케줄이다. 그런 후 집으로 돌아가서 또 하루만 머물고 다시 캐나다 토론토에서 있을 트레이닝 모임을 위해 다시 떠나야만 한다. 이렇게 오랜 시간 여행을 해야만 하는 스케줄은 재미있고 보람도 있고 또 한편 호젓한 분위기도 있다.

사실 나의 내부에는 온갖 종류의 경력을 가진 사람들과 일하는 것을 매우 즐기는 부분이 있다. 그러나 나의 다른 한 부분에는 그러한 나의 모습과 갈등하는, 즉 자주 여행하는 것을 원하지 않는 내적인 요소가 있다. 나의 "집안에 있고자" 하는 부분은 "멀어지고자" 하는 부분들을 계속적으로 점검하며 통제하려는 기능을 함으로써 내가 아내로부터 필요 이상으로 멀어지지 않도록 하는 역할을 한다.

반면에, 아내와 함께 기차를 타고 여행을 하면 집에 있고자 하는 욕구가 그리 활발하게 일어나지는 않는다. 왜냐하면 내 안에 여행을 통하여 호젓한 기분을 맛보고 싶다는 욕구가 충족되며 보다 긴 시간 동안 여행하는 것에 대해서 만족하기 때문이다. 위의 현상들은 내 안의 여러 가지 다른 부분들이 내가 균형을 유지할 수 있도록 작용하고 있다는 것을 뜻한다.

그런데 때때로 내가 트레이닝 강습으로부터 받는 피드백에 의해 보상받는 나의 "자아" ego 부분은 나의 다른 부분들에 앞서서 생각을 지배하기 시작하며 균형을 상실하게끔 하는 경우가 있다. 이런 경우가 발생하면 다른 부분들이 작용해서 상황을 올바로 이끌어 가려고 한다. 내 안에 있는 죄 의식의 요소들이 "너는 너무 많이 나갔어. 네 생각을 뒷받침할 수 있어야 돼"라고 말한다.

나의 미래 지향적인 요소들은 이렇게 말한다.

"너는 스케줄을 잘 잡지 못했으며 사무실과 집에 있어야 하는 시간을 잘 계획해야 할 필요가 있다."

마치 이러한 요소들이 내 안에 있는 다른 요소들과 의견의 일치를 보기 위해서 집단행동을 하는 듯이 보이는데, 그 결과 나의 스케줄은 평형상태를 유지하게 된다. 반면에, 나의 다른 요소들은 밸런스를 잃게 되는 방향으로 작용하기도 한다. 위에서 묘사한 나의 양극단성의 각 부분들은 사실 훨씬 더 심각한 양극단성을 상징하며 그들의 복잡한 관계는 이 책의 일부 다른 장에서 말한 것과 같다.

다음에 나오는 10장에서 나는 우리들의 행동의 토대 혹은 기반으로서 작용하는 깊은 내적인 믿음체계들에 대해서 이야기할 것이다. 이러한 지극히 개인적인 내부 안내 시스템은 종종 우리가 인식하지 못할 수도 있지만, 우리 각자가 나름대로 가지고 있는 삶의 계명들은 우리가 누구인지 그리고 우리가 무엇을 할 수 있고 할 수 없는지에 대한 우리의 인식을 형성한다.

나는 내 안에 있는 각각의 요소들이 독자들도 마찬가지이다. 각각의 믿음체계를 가지고 있다는 것을 인식하게 되었다. 그로 인해서 이러한 믿음체계의 구성요소들이 종종 서로서로 반대의 위치에 서거나, 적어도 서로 다르거나 그리고 경쟁하는 것처럼 보인다.

예를 들면, 나의 자아 ego 부분은 자신이 무제한적인 에너지를 가지고 있으며 쉼 없이 계속 움직이며 나아갈 수 있다 라고 믿는다. 이와는 반대로 나의 이성적인 부분은 나는 매우 제한적인 사람이며 만일 계속 무리하게 일을 하면 탈진상태에 빠지게 될 것이라고 믿고 있다.

이 두 개의 믿음체계가 항상 내 안에서 싸운다. 나는 이러한 두 양극단의 밀고 당기는 싸움을 감사하게 생각한다. 그 이유는 두 측면들은 그렇게 밀고 당김을 통하여 융화와 균형과 일치를 창조하기 때문이다.

우리들이 가지고 있는 깊은 내적인 믿음들은 일종의 유연성을 우리에게 제공하기 위해서 존재한다. 여기서 유연성이란 때때로 우리에게 일어나는 다양한 삶의 사건들을 위해서 필요하다. 이러한 각각의 양극단적인 요소들과 그들의 믿음체계들은 우리에게 사고의 신축성을 주며 대개의 경우 유연한 대안을 주기도 한다.

지금까지 내가 독자들에게 전달하고자 하는 것을 요약하면, 나는 독자들이 믿음체계들의 거대한 다양성과 우리의 삶을 풍요롭게 해주어 삶의 의미와 융통성을 가져다 주는 양극단성을 좀 더 인식할 수 있기를 바란다.

또한 우리 안에 잠재해 있는 여러 가지 다른 부분들을 인식하게 되면 우리는 또한 그 각각의 부분들도 자기 자신들만의 믿음체계를 가지고 있음을 알게 될 것이다. 많은 경우에 그 각각의 부분들에 종속되어 있는 부분이 바로 하위의 믿음체계인 셈이다.

우리는 종종 우리 자신이 어떤 사물에 대하여 단지 하나 혹은 기껏해야 두 개의 믿음체계만을 가지고 있다고 생각하는 경향이 있다. 그러나 실제로 우리는 우리 삶의 어느 특정한 단면에 대해서 수없이 많은 믿음체계들을 가지고 있다.

양극단적인 삶의 이야기를 듣는 목적

양극단 이야기를 듣는 기술을 발달시키는 과정에서 다음과 같은 것들을 알게 될 것이다.
- 한 사람의 이야기 속에 담겨있는 많은 양극단적인 요소들
- 양극단적인 요소들을 통하여 전달되는 몇 가지 감정들
- 미처 인식하지 못한 양극단적 요소들의 특성들과 그것들이 우리가 사용하는 부인 否認 체계에 미치는 영향들
- 말하는 이의 이야기를 점검하고자 할 때 사용해야 하는 말들

• 양극단성의 믿음체계와 어떻게 그것이 말하는 이의 행동을 유발시켰는가의 여부

이 모든 목적들은 말하는 이들이 자신의 갈등을 보다 잘 인식할 수 있게 하며 그들이 건강하게 대안적인 행동들을 촉진시키는데 있다. 이 기술을 통하여 사람들은 자신들의 행동을 유연하게 하지 못하게 막았던 일련의 사건들을 대면할 수 있게 된다.

양극단 이야기 듣기를 배우는 데는 시간이 좀 걸릴 수 있다. 하지만 그럴수록 인내를 가지고 씨름하다 보면 생각보다 그렇게 어렵지 않을 것이다. 우선 단편소설에 나오는 양극단적 이야기들을 끄집어 내는 것부터 시작하는 것도 좋은 방법이다. 시詩들은 작가가 상상하고 있는 정반대적인 요소들을 볼 수 있도록 도와주는 좋은 도구이다.

인생은 일련의 양극단적인 이야기들의 연속이며 각각의 작은 부분들로 이루어져 있는데 그런 것들이 우리들을 좌절시키지 않도록 주의하라. 오히려 삶 속에서 발견되는 양극단적인 요소들을 즐기라.

제3부

고급 경청기술들

10장

삶의 계명들을 경청하면 답이 보인다

　우리의 마음이 일단 그렇다고 믿는 것은 그 어떤 것이라도 믿는 경향이 있다. 삶의 계명들은 우리 마음 내부의 안내판으로 작용하는 깊은 내적인 믿음체계들이다. 잠깐 우리가 사는 지구에 존재하는 모든 다른 믿음체계들을 생각해 보자. 한 문화에서 다른 문화에 걸쳐서 얼마나 많은 믿을 수 없을 정도의 다양성을 볼 수 있는가!

　나는 오클라호마 주에 있는 어느 큰 인디언 원주민 박물관 안을 걸으며 구경한 적이 있다. 거대한 아치모양의 홀을 지나 첫 번째 방에 들어갔을 때 나는 작게 압축된 사람의 많은 머리들이 보이는 유리그릇으로 다가갔다. 사람들의 얼굴 피부는 가죽으로 만든 것처럼 보였으며, 가느다란 머리카락은 머리들을 감싸고 있었다.

　나는 그 머리들에 대해 설명을 하는 작은 안내문을 보았는데 그 이야기는 다음과 같다. 어느 인디언 마을에 속한 젊은 용사가 마을의 구성원이 되기 위해 이웃 부족으로 가서 한 사람을 잡아서 그의 머리를 베어야 하는 의식을 거쳐야만 했다. 그런 후 그는 잘라낸 머리를 짓이겨서 먼저 뇌를 제거한다. 뇌가 제거된 머리를 잘 보존한 후 그는 그것을 젊은 용사의 남자다움의 증거로서 부락민들에게 보여주어야만 했다. 그 부족에 속한 남자들은 그러한 행위가 적절하다고 **믿었기** 때문에 전통적인 의례처럼 행한 것이다.

삶의 계명들에 대한 다른 예가 있다. 2차 세계대전 중에 젊은 일본군 비행조종사들은 전투비행기를 타고 미국 항공모함을 향해 돌진하여 스스로 목숨을 끊었다. 그들은 나라를 위해 스스로 목숨을 바침으로써 죽은 후에 극락세계로 갈 수 있다고 믿은 것이다.

어떤 아랍 군인은 다이너마이트를 가득 실은 트럭을 몰고 레바논의 베이루트 기지에 있는 미국 야영지로 돌진하여 2백명 이상의 군인을 죽이고 자신의 목숨도 함께 버렸다. 그 역시 자신의 행위로 인해 알라신의 축복을 얻을 것이라고 믿었기 때문에 그런 일을 행한 것이다.

1세기 경에 그리스도인들도 사자들의 밥이 되어 잡아 먹히거나 검투사들에 의해 죽임을 당해도 그것을 두려워하지 않았다. 왜냐하면 그들은 죽은 후 천국으로 갈 것을 확실히 믿었기 때문이다. 이 같이 인간의 마음은 무엇이든 믿는 대로 그것이 가능한 것처럼 보인다.

내가 학교 캠퍼스에 주차해 놓은 차로 서류가방과 다른 짐들을 끌고 가던 때였다. 트레이닝 모임에 참석했던 어느 여인이 나에게 다가오더니 잠시만 자기와 이야기할 수 있겠느냐고 물었다. 나는 괜찮다고 말했고, 우리는 캠퍼스 벤치에 앉았다.

다음에 나오는 이야기는 그녀가 이름은 수잔이었다 나와 나누었던 이야기이다. 이 예화는 우리 인간의 마음이 어느 정도로 믿을 수 있는지를 잘 보여주고 있다.

내가 다섯 살 때 적절하게 행동하지 못했던 어떤 사건이 있었습니다. 저녁을 먹던 중 아버지는 나를 지하실로 데리고 가서 불을 껐습니다. 그 때 오빠가 몰래 다가와 나를 잡더니만 겁을 주었습니다. 그는 나에게 지하실 어두운 코너를 가리키며 저곳은 악마가 살고 있는 큰 소굴인데, 그 악마가 수잔이라고 하는 어린 소녀를 잡아먹고 싶어 한다는 것이었습니다.

이 예화에 나타난 문제는 당시에 그녀가 그 말을 믿었음은 물론, 40년도 더 지난 지금 대학교 벤치에서 내 곁에 앉아 있는 이 여인이 아직도 그것을 믿고 있다는 사실이다.

이 여인은 자기가 교회에 갈 때면 한 번도 빠진 적이 없다 – 온갖 종류의 기도를 전부 해야 하고 찬송가에 나오는 모든 곡을 다 부른다고 한다. 그녀는 교회에서 완벽해야 한다는 강박관념에 시달렸다. 그렇게 하지 않으면 자기는 지옥으로 갈 것으로 굳게 믿고 있었다.

우리의 내부 깊은 곳에 자리잡은 믿음체계들은 궁극적으로 우리의 종교적인 신앙체계에 영향을 미친다. 바로 이 점에 대해서 본 장이 말하고자 한다.

"우리는 이 세상에 대해서 그리고 우리 자신에 대해서 어떤 믿음체계를 형성하고 있을까?"
"어떻게 그러한 믿음체계를 갖게 되는 것일까?"
"그것들이 어떻게 우리의 행동에 영향을 미칠까?"
"역기능적이거나 병든 믿음체계를 바꾸는 것은 가능할까?"

다음에서 이러한 질문들에 대해 답을 찾아보고자 한다.

우리의 믿음체계를 갖게 되는 과정

어린 시절에 형성된 삶의 믿음들

우리가 갖게 되는 가장 초기의 믿음체계는 세상에 태어난 후 5년내에 이루어진다. 이러한 믿음은 운동감각을 통해서 학습된다. 다른 말로 표현하면, 유아기를 비롯한 아주 어린 시절에 사람들은 말이 아닌 경험을 통해서 믿음을 습득하는 것이다. 어린 아이들은 말이나 언어를 이해하기에는 너무 어리지만 음색이나 어조의 변화에는 반응할 수 있다.

이런 의미에서 에릭 에릭슨이 "신뢰: 불신" 단계를 사람의 일생 중 초기 단계에서 발생한다고 지적한 것은 아주 적절하다고 볼 수 있다.

"유년기의 어린 아이들이 환경을 신뢰할 수 있을까?" 혹은 "자기들의 삶의 상황이 너무 위협적이라고 인식할 수 있을까?"

다음의 예에서 등장하는 내가 만났던 여자와 같이 만약에 어떤 사람이 인생의 처음 몇 해 동안에 여섯 군데의 입양가정을 전전한다면 그 사람의 깊은 내면에는 어떤 믿음들이 형성될까? 아무도 자기를 원하지 않는다거나 자신이 전혀 사랑스럽지 않다거나 혹은 이 세상은 거절과 거부 그리고 불인정으로 꽉 찬 곳이라고 그 아이가 믿을 것이라고 확신하는 것이 너무 지나친 억측일까?

나는 이 경우에 좋은 예가 될 만한 한 여자를 알고 있다. 그녀는 치료를 위해서 1년 동안 거의 일주일에 두 번씩 나를 만났다. 내가 그녀를 처음 봤을 때 그녀는 광장 공포증 환자였다. 마흔 두살이었음에도 그녀는 바깥의 우체통을 간다거나 혹은 자기 집에서 한 블록 떨어진 곳을 걸을 때도 두려움을 느끼곤 했었다.

그녀에게 하나님은 복수심이 강하고 벌 주시는 하나님이었다. 그녀는 사랑, 용서 그리고 동정 혹은 애정이란 개념을 이해할 수 없었다. 그녀의 마음 깊은 곳에 내재되어 굳어진 것은 그녀를 둘러싼 세상이 온통 불신으로 가득차 있다는 믿음뿐이었다. 그녀가 할 수 있는 유일한 것은 그녀가 가장 안전하다고 생각하는 자신의 집 안에만 틀어박혀 있으면서 이 세상으로부터 숨는 것이었다.

가장 깊이 뿌리 박힌 믿음체계들은 우리의 삶이 시작된 첫 번째 해에 배운 것들이다. 우리가 이 세상에 태어난 첫 해에 무슨 일이 일어났는지 알고 있는가? 우리는 직접적으로 그것들을 알고 있지는 않지만 가족 식구들로부터 들어서 알 수 있게 된다.

그들에게 물어보라. 아마도 우리 자신에 대해서 그리고 우리가 현재 믿고 있는 것들이 왜 형성하게 되었는지를 알게 되면 놀랄 것이다. 나 자신의 개인적인 삶의 여정은 이러한 세계에 대해서 어린 시절에 내가 내렸던 해석들을 생생하게 보여주는데 도움이 된다.

나는 7남매 중의 막내였고, 경제공황이 극에 달하던 시기인 1930년에 태어났다. 한 집에서 12명의 식구들이 살았는데 그들은 나의 부모님, 세 명의 형제들, 세 명의 누나들, 외할머니, 그리고 숙부와 숙모였다. 음식은 항상 부족했다. 가족들 중에서 아버지만 일하셨는데 가족 전체를 먹여살리기 위해서 집으로 가지고 오신 돈은 일주일에 겨우 7불 50센트였다.

가장 나이가 많은 누나에 따르면, 어머니는 나를 임신하셨을 때 어느 주일 날 교회 성가대를 지도하기 위해 교회에 갔다고 한다. 성가대를 지도하는 동안에 어머니는 산고를 느꼈고, 교회가 끝난 후 병원에 갔는데 그 다음 주 수요일까지 내가 나오지 않았다고 한다.

이 이야기의 가장 흥미로운 부분은 바로 한 집에서 살고 있었음에도 불구하고 외할머니께서는 어머니가 나를 임신한 사실을 모르고 있었다는 사실이다. 세상에 태어났을 당시에 나는 체중이 4파운드가 겨우 넘었다고 한다. 어머니는 키가 작고 땅딸막한 체구여서 그저 큰 옷을 입고 다녔기에 어머니의 임신 사실을 모르고 있었던 것이다. 누나가 교회에서 돌아와 어머니가 나를 낳았다는 소식을 전하자 외할머니는 울음을 터뜨리며 매우 화를 냈었다고 한다. 그 이유는 엄마가 그 힘든 경제 대공황 시기에 또 아이를 가졌기 때문이다. 외할머니를 더욱 화나게 만든 것은 어머니가 외할머니에게 자신이 임신한 사실을 전혀 알리지 않았다는 데 있었다.

당시 14살이었던 큰누나에 따르면, 어머니가 병원에서 갓난 아이인 나를 집으로 데려왔을 때 외할머니는 어머니를 심하게 꾸짖으셨다고 한다. 이 일은 결과적으로 나의 삶은 물론 우리 형제들에게 영향을 미쳤다. 어머니는 나를 과잉보호하셨으며 형제들은 어머니가 나에게 너무 많은 애정을 주고 있다고 느꼈다. 이러한 역학관계에서 파생된 믿음들이 나에게는 매우 독특해 보였다. 나는 원해서 태어난 것이 아니라 우연한 실수로 인해 태어난 것이라고 믿었으며 반면에, 형들과 누나들은 내가 가정에서 가장 사랑받는 존재라고 믿었던 것이다.

내가 성인이 된 후, 꽤 오랫동안 나는 타인으로부터 내가 받아들여지지 못하는 존재라는 내부적인 생각과 싸워야만 했다. 이러한 성향은 나에게 두 가지 방향으로 영향을 미쳤다.

첫째는, 나는 사람들과의 관계에서 어떤 방법을 사용하던지 나의 가치를 증명해 보여야만 했으며, 두 번째는 어떤 일을 해도 실패했다는 기분이 드는 것이었다. 심지어는 어떤 관계나 일에 있어서 성공했을 때에도 나는 정말 성공했는지의 여부를 늘 확인하며 아직 다 마친 것이 아니라는 행동을 보였다.

이러한 나의 성향을 고치기 위해서 나는 피눈물나는 노력을 했다. 심리치료사인 친구의 도움을 수년 동안 받은 후에야 나를 괴롭혔던 내 안의 믿음체계들을 깨부실 수 있었다.

사실 부분적으로 이 책은 나의 내적인 삶의 계명들을 깨부신 과정의 결과물이기도 하다. 성인이 되어가는 과정 속에서 부딪히는 많은 힘겨운 노력들은 어릴 때부터 우리의 마음속에 유지해오던 믿음체계들을 재정립하는 것이라 할 수 있다. 이러한 재정립된 믿음체계는 우리가 성인이 되어 보다 많은 열매를 맺어야 되는 시기에 초기의 믿음체계들이 우리의 삶을 망가뜨리지 않도록 도와준다.

이 책에서 내가 독자들에게 정말 전하고 싶은 메시지는, 독자들이 자신들을 곤란한 상태로 이끄는 삶의 계명들을 깊이 인식하도록 돕는 것이다.

언어적인 삶의 계명들

우리가 삶의 계명들을 습득하는 두 번째 방법은 상대방으로부터 주어진 언어적 명령들을 통해서이다. 이러한 언어적인 명령들은 단 한번만 주어질 수 있으며 혹은 수백 번 반복되어질 수도 있다. 아이들이 너는 어리석고, 바보천치라는 말을 계속적으로 반복해서 들으면 그 아이는 이러한 말들을 곧이곧대로 믿고 자기의 마음 깊은 곳에 내재화하기를 시작한다.

나는 경제 대공황 시기에 태어났기 때문에 그 시대에 전반적으로 만연해 있었던 삶의 계명들을 의식하게 되었다. 그것들 중의 하나는 심지어 지금도 깨기 어려운데, 그것은 "네 접시에 담은 것은 남김없이 다 먹어야만 한다. 만일 너가 다 먹지 않으면 아프리카에서 굶어 죽어가고 있는 수많은 아이들을 생각해 보아라"였다.

나는 종종 내 접시에 있는 음식들이 어떻게 곰팡이가 피지 않은 채 아프리카까지 보내질 수 있는지 의아하게 생각했었다. 다른 문화에서도 이와 비슷한 유형의 삶의 계명들이 있다.

몇 년 전에 나는 뉴욕에서 발행되는 일간신문인 '뉴욕커'에 실린 중국여성을 풍자한 만화를 본 적이 있다. 그녀는 식탁에 앉아있는 아이들 옆에 서 있으면서 이 같은 말을 하고 있었다.

"아이들아, 밥그릇에 담긴 밥을 다 먹어야 한다. 미국 아이들은 몸에 해로운 정크푸드만을 먹는단다."

내가 발견한 가장 중요한 것 중의 하나는 많은 언어적 삶의 계명들이 이미 여덟살에서 열살 사이에 형성된다는 것이다. 역기능적인 현상을 나타내는 사람들을 상담하다보면 그들의 마음 깊은 곳에 내재해있는 믿음체계들에 대해서 이야기하게 되는데, 그들은 상처받았던 과거의 시간으로 돌아가는 과정을 피할 수 없게 된다.

바로 위에서 말한 그 나이에 아이들은 분명한 진리들을 붙잡고 그것들을 자신들의 내부세계로 받아들이게 되는 것이다. 이때 아이들의 마음은 자신들이 살고있는 세상을 이해하려고 노력한다. 일단 이러한 믿음들이 어떠한 대가나 보상에 의해서 강화되면 믿음은 내재화되고 아이들은 그것을 진리로 받아들인다.

한편, 이러한 진리들은 아이들이 세상은 어떤 곳이며 자신들이 누구인지에 대해서 이해하는데 도움을 준다. 이러한 과정에서 삶의 계명이나 명령들이 다양한 방법으로 역할을 한다.

예를 들면, 나는 거의 탈진상태에 빠졌던 어느 목사를 상담한 적이 있었다. 그는 1,200명 정도 출석하는 교회의 담임목사로 섬기고 있었다. 그는 지금의 교회로 오기 바로 직전에는 7백여 명 모이는 교회에 시무했기 때문에 1,200명 규모의 교회에서 사역하는 것을 어느 정도 성공한 것으로 생각하고 있었다. 규모가 훨씬 더 작은 두 교회에서도 사역을 하였는데 어릴 때부터 배워왔었던 계명을 지켜왔었다.

그 계명은 "착한 아이가 되어라. 모든 사람들이 너를 좋아하게 하라"였다. 그러나 지금 그는 1,200명이나 되는 모든 사람들을 행복하게 해 줄 수 없는 상황이다. 따라서, 그의 회중 중 누군가가 그가 "착한 소년"이 아니라서 화를 내면 그는 자신의 삶의 "법"에 따라 사는 것이 아니기 때문에 내면적으로 견디기 어려운 지경까지 간다.

만일 그가 자기 자신의 내면의 세계로 들어가서 삶의 모든 계명들을 포기하거나 혹은 최소한 그것들을 수정함으로써 그 계명들을 깨부수기 시작하지 않는 한, 그는 자신을 자기의 한계상황 속으로 밀어붙이고 결국 감정적으로 탈진상태까지 되고 말 것이다. 사실 그러한 삶의 계명들은 비교적 작은 가족에 속해 있을 경우에는 유지할 수도 있겠지만 많은 사람들의 집단 속에서 그러한 계명들을 유지한다는 것은 거의 불가능하다고 할 수 있다. 따라서 이 특별한 계명은 자신의 내부에서 바뀌어지든지 아니면 심한 고통 가운데 시달릴 가능성이 매우 크다.

나는 어느 목사님의 이야기에서 역기능적인 믿음체계 때문에 목사로서 사역이 파괴되어 가는 것을 보았다. 한 목회자가 그동안 쌓아왔던 훌륭한 경력들이 자기 스스로 깨뜨릴 수 없는 믿음체계로 말미암아 무너져 가고 있는 것이다. 이 목사님은 아주 큰 잠재력을 가지고 있었다. 중년기의 위기를 통과하면서 그는 몸담고 있던 비영리기관을 떠나 회중목회를 하기 위해서 신학교에 들어갔다. 그는 가까스로 졸업을 하고 그가 속한 교단의 목회자심사위원회에 의해 인정 받아 교회에서 사역을 시작하게 되었다.

첫 번째 목회지에서 처음 6개월 동안 그는 매우 성공적으로 목회를 하였다. 십대 청소년들과 관계를 잘 형성하는 능력이 있었으며 교회 청소년 그룹은 놀라울 정도로 성장했다.

바로 그 때 그에게 일이 발생했다. 그는 몇 가지 정말 뜻밖의 일들을 하였는데, 그것 때문에 교회 지도자들과 불화를 겪었다. 그는 3주 연속으로 헌금 걷는 것을 잊어버렸다. 교회 회계는 너무 화가나서 그에게 3개월 사례비 지급을 거절하였다. 또한 여러 가지 행사를 계획해 놓고서는 바로 시작을 며칠 앞두고 취소하기도 했다. 더군다나 교회 회중들 중의 한 명과 상담을 하기로 약속한 후 약속장소에 나타나지 않기까지 했다.

사역 첫해가 거의 끝나갈 무렵에 교회 행정 담당자는 그를 사임하라는 요구를 받았다. 결국 그는 다른 교회로 사역지를 옮겼다. 그런데 그 곳에서도 이전 교회에서와 같은 행동들을 반복했다. 그 결과 그는 4년 동안 해마다 교회를 옮겨 다녀야 했다.

내가 그를 만났을 때 그는 지난 15년간 사역을 하면서 무려 아홉 번째 교회에서 사역하고 있었다. 그는 그가 속한 노회로부터 한 통의 편지를 받았는데, 만일 행동을 바꾸지 않으면 내년에 목사안수를 취소하겠다는 것이었다. 그리고 실제로 그들은 그렇게 했다.

그와 이야기를 나누는 가운데 나는 이러한 어려움을 야기시켰던 보다 깊숙한 믿음체계에 대해서 알게 되었다. 그가 어린 소년이었을 때 9살때라고 말했다 그의 부모님은 그에게 형이나 누나들만큼 똑똑하지 못하다고 말했다.

그러던 어느 날 아주 중요한 일이 그에게 벌어졌다. 그는 그것을 믿었고 또 실제로 효과를 발휘했던 것이다. 학교에서 무엇이든지 일부러 서투르게 하기 시작했다. 그런데 그것이 부모님으로부터 관심과 동정심을 받았다. 그런 행동은 어린아이일 때는 효과가 있었다.

그런데 어른이 되어서도 똑같은 행동을 했을 때 사람들은 수용하지 않았고, 오히려 부정적으로 작용했다. 그의 삶의 계명을 보다 공식적으로 표현하면 아마도 다음과 같을 것이다.

"너는 절대로 성공할 수 없다."

우리 마음에 깊이 내재화된 수준에서 "너는 절대로 성공할 수 없을 것이다"라는 말을 믿음으로써 발생하는 부정적인 결과는 바로 어떠한 일을 아주 잘 해냈을 때 죄의식의 감정이 마음속으로부터 올라온다는 것이다.

그는 나쁜 아이나 불순종하는 아이가 되길 원하지 않기 때문에 아주 잘 했음에도 불구하고 자신이 결코 성공하지 않았다는 것을 스스로 확신하는 방법으로 처신한다. 나는 할 수 있는 한도 내에서 그를 이해하고 그로 하여금 삶의 계명들을 깨뜨리는데 도움을 주기 위한 시도를 하였다. 불행히도 나는 그가 자신의 남은 인생을 살아가는 동안에 죄의식이라는 아픔을 직접 대면해서 그런 계명을 따르지 않기 위해 노력하는 대신에 자기 자신을 계속 실패라는 굴레에 가둬둔 채 지낼 가능성이 아주 크다고 생각했다.

이 내면의 율법을 깨뜨리기 위해 그와 함께 작업했을 때 그의 반응은 아주 흥미로왔다.

"내가 성공할 때 무엇이 발생할지 모르는 것보다 내가 실패할 수 있다는 것을 아는 편이 차라리 속이 편하다."

그가 사역에서 갈등과 어려움을 겪고 있는 동안 그의 부모님 두 분 다 돌아가셨다. 나는 그 때 그의 오래된 믿음체계를 강화시켰던 부모님들이 더 이상 옆에 계시지 않기에 그가 그것들을 포기할 수 있을 거라고 생각했다. 그러나 결과는 내 생각과는 정반대로 나타났다.

그의 부모님들은 완벽하셨으며 자기는 그들을 결코 배반할 수 없다고 말하면서, 자기 부모님들을 이상화시키기까지 했다. 현재는 그 계명이 그의 안에 더욱 단단히 고착된 상태이다. 문제는 살아있거나 돌아가신 실제 부모님이 아니라 바로 그의 머리 속에 존재하는 부모님이다. 언어적인 계명은 삶의 후반부로 접어들었지만 여전히 그 전에 가지고 있던 삶의 계명들에 의존하고 있을 때 특히 곤경에 처할 수 있다.

나는 40대 후반이나 50대 초로 접어들 때 이 점을 깊이 인식하게 되었다. 어느 크리스마스 날 나보다 두 살 반 정도 나이 많은 누나 도리스 가 나와 함께 연휴를 보내기 위해서 왔었다. 누나는 어머니와 아버지 사진을 가지고 왔는데 누나와 내가 부모님의 발 옆에 앉아 있는 사진이었다. 내가 세 살, 누나가 여섯 살이었다. 나는 예전에 그 사진을 본 적이 없었다. 내가 그 사진을 보았을 때 50년 이상 간직해왔던 나의 믿음에 대해서 깊은 통찰력을 갖게 되었다.

그 사진은 경제 대공황이 한창 때인 1933년 찍은 것이었다. 독자들은 내가 이전에 우리 가족이 한 집에 무려 12명이 함께 살았다는 이야기를 기억할 것이다. 당시는 매우 어려웠던 시기였다. 대가족이 주는 스트레스를 견뎌야 한다는 압박감과 언제 끝날지 모르는 매일매일의 긴장감은 우리 어머니로 하여금 한 가지 믿음을 갖게 했는데, 그것을 어머니는 나와 누나에게 말한 적이 있다.

"너는 이러한 생활에서는 절대로 행복을 기대할 수 없다."

그리고 어느 날 우리는 그것을 믿었다.

이 경험은 누나와 내게 매우 큰 영향을 미쳤다. 수년 동안 나는 많은 기쁨과 행복한 순간을 경험했지만 그러한 감정들은 항상 약간 정도에서부터 상당한 정도의 죄의식을 동반했다. 그것은 마치 내 안에서 감정이라는 벽이 있어서 행복과 기쁨을 느끼거나 맛보지 못하게 막는 것과 같은 것이었다.

죄의식 때문에 나를 행복하게 해 주는 일들에 과잉반응을 하였다. 친구나 그룹들과 함께 있을 때 나는 그들의 행동을 부적절하게 해석하곤 했음을 알게 되었고, 종종 감정적으로 그들과 먼 것 같은 느낌을 받았다. 이러한 나의 태도를 사람들이 비판했고 나는 죄의식을 더 크게 갖게 되었다. 다시 말해 나는 살면서 그렇게 좋은 느낌을 갖지를 말아야 한다는 것이다.

이러한 나의 행동들은 내가 내 안의 삶의 계명이나 내적인 믿음체계들을 이해하지 못하는 한 계속 발생했고, 이런 것들을 이해하는데 아주 오랜 시간이 걸렸다. 나는 심리치료사의 도움으로 내가 가지고 있던 삶의 계명에 대면할 수 있었다. 나는 그것을 수정하려고 노력했고 수정된 그 계명들은 현재 나의 삶에 적절한 지침이 되었다.

나는 새로운 믿음체계를 수용했다. 그 결과, 선이나 성공 그리고 행복 등의 감정들을 거리낌없이 느끼게 된 것이다. 치료사는 나에게 어머니에게 편지를 써서 그녀에게 어머니가 전에 가지셨던 진리들은 잘못된 것들이며, 나는 더 이상 그것들을 믿지 않는다고 말하라고 했다.

나는 한 줄 한 줄 써 내려 갈 때마다 울었다. 어떻게 당신을 잘 돌보아 주었던 어머니에게 당신을 더 이상 믿지 않는다고 말할 수 있을까? 회상해 보면, 나는 이러한 경험을 통하여 많은 것들을 배울 수 있었다.

먼저, 나는 어머니가 여든두 살에 돌아가셨을 때 그녀가 더 이상 자기의 계명들을 믿지 않았다는 것을 지금 알게 되었다. 그녀의 마지막 20년 동안 어머니는 자기 스스로가 오랫동안 지켜왔었던 계명들을 깨뜨리셨던 것이다. 그것은 내가 지금까지 보아왔던 것들 중 가장 특별한 것들 중의 하나였다.

우리에게 삶의 계명들을 준 사람들이 자기들의 삶에서 더 이상 믿지 않으며, 때에 따라 자기들의 필요를 충족시키기 위해서 그것들을 바꾼다. 하지만 정작 우리는 마치 그것들이 영원한 진리가 되는 것인 양 계속해서 믿는 불가사이한 상태 말이다.

내가 지금에서야 알게 된 것은, 삶의 계명들은 일시적인 것이라는 사실이다. 그것이 진실이라고 믿어질 때에는 그것들 나름대로 기능과 목적을 가지지만 살아가는 과정에서 나중에는 부적절하고 더 나아가 파괴적인 모습이 될 수도 있다. 이러한 언어적인 명령들은 주로 영향력을 가진 사람들에 의해서 우리에게 주어진다.

예를 들면, 그들은 부모형제나 선생님, 교회의 설교가나 다른 또래 집단의 친구들, 혹은 친척 등이 될 수 있다. 10학년 때, 영어선생님이 나에게 "너는 절대로 학업에서 일체의 성취감을 맛볼 수 없을 것"이라고 말했다. 당시에 선생님의 말을 사실인 양 믿었던 게 나의 잘못이었다. 결국 나는 영어과목에서 좋은 성적을 받지 못했다.

그런데 몇 개월 전에 나는 오래된 낡은 박스 속에서 10학년 때의 성적증명서를 찾았다. 10학년을 시작했던 학기초에 나의 영어 성적은 좋았는데 학년말에 보니까 거의 낙제 수준까지 갔었다. 나는 전체 졸업생 99명 가운데 끝에서 33등으로 졸업했다.

나는 너무 성적이 안 좋아 고등학교를 졸업하고 바로 대학교에 가지 못했다. 만일 늦게나마 선생님이 말한 언어적 계명을 깨뜨리지 못했다면 나는 지금까지도 좋은 교육을 받지 못했을 것이다.

한 교회가 개최한 컨퍼런스에 강사로 초청받았을 때의 일이다. 개회 연설을 마친 후 나는 강단에서 내려와 교회 복도를 걸어가고 있었는데 꽤 나이든 여자 한 분이 나에게 다가오고 있었다.

세상에 이런 일이! 그녀는 놀랍게도 다름 아닌 바로 10학년 때의 영어 선생님이셨다! 그 선생님이 내게 다가오더니 물으셨다.

"존 새비지, 너에게 어떤 큰 변화가 왔었니?"

나는 그녀가 내 영어 단어 실력뿐만 아니라 35년 전에 내가 얼마나 공부를 못했었는지를 기억하고 있음에 틀림이 없다고 생각했다.

나는 그녀의 질문에 간단한 단어로 답했다.

"하나님이요."

내가 지금까지 만났던 사람들에게 들었던 언어로 표현된 삶의 계명들 중 몇 가지는 다음과 같다.

"모든 사람들이 너를 좋아하는지 늘 확인하라!"

"만일 네가 다른 사람을 돌보면 그들도 너를 돌볼 거야."

"다른 사람들이 네가 어떻게 느끼는지 절대로 모르게 하라."

"만일 네가 남편을 계속 행복하게 해 주려면 그가 원하는 것은 무엇이든지 해 주어라."

이러한 언어적인 지시들은 그것들이 말할 당시에는 적합했을지도 모른다. 하지만 나중에 어른이 됐을 때는 사람들을 곤란에 빠뜨리게 하는 피할 수 없는 한계에 맞딱드리게 된다. 그러한 언어적 지시들은 자주 한 세대에서 다른 세대로 전해진다. 그 대표적인 예가 성경에서 한 세대의 죄들이 3-4대까지 내려간다고 말하고 있다.

몇 년 전에 나는 전문적인 심리치료사가 필요하다고 생각되는 한 여자를 만나 이야기를 나눈 적이 있다. 그녀의 문제는 매우 심각했었다. 하지만 그녀의 아버지가 철저하게 심어놓았던 삶의 계명 때문에 누구에게도 도움을 요청할 엄두를 감히 내지 못하고 있었다. 그 계명은 다음과 같다.

"우리 가정에서 벌어진 것에 대해서 아무에게도 말하지 마라. 우리는 좋은 크리스천 가정이다."

아이러니컬하게도 사실은 그녀의 아버지가 그녀를 어렸을 때 여러차례 성폭행했다. 성인이 된 후 그녀는 전문가의 도움이 절실히 필요했지만, 어느 전문가의 도움도 받지 못했고 삶의 명령에 여전히 복종하고 있었다. 힘든 시간을 보내던 중에 그녀는 마침내 용기를 내서 자신을 오랫동안 괴롭혀 왔던 계명들에게 저항하는 위험을 감수하고 치료사를 만나기 시작했다.

다른 사례를 들어보자.

트레이닝 행사에서 나와 아내는 어느 여자의 옆에 앉게 되었다. 그녀는 십대시절에 자신의 어머니로부터 습득했었던 명령을 우리에게 나누었다. 그녀의 어머니는 그녀에게 수도 없이 이렇게 말하곤 했다.

"너는 내가 만난 아이들 중에서 가장 여자로서의 매력이 없는 아이야. 계속 이 상태로 머물러 있어라."

이 명령이 그녀에게 무엇을 의미했는지를 탐색하면서 그녀는 어머니의 말이 아마도 자기가 십대 청소년이었을 때 성적인 어려움을 겪게 하지 않았을지도 모른다고 말했다.

그러나 이제는 어머니의 말이 그녀가 여자로서 옷을 입는 방법과 여자로서 사람들에게 비쳐지는 모습 등에 영향을 미쳤다. 그녀는 자기 자신이 매력적이지 않다고 믿었기 때문에 자신에 대해서 그다지 좋지 않은 이미지를 가지고 있었다.

받는 사람이 정말 그렇다고 믿을 경우 대부분의 삶의 계명들은 어느 특정한 목적을 위해서는 유용할 때도 있다. 가령 어린아이가 부모가 정해 놓은 계명이나 명령에 복종할 때 그 아이를 통해서 아버지나 어머니는 자신들이 필요로 하는 것을 얻을 수 있다. 또 어떤 의미에서 각각의 믿음은 특별한 목적이 있으며 믿는 사람에게는 특별한 보상을 준다. 그러나 그러한 믿음체계가 어린 시절을 지나 성장해서 어른이 됐을 때는 어떤 일을 할 때나 필요한 관계들을 형성하는데 있어서 아주 부적절한 영향을 끼친다.

나도 역시 나 자신을 표현할 때 자주 나타나는 믿음체계가 있었는데, 바로 소극적인 방법으로 표현하는 것이다. 그러면 사람들은 나를 돌보아 주었다. 다시 말해, 나는 사람들이 일반적으로 갖는 죄의식에 호소하는 능력이 있었다. 이것은 슬픈 표현을 함으로써 가능했다. 목소리 톤을 약하게 사용하는 말은 약간은 자기를 낮추는 단어를 사용했다. 이러한 행동들은 나는 또래들 만큼 공부를 잘 하지 못한다는 나의 믿음에서부터 나온 것이었다.

그러한 믿음은 고등학교 시절에 뚜렷하게 나타났다. 대부분의 친구들은 대학을 가기 위해서 어려운 과목을 들을 때 나는 건물 설계도나 가구들을 만드는 점원이었다. 가구를 만드는 것이 특별한 기술이 필요한 전문직업이 아니라는 것을 말하려는 것이 아니다. 다만 나는 친구들이 목표로 하는 것들을 뒤로 밀쳐놓았을 뿐만 아니라, 더 나아가 그러한 생각을 거의 하지 않았던 것이다.

다행히도 열아홉 살 때 종교적인 체험을 통하여 그 동안 지니고 있었던 믿음체계 중 일부를 바꿀 수 있었다. 만일 하나님이 나를 사랑하신다면 나도 내 자신을 사랑할 수 있을 것이라는 느낌을 받았던 것이다.

어렸을 때 가졌던 내 삶의 계명들이 바뀌기 시작한 것은 바로 이 무렵부터였다. 삶의 후반기에서 나는 내가 어릴 때 믿었던 것처럼 나는 둔하거나 어리석은 사람이 아니라는 것을 나 자신과 다른 사람들에게 보여 줄 수 있게 되었다. 그리고 학문적으로도 성공하는 게 가능해졌다. 자신의 삶의 계명들에 대해 재작업을 시도하거나 불복종하는 것은 우리 자신에게 새로운 삶의 의미와 목적을 부여해 주는 것을 의미한다는 것을 기억하기 바란다.

스스로의 추론에 의해 형성된 삶의 계명들

한편, 가장 깨뜨리기 어려운 삶의 계명이 있다. 그것은 상대방의 직접적인 말이 아닌 듣는 이가 추론을 하여 습득된 것들이다. 추론이란 상대방이 말한 것의 의미를 점검하지 않은 채 자기 스스로가 만든 가정을 말한다. 한 예를 들어보면 더 확실히 이해할 수 있다.

트레이닝 모임을 인도하고 있던 중, 20대 후반쯤으로 보이는 한 청년이 나에게 모임이 끝난 후 잠시 이야기할 수 있겠느냐고 물었다. 모든 순서가 끝난 후에 그 청년은 내가 머무는 모텔에 왔고, 우리는 트레이닝 동안에 그 청년이 발견했던 삶의 계명에 대해 몇 시간 동안 대화를 나누었다.

그의 이야기는 나에게 매우 흥미로왔다. 왜냐하면 나는 전에 그와 같은 이야기를 들어본 적이 없었기 때문이다. 그는 어느 교회를 섬기고 있었는데 자신이 요청해서 얼마 전에 끝냈다고 한다. 그는 첫 번째 교회에서 4년간 사역을 했을 당시에 자신이 잘 해가고 있고 교인들도 그를 좋아하고 자기 역시 교인들을 좋아하고 있다는 것을 인식했다고 한다.

그러나 무언가가 그로 하여금 마음을 바꾸도록 충동질하고 있었고 노회의 도움을 받아 그는 다른 교회를 찾아서 옮겼다.

그런데 그는 자신이 바람직스럽지 못한 결정을 내렸으며 전에 섬기던 교회에 더 있었어야 했다는 것을 느꼈다고 말했다. 한편 그가 자기 어머니로부터 받았던 삶의 계명을 생각해내는데 오랜 시간이 걸리지 않았다. 그의 어머니는 이렇게 말했다.

"네가 내리는 결정이 무엇이든지 간에 너는 네가 원하는 것이 아닌 그 반대의 것을 선택하기를 원할 것이다."

이 말이 그가 사역지를 옮기는데 원동력이 되었으며, 그가 무엇을 결정하든지 관계없이 그를 우울하게 만들었다.

나는 그에게 어머니가 아직 살아계시는지 물어보았다. 그는 아직 살아계시다고 말했다. 나는 그에게 빨리 어머니를 만나 그 말이 도대체 무슨 뜻인지 확인해보라고 말했다. 그는 처음에는 망설였다. 어렸을 때 부모님들이 한 말의 의도를 커서 물어본다는 게 쉬운 일은 아니다.

그러나 그는 용기를 내어 어머니를 찾아가 물었다. 그녀의 대답은 그를 매우 놀라게 했다. 그가 그녀에게 예전에 했던 말에 대해서 물어보자 어머니는 자기는 그것이 너무도 좋은 생각이고 자기의 어머니가 말해준 것이라고 대답했다.

그녀는 이렇게 말하는 것이었다.

"만일 네가 잘못된 결정을 내리면 너는 또 다른 것들을 선택할 수 있다."

그는 이렇게 대꾸했다.

"뭐라구요! 그게 그런 뜻이었다구요!"

지금 그는 커다란 문제에 직면하게 되었다. 어머니의 진짜 의도가 아닌 자기 자신이 내린 추론을 믿어 왔었던 것이다. 더 간단하게 말하면 그는 자기 스스로가 만들었던 환상을 마치 사실인 양 받아들였던 것이다. 그는 자신이 만들었던 추론을 이제는 따르면 안 된다. 자기 자신에게 불순종해야만 한다.

그런데 가장 깨뜨리기 어려운 삶의 계명은 그 계명이나 명령을 준 사람의 의도를 우리가 알고 있다고 추측함으로써 우리 자신에게 스스로 부여했을 경우이다. 나는 생각보다 우리가 가지고 있는 많은 믿음체계들이 타인의 행동을 자기가 추론함으로써 형성된 것이라는 사실에 주목하게 되었다. 여기서 주의할 필요가 있는 것은 이것이다. 이런 추론에 의한 믿음체계의 형성과정들에 대해서 정작 그 말을 한 당사자는 전혀 인식하지 못한다는 데 있다. 단지 그 말을 받는 사람이 마치 자신의 해석이 곧 상대방의 의도라고 착각하는 것이다. 이 얼마나 슬프고 땅을 칠 노릇인가!

약 1년 동안 루스라는 중년여자가 나를 만나기 위해 왔다. 그녀는 거의 올 때마다 남편과 함께 했는데, 그 이유는 그 두 사람이 같은 문제를 가지고 있었기 때문이다. 두 사람 모두 몇 가지 역기능적인 삶의 계명들을 깨뜨리기 위해 노력하고 있었다.

루스는 중서부 지역의 한 농가에서 성장했다. 그녀가 아버지와 함께 트랙터를 타고 있을 때 그녀의 아버지는 어머니에 대해서 불평을 늘어놓았는데, 그 결과 루스는 아버지의 지지자가 되어버렸다. 그러던 중 그녀가 부엌에서 일하고 있을 때, 어머니는 남편이 얼마나 눈치없는 사람인지 불평했다. 루스는 부모님 중 누가 옳은지도 모른 채 그렇다고 한 쪽만 믿을 수도 없는 애매모호한 상태에 있었다.

그녀가 여덟 살이 되던 어느 날, 어머니는 그녀에게 만일 행복한 결혼 생활을 하기 원한다면 남편이 원하는 것은 무엇이든지 다 해야만 하고 그의 명령에 복종해야 한다고 말하는 것이었다. 그녀는 아버지와 어머니가 각자 가지고 있던 정반대의 가치관 속에서 갈등하다가 나중에는 어머니를 믿게 되었다. 그럼으로써 그녀는 딜레마에서 벗어났고 순종적인 소녀가 되었다.

한편, 그녀의 집과 바로 이웃에 살고 있었던 농가에 한 소년이 다른 이야기를 가지고 있는 부부에 의해서 자라고 있었다. 그는 자주 말로 다투고 하던 그의 부모님들이 자기가 개입하려고 하면 싸움을 멈추는 것을 알게 되었다. 아홉 살 됐을 때 그는 자기의 역할은 부모님들을 계속 행복하게 하는 것이라고 믿었다. 나중에 그가 십대가 됐을 때 그는 더 이상 자신과의 약속을 지키지 못했었는데, 부모님들이 이혼을 했기 때문이다.

그러나 그는 계명을 포기하지 않고 결혼이라는 새로운 환경에 똑같이 적용하였다. 바로 이웃 농가에서 자라난 이 두 아이들이 후에 결혼을 하게 된 것이다.

그들의 결혼 생활 초기에는 그들이 각각 가지고 있었던 삶의 계명들이 긍정적인 방향으로 효과를 발휘했다. 그녀는 남편의 요구에 순응했고, 그가 원하는 것은 무엇이나 다 했다. 남편 역시 어떤 형식의 갈등이라도 피했으며 가정의 평화를 위해서는 그가 할 수 있는 최선을 다하였다. 그들은 네 명의 아이들을 낳아 키웠으며 아주 훌륭한 비지니스를 운영했고 주위 사람들로부터 칭찬을 받았다. 그들의 삶은 안정적이었고 의미있어 보였다.

그런데 루스가 쉰 살이 되던 해 일이 발생했다.

어느 날 아침 눈을 떴을 때 루스는 문득 자신의 삶이 매우 불만족하다는 것을 발견한 것이다. 아이들은 다 커서 자기의 길을 가고 있었다. 그녀는 자신이 하고 있는 일들이 따분하고 아무런 의미가 없다고 느껴졌다. 이러한 이상한 상태가 몇 개월 동안 지속되었는데, 마치 그녀는 자신의 삶에 뭔가 나사가 빠진 것처럼 보였다. 그녀는 여전히 날마다 같은 일을 하고 있었지만 그녀의 내면은 너무도 텅비어 있었던 것이다. 그녀의 내적인 텅빈 느낌이 그녀를 자꾸 짜증나고 참을성 없게 만들 정도로 최고조에 이르렀을 때 그녀는 무언가 대책을 마련해야겠다고 결심했다.

그녀는 남편에게 남편과 함께 운영하던 가게를 떠나 자기 가게를 한 번 운영해 보고 싶다고 말했다. 이 말은 남편을 몹시 당황하게 만들었는데, 그는 그녀가 새로운 모험을 하지 못하도록 온갖 방법을 다 동원해 보았다. 결국 가족의 평화를 유지하는 것은 그의 몫이었다.

그러나 루스는 내면적으로 힘든 싸움을 벌이고 있었다. 그녀는 복종하는 아내가 되어야 한다는 평생동안 짊어져 왔던 삶의 계명을 깨뜨린 것이다. 이 계명은 그녀의 어린 시절에 그녀를 잘 인도해왔을 정도로 적절한 기능을 해 오던 것이었다. 그녀는 좋은 엄마와 아내였다.

그러나 그녀의 나이 오십에 그것은 더 이상 적절하게 작용하지 않았다. 만일 그것이 더 이상 유효하지 않은 상황인데 계속 계명을 지킨다면 그녀는 내면에서 죽어갈 것이다. 그녀는 아주 역동적인 성격을 가진 사람이었기에 자신의 창조적인 면을 포기하고 싶지 않았다.

결혼 초기에 남편과 서로의 계명들이 잘 맞아 떨어져서 오랫동안 잘 지내왔지만, 지금 루스는 다른 박자로 춤을 추고 있기에 둘 사이에 충돌을 일으키고 있는 것이다. 물론 그들은 자신들의 내부에서 무슨 일이 일어나고 있는지 인식하지 못했다. 다만 오랫동안 공고하게 유지되어 왔었던 둘 사이의 관계가 지금은 깨지고 있는 것만을 알고 있을 뿐이었다.

그들이 나를 만나러 왔을 때 그들은 마음의 평정을 잃어버린 상태였다. 견고했던 것이 부숴지고 있는 것이었다. 예측할 수 있는 것은 그들은 지금 전에는 전혀 시도하지도 않았으며 자신들의 내면세계에 가두어 두었던 잠재력이라는 미지의 세계로 들어가고 있는 것이다. 오래된 어떤 패턴이 부숴지고 있으며 남편은 강한 자포자기의 감정을 맛보고 있는 중이었다.

관계에 있어서 한 사람이 내면의 믿음체계의 변화들을 일으키기 시작하면 보통 현재 생활에서 보여주었던 삶의 패턴과는 다른 변화된 행동들을 하기 마련이다. 이러한 변화된 패턴들을 상대방이 확인하게 되면, 그 상대방은 모든 것을 안정적인 예전상태로 다시 돌이키기 위하여 변화를 시도하는 사람에게 압력을 가하려는 아주 강한 욕망을 드러내게 된다. 이 압력이 바꾸려고 시도하는 사람에게 강하게 작용하면 할수록 그는 그에 대한 반작용으로 내적인 변화를 가져오기를 원하는 욕구를 실현시키기 위해 더욱 더 반발하기 마련이다.

루스의 남편은 그녀를 현재 상태에 머무르게 하려고 이런저런 많은 방법들을 사용해봤지만 모두 수포로 돌아갔다. 분노 가운데 그는 그녀가 "예전의 순종적이었던 상태"로 돌아가게 할 수 있지는 않을까 하는 마음으로 그녀와 함께 치료사를 만난 것이다.

불행히도 나는 그의 요구대로 할 수는 없었다. 나는 그에게 그토록 부인이 변하는 것을 막고 싶을 정도로 그가 믿어왔었던 계명들을 다시 한 번 생각해 보라고 권유했다.

내가 위에서 언급한 대로 그의 믿음체계는 그가 모든 사람을 행복하게 만들기 위해서 필요로 했다. 그가 무엇을 했던지 관계없이 지금 그는 그 믿음체계를 유지할 수 없는 상황에 처해 있다. 그 역시 그의 내적인 나침반을 변경해야 하며 중요하게 여겨왔던 믿음을 포기하는데 더 집중해야만 했다. 물론 오랫동안 유지해왔던 소중한 믿음을 저버리는 것은 힘들고도 슬픈 과정이다. 그것은 마치 친한 친구를 잃어버린 것과 같다.

해야 할 필요가 있는 것을 포기하려고 할 때 흔히 바꾸려고 하는 상대방에게 무엇을 어떻게 대해야 하는지 혼란스러울 때가 있다. 상대방이 소중하게 품었던 패턴을 포기한다는 것은 단지 그가 그러한 패턴에서 떠난다는 것 뿐만이 아니라, 뭔가 훨씬 더 깊은 무언가가 그의 내면에서 일어나고 있다는 것을 의미하고 있다는 것을 알 필요가 있다.

이런 상황에서 슬픔은 종종 혼합된 감정이다. 우리가 슬퍼하고 있는 이유가 외부적인 어떤 관계의 상실로 인한 것인지, 아니면 우리 내부의 무언가를 포기해서인지, 그도 아니면 두 가지 이유 모두 때문인 지 아는 것은 어려운 일이다.

치료를 위해서 내가 만났던 대부분의 사람들은 그들 자신의 내면 깊은 곳에 자리잡은 믿음체계를 거의 인식하지 못했기 때문에 그들 마음의 동굴에 들어가 내면의 공간을 탐구하는 데는 상당량의 감정적인 용기가 필요했다. 우리들 대부분은 상호 작용하는 두 세상들, 우리 주위의 물리적인 세상과 우리 안에 존재하는 세상에 대하여 잘 알지 못한다. 다만 치료작업을 통해서 내가 믿게 된 것은 사람들은 자신들의 내면보다 외부적인 세상을 더 잘 인식하고 있다는 것이다. 이러한 이유로 인해 우리 내면에 속해있는 믿음체계들을 가지고 외부 세상을 어떻게 해석하느냐 하는 문제는 다루기가 어려운 문제일 수밖에 없다.

루스의 남편은 아내가 자기 소유의 가게를 하고자 한 사실을 말했을 때, 그의 내적인 안내체계는 이 사건을 자기의 믿음체계와는 반대되는 것으로 해석했다. 당연히 그의 반응은 지배와 통제였다. 그 결과 루스로 하여금 더욱 자기 주장을 내세우게 했으며 그것은 또 역으로 그의 염려를 증가하게 만들었다. 이러한 반복적인 일들이 야기되면 보통 그들과의 관계 밖에 있는 누군가가 그들이 벌이고 있는 악순환을 깨뜨리는데 도움을 주어야 한다.

이 부부는 1년 이상 나를 만났다. 그리고 그들 둘다 그들의 삶을 인도해 왔던 내적인 규칙들을 많이 바꿀 수 있었다. 루스는 그녀가 새로 발견한 도전적인 자세를 가지고 자기의 사업체를 좀 더 크고 이윤을 많이 남기는 성공적인 가게로 발전시키는데 성공했다. 한편 그녀의 남편은 부인이 하고 있는 일이 창조적이며 활기 넘치는 일임을 보았기 때문에 그녀를 계속적으로 행복하게 해 주어야 한다는 그의 믿음체계를 더 이상 유지하지 않았다. 사실상 그녀는 행복한 삶을 스스로 만들어 갔던 것이다. 그녀는 남편이 더 이상 자기를 즐겁게 하기 위해서 애쓰지 않아도 된다는 것을 알게 되었다.

이러한 변화의 시간 동안에 하나의 중요한 이슈가 있었다. 그것은 바로 그 전의 믿음체계의 결과로 생겼던 의존성이 지금은 자기 확신과 자기 결정이라는 보다 성숙한 관계로 바뀐 것이다. 이들 부부는 서로 함께 결혼생활을 지속할 수 있게 되었으며 더욱 공고한 관계를 이루어 갔다.

독자들은 이 두 사람이 경험했던 감정적인 노력과 갈등이 매우 중요한 것임을 주목해야만 한다. 두 사람은 강한 죄의식과 분노, 곤혹스러움과 의심, 거절과 가정적인 소원함 그리고 일시적인 절망감 등을 경험했다. 그러한 갈등에서 두 사람이 다 승리자가 되는 경우는 드물다. 물론 나는 필요한 내적인 변화를 하지 못했기 때문에 승리자가 되지 못한 다른 부부들이나 개인들을 본 적이 있다.

그러한 변화의 과정에서 우리가 흔히 하기 쉬운 방법은 자신의 내부를 잘 살펴서 상대방의 변화를 이해할 수 있는 내적인 연결고리를 만들기보다, 상대방으로 하여금 우리가 원하는 것을 하도록 강요하는 것이다. 만일 루스의 남편이 부인이 원하는 것을 하지 못하도록 할 수 있었더라면, 그는 자신이 당했던 고뇌의 순간들을 경험하지 않고 행복했을지도 모른다. 그러나 그의 부인은 변하기를 원했지만 거부당했기 때문에 그녀의 삶은 그다지 만족스럽지 못했을 뿐더러 그 역시도 부인을 행복하게 만들어 주기 위해서 부단히 노력해야만 했을 것이다.

내가 이 두 부부 이야기를 비교적 길게 설명하는 이유는 삶의 계명 혹은 명령의 구조가 얼마나 복잡하고 그것이 얼마나 오랜 시간 동안 형성되었는지를 보여주기 위함이다. 스스로의 추론에 의해서 형성된 명령들이나 계명들은 자기 스스로가 만든 것이기에 재구성하기가 어렵다. 사실 우리 자신과 타인들 그리고 세계에 대해서 우리가 믿는 것 중 많은 부분들은 우리 스스로가 만든 추측에 기인하는 것들이다.

한편, 믿음체계가 반드시 부정적인 면만 있는 것은 아니다. 믿음체계의 긍정적인 요소들 가운데 하나는 그것들이 우리들을 이 세상에서 독특한 존재가 되도록 도와준다는 것이다. 이 세상에서 내가 믿는 것과 똑같이 믿는 사람은 없다. 물론 다른 사람이 나와 함께 할 수 있는 공통되는 부분들은 있을 수 있다. 하지만 내가 갖고 있는 독특한 믿음체계와 똑같은 것을 가질 수는 없는 법이다. 그 이유는 나는 삶속에서 벌어지는 일들이나 사건들에 대해서 상대방과 똑같은 방법으로 추론하지 않기 때문이다. 비록 우리가 같은 시간에 같은 장소에 함께 있다 하더라도 비슷한 사건이나 일들로부터 내가 추론한 것과 당신이 추측한 것은 아마도 매우 다를 것이다.

내가 당신이 한 것과 같은 결론을 끄집어 내야만 하거나 끄집어 낼 것이라고 유추하는 것은 우리가 앞서 다루었던 삶의 계명이나 명령으로 설명 가능할 것이다. 그것은 또한 내가 당신과 같은 종류의 정보와 배경을 가지고 있음을 짐작할 수 있기는 하다. 하지만 그럼에도 불구하고 단언할 수 있는 것은 그러한 일은 불가능하다는 사실이다. 따라서 나는 상대방이 이 세상을 믿는 방식과는 다르게 믿고 있는 것이다.

어려운 과제를 지닌 성인세계

현대심리치료 발달 초기에 많은 공헌을 했었던 심리치료사 중의 한 분인 프리츠 쿤클 Fritz Kunkle 박사는 "성인으로서 우리는 거북이의 등딱지 같은 것을 우리의 등에도 지니고 있다"라고 믿었다. 그 등껍질은 우리가 여전히 진리라고 믿는 것들로 이루어져 있는데, 성인이 된 우리는 그러한 거짓껍질을 없애야 한다고 말한다. 그럼으로써 우리는 그 진리라는 것들이 단지 나 자신만을 위한 고집이나 편견에 지나지 않는 것이었음을 알게 되는 것이다.

우리 스스로가 그러한 거짓껍질을 없애는 것은 감정적으로 어려운 작업이며, 무의식적인 행위가 아니라 고도로 의도적이며 계획적인 행위가 필요하다. 즉, 우연히 발생하지 않는다는 것이다.

이것은 다른 말로 말하면, 거짓껍질을 벗기 위한 통찰력을 얻기 위해서 우리는 우리 안에 있는 것과 몸부림치며 싸워야 하며, 우리의 믿음체계의 내부세계를 탐구하고 그것들을 바꾸어야 한다는 것을 의미한다. 그리고 그 목적은 현재 우리의 삶에서 요구되는 일들에 적절한 내적인 믿음체계를 갖기 위한 것이다. 만일 그렇게 하지 않으면 우리는 현재와 미래에 발생하는 일과 결정들을 내리는데 부적절한 믿음을 계속 개념화시키면서 지금 부딪히는 이슈들과 갈등하며 헤맬 뿐이다.

행동에 근거한 삶의 계명 혹은 명령들

이 유형의 특징은 구체적인 내용이 없다는 데 있다. 언어로 표현되어 있지 않고 단지 계명 혹은 명령을 주는 사람의 드러나는 행동만 있을 뿐이다. 실제로 명령제공자는 자신이 전달하는 행동을 받는 자가 어떻게 해석하고 있는지를 전혀 의식하지 못하는 경우가 허다하다.

어떤 의미에서 이 명령형태는 앞에서 살펴본 추론에 의한 명령과 비슷한 유형이라고 할 수 있다. 왜냐하면 상대방의 행동을 관찰하는 사람이 순전히 스스로 결론을 이끌어 내야 하기 때문이다. 이것을 더 자세하게 살펴 보도록 하자.

나는 십대였을 때 어머니에게 화를 내거나 불쾌감을 드러내기 시작했다. 그럴 때마다 어머니는 "너는 어떻게 너를 자상하게 보살피는 엄마에게 그렇게 화를 낼 수 있니?"라는 듯한 얼굴표정을 짓곤 했었다.

나 스스로가 그런 결론에 도달하자, 나는 어머니에게 절대로 화를 내지 말아야 한다고 믿었다. 어머니뿐만 아니라 다른 사람들에게도 나의 분노를 눌러야 한다고 나에게 명령한 사람은 바로 나 자신이었다. 이러한 나의 경험은 삶의 계명의 다른 면을 알게 해 주었다. 그런데 한때 나에게 매우 특별한 것으로 보였던 삶의 계명들을 "너의 어머니에게 화를 내지 마라!" 같은 나 외에도 많은 사람들이 가지고 있다는 것이다.

일반화라고 불리는 이 과정은 항상 우리의 삶속에서 보편적으로 적용된다. 만일 그렇지 않다면 우리는 매일매일 모든 것들을 또 다시 배우지 않으면 안 되기 때문이다.

예를 들면, 손잡이는 돌쩌귀로부터 문의 반대편에 위치해 있다. 대부분의 경우 이것은 변함없이 그리고 효과적으로 우리에게 적용되는 진리이다. 왜냐하면 대부분의 문들이 그런 식으로 작동하기 때문이다. 그것은 우리의 믿음체계의 일부분이며 그것을 신뢰한다.

어느 단체에서 손잡이가 돌쩌귀와 같은 면에 위치해 있다면 사람들이 어떤 행동을 취하는 지 알아보기 위하여 실험을 하였다. 피실험자들이 와서 손잡이를 잡고 문을 열기위해 애를 썼지만 문은 열리지 않았다. 그들은 문을 밀고 당기고 했지만 결코 꿈쩍도 하지 않았다.

그런데 아주 극소수의 사람들이 문을 열기 위하여 다른 방식을 사용했다. 사실 문제는 아주 간단한 방법으로 풀 수 있다. 단지 문의 반대편 쪽으로 밀면 되는 것이다. 그러면 문은 회전하며 열리게 되어 있는데, 그것은 돌쩌귀가 양쪽 방향의 회전문처럼 작용하도록 장치가 되어 있기 때문이다.

이와 같이 일반화는 유용하지만 우리가 종종 다른 해결방안이 필요한 상황에 부딪히게 될 때에 우리의 믿음체계는 역기능적이 되고 우리로 하여금 다른 대안을 찾을 수 없게 만든다. 그 이유는 바로 우리가 믿고 있는 것 외에 이 세상에는 다른 것이 없다고 우리가 믿고 있기 때문이다.

따라서 "우리가 무엇을 할 수 있는가"라는 말보다 더 정확한 표현은 "우리가 할 수 있는 것에 대해서 우리는 무엇을 믿는가"라는 말이 더 적합하다.

다른 사람이 하는 것을 지켜본 후 당신이 그가 한 것에 대하여 믿게 만든 것은 그들이 무엇을 말했는가가 아니다. 그들이 무엇을 했느냐이다. 특별히 그들의 얼굴에 나타난 표정들이 중요하다. 물론 당신의 해석이 맞을 수도 있고 틀릴 수도 있다. 그럼에도 불구하고 실제로 그것은 그렇게 중요한 이슈가 아니다. 중요한 것은 당신의 해석이 당신 자신과 주변 사람들에게 미치는 영향이다. 이것이 얼마나 큰 영향력이 있는지 그리고 우리의 성격과 능력을 형성하는데 어떠한 역할을 하는지에 관한 생생한 예를 하나 들어보겠다.

한 어머니가 두 아들을 키웠다. 그녀의 믿음체계 중 일부를 차지하고 있는 것은 사람들은 뭔가 과시하는 것을 좋아하지 않기 때문에 자기 아이들이 거만함을 떨지 못하도록 자주 말하곤 했다. 그녀의 작은 아들은 사람들의 이목을 끄는 특별하고 비상한 재주가 있었다. 갓난 아이 때부터 사람들이 그에게 다가와서 이야기를 자주 걸었는데, 이유는 그가 에너지가 넘치고 애교가 철철 흘렀기 때문이었다.

아홉 살이 될 무렵인 어느 날 그는 학교 음악회에 참석하기 위해서 정장 차림을 하고 있었다. 세련된 몸짓과 장난꾸러기 같은 목소리로 어머니에게 "스타가 탄생했습니다!"라고 말했다.

그 순간 어머니는 그의 뺨을 만지면서 "으스대지 말라!"고 한 마디 했었다. 그는 그녀의 삶의 계명 중 하나인 "사람들은 뻐기는 것을 좋아하지 않는다"를 어긴 셈이다.

한 순간에 그의 삶의 계명이 등장했다. 이 아이가 지금은 성인이 되었고 그의 번뜩이는 재주는 비록 전부 사라지지는 않았다 하더라도 가라앉고 있었다. 그의 어머니는 이제서야 자신의 삶의 계명들을 깨달았으며 자기가 자식들에게 한 행동을 인식하게 되었다. 지금 그녀는 그에게 좀 더 열정적이고 외향적인 행동을 보임으로 활력있는 삶을 살라고 격려하고 있다.

자신의 삶의 계명들은 물론이고 타인에게 강요했던 계명들을 비판적으로 대면하게 될 때에 두 가지 일들이 발생할 수 있다.

첫째는, 자신에게 그러한 행동을 계속하도록 인도했던 믿음체계들을 따르지 않고 그러한 계명들을 내면 속에서 수정하게 된다.

두 번째로, 우리 자신은 물론 타인에게 강요했었던 계명들에도 적극적으로 저항할 수 있는데, 그렇게 함으로써 타인들도 자기들에게 강요되었던 계명들을 바꿀 수 있는 계기를 주는 것이다.

그러나 우리가 그 동안의 계명들이 잘못되었던 것이라고 타인에게 말한다 하더라도, 그들이 단순히 당신을 신뢰한다거나 예전에 그랬던 것처럼 매우 빠르게 새로운 계명을 흡수하지는 않는다는 것을 기억해야 할 필요가 있다.

이 장의 마지막 부분에서 우리가 우리 자신의 계명을 깨뜨리거나 자신들을 억누르는 계명과 투쟁하고 있는 다른 사람들을 도울 수 있는 몇 가지 방법을 나눌 것이다.

삶의 계명들과 신앙 형성과의 관계

나는 다양한 교단에 속한 수백 명의 목회자와 평신도들을 대상으로 강의할 기회들을 가졌었다. 지난 20년에 걸쳐서 이 분들과 심층면접을 하였다. 그 결과 왜 그들이 그리스도인이 되었고, 그들이 실제로 무엇을 믿고 있는지에 관한 매우 도움이 되는 사실들을 알게 되었다.

이 책에서 설명한 심층 경청기술들로 인하여 사람들이 표면적으로 나타나는 기독교 신앙의 모습을 뛰어넘어서 그들이 하나님과 예수님을 왜 믿으며, 무엇을 믿고 있는지를 이해하려고 노력하는 것이 가능했던 것이다.

나는 또한 목회자들이나 평신도들과 장기간 치료상담을 할 수 있는 기회를 가졌었다. 각 개인들이 가지고 있는 삶의 계명들이 어떻게 그 사람의 신학을 결정하는지 이해하는데 커다란 통찰력을 나에게 제공한 것은 바로 목회자들과의 치료과정이었다.

한 명도 예외 없이 목회자가 심리적으로, 신앙적으로 어려움을 겪게 될 경우 그 어려움의 가장 밑바닥에는 역기능적인 삶의 계명 –진리로 가장한 거짓– 들이 놓여 있었다. 여기서 나는 삶의 계명들이 우리의 신앙적인 믿음체계에 미치는 영향과 삶의 계명들이 바뀌고 수정되고 혹은 포기될 때 우리의 신앙적인 사고구조들에 미치는 영향에 대해서 알아보고자 한다.

이 10장 서두에서 언급했던 두 이야기들을 다시 한 번 살펴보자. 친어머니에게서 버림받은 그녀는 많은 양부모들의 손을 거쳐야만 했다. 그녀의 어린 시절부터 세상이 자기를 버렸기 때문에 절대로 세상을 신뢰하면 안 된다고 믿었다.

이러한 근본적인 믿음체계가 그녀의 신앙적인 성향에 아주 큰 영향을 미쳤다. 그녀는 하나님을 두려워했다. 그녀는 한 번도 아버지라는 존재를 가져본 적이 없기 때문에 하나님을 '사랑의 아버지'로 이해하는 것이 불가능했다. 십대 시절에 사귀었던 남자들과의 경험은 남자들이란 자기들이 원하는 것만 그녀에게서 빼앗고 떠나버리는 존재로 각인되었다. 그녀는 하나님도 자기를 이용만하고 버릴 것이라고 믿고 있었다.

두 번째 예화는 식사시간에 제대로 행동하지 않으면 자신을 지하실로 쫓아냈던 아버지를 가진 여자의 이야기였다. 그녀의 오빠가 겁을 주며 지하실에 마귀가 살고 있다고 말했을 때 그녀는 언젠가 지옥으로 보내질 거라고 믿었다. 그녀는 매우 엄격한 기독교인이 되었다. 모든 것이 한 치의 어긋남없이 올바로 처리되어야 했다.

그녀는 스스로에게 속삭였다.

"너는 반드시 적절한 시간에 적합한 방법으로 올바른 기도를 해야만 해."

완벽하지 않은 것은 곧 처벌하시는 하나님이 자기를 지옥으로 데려간다는 것을 의미했다. 어린 시절부터 형성되어 온 그녀의 삶의 신념은 어른이 되어서도 믿음체계의 일부를 차지했고, 그것이 바로 그녀의 신앙의 틀이 되었던 것이다.

그녀의 경우 하나님에 대한 왜곡된 믿음을 바꾸기 위해서는 역기능적인 삶의 신념을 먼저 바꾸는 것이 매우 중요하다. 무분별한 삶의 신념들이 이상하고 맹목적인 신앙을 만들기 때문이다.

어느 날 교회에서 행정목사로 사역하는 분이 치료를 위해서 왔다. 그는 교회에서 자기의 역할에 대해서 심각할 정도의 회의에 빠져 있었으며, 그의 신앙 또한 심한 변화를 겪고 있었다. 몇 개월에 걸친 치료를 받은 후 그는 자신의 문제에 내재해 있는 더 깊은 면들을 탐구할 수 있었다.

그는 일중독자였다. 거의 하루도 쉬는 날 없이 하루에 10시간에서 12시간씩 일을 했다. 그는 좋은 그리스도인이 되어야 하며 모든 사람에게 사랑을 받아야 한다는 생각으로 가득 차 있었다. 극심한 우울증을 경험하고 있었으며 그러한 증상을 떨쳐버릴 수 없을 것 같아 보였다. 내가 보기에 그는 막다른 골목까지 왔기에 거의 미쳐버릴 것 같은 느낌을 강하게 받았다. 하나님에 대한 믿음이 거의 허물어지고 있었다. 그는 "나는 다른 교회에서 매 주일마다 설교를 하지만 내가 말한 것을 더 이상 믿을 수 있을지 모르겠다"라고 말했다.

그의 믿음체계를 분석하는 가운데 우리는 마침내 그가 다섯 살 때 경험했던 일들을 알게 되었다. 그는 자신의 방이 부모님의 침실과 바로 옆에 있었는데 벽은 말소리가 들릴 정도로 얇았다고 한다.

어느 날 저녁 그의 부모님들이 침대에서 다투는 가운데 자기 어머니가 아버지에게 하는 말을 들었다. "나는 우리 아들을 가진 것을 후회해요. 왜 우리가 이 아이를 가져야만 했죠?"

그 말을 듣는 순간 그는 자기만의 삶의 계명들을 스스로에게 부여했다 추론에 의한 계명. "나는 항상 좋은 아이여야만 해. 비록 내가 원하지 않더라도 나는 우리 부모님이 나를 자랑스럽게 여기도록 만들 거야."

그는 나에게 이 이야기를 하면서 그만 울음을 터뜨리고 말았다. 이렇게 자기 스스로에게 부여한 믿음들은 신앙적으로도 연장되었으며 이것은 그 목사의 삶속에서 과장되게 나타났다. 그는 부모님에 대한 태도를 하나님에 대한 믿음으로까지 일반화시켰다. 그래서 그는 자기가 하나님의 사랑을 받을 만한 존재라는 것을 하나님께 증명해 보여야만 했다. 하나님의 거룩한 은혜에 대한 그의 이해는 전혀 존재하지 않았다. 그의 감독하에 있는 사역자들이 그가 기대했던 것을 실행하지 않으면 그는 화를 내며 이 같이 말하곤 했다.

"어떻게 당신들이 그렇게 일을 하면서 천국에 들어갈 수 있겠는가?"

그는 사랑받지 못할 수도 있다는 두려움으로 인해 끊임없이 자신이 가치가 있다는 것을 하나님께 나타내 보이기 위해서 일을 해야만 했다. 하나님은 오직 자신이 일을 잘 해냈을 때만 자기를 사랑하는 것으로 믿었다. 마찬가지로, 만일 다른 사람들이 일을 열심히 하지 않으면 그는 그들에게 애정을 거의 주지 않았다. 그는 그와 협력하는 사역자들을 힘들게 만들었으며, 그들 중의 많은 사람들은 그의 그러한 행동에 반발하기도 했다. 그러나 그는 자기 자신은 당연히 해야 할 행동을 하는 것뿐이라고 생각했다.

하지만 지금은 상황이 바뀌었다. 자신이 얼마나 열심히 일하는지에 관계없이 그가 하는 일이 무엇이든지 간에 그는 마음의 평화를 찾을 수 없었다. 38세의 나이에 그의 내적인 믿음체계는 더 이상 작용하지 않았음은 물론, 설상가상 자신의 믿음체계에 복종하려고 하면 할 수록 상황은 더 악화되어만 갔다.

다행히도 일단 그가 자신의 믿음체계와 정직하게 대면할 수 있게 되자 우리는 그가 더 이상 효과를 발휘하지 않는 계명들을 포기하도록 돕기 위해 더 적절한 믿음체계들에 대해서 이야기하였다. 몇 시간에 걸친 내적인 싸움이 있은 후, 그는 해결책을 발견하게 되었다.

하나님의 "은혜"에 대한 새로운 믿음의 시야를 넓히기 위한 노력을 할 수 있었던 것이다. 물론 우리가 무언가를 해야만이 은혜를 얻을 수 있는 것이 아니라는 것을 우리는 익히 알고 있다. 은혜는 우리의 행위로서가 아니라 하나님으로부터 나오는 선물이며 종종 전혀 예기치 않은 때에 찾아오기도 한다.

이제 그가 풀어가야 할 숙제는 은혜를 얻기 위해 더 이상 애쓰거나 타인에게 너무 엄격하고 많은 것을 요구하는 대신에 어떻게 하면 자신의 마음을 열어 다른 사람들과 함께 하나님께서 허락하시는 기쁨을 충만하게 누릴 수 있느냐 하는 것이다.

감사하게도 6개월 후에 그는 자신의 삶을 지탱해왔던 역기능적인 믿음들에 대해 애통해 할 수 있었다. 이제 과거의 것들에 얽매이지 않고, 위협을 받는다는 생각없이도 다른 사람들에게 가까이 다가갈 수 있다는 사실을 발견하게 되었다.

그는 또한 굳이 자신의 존재를 확인하기 위해서 모든 사람을 행복하게 할 필요가 없음을 깨닫게 되었다. 자기의 행동으로 모든 사람을 기쁘게 해주어야만 한다는 믿음은 자기 자신의 모든 행복을 희생하지 않고서는 그 누구도 지킬 수 없는 계명이 아닌가!

이러한 믿음들은 흔히 하나님에 대한 올바른 개념이 발달되기 전에 굳어지기 마련이다. 이 같은 사실은 특히 어린 시절에 형성되는 감각적인 믿음체계일 경우 더욱 그러하다. 바로 이러한 감각적인 내적 신념이 우리가 하나님을 이해하는 방법을 형성하는데 영향을 미친다는 사실을 다시 한 번 주지하기를 바란다.

성경

일단 우리가 마음속 깊은 곳에 믿음체계를 발달시키면 우리는 발달된 믿음체계를 성경에 대응시키곤 한다. 즉, 성경은 때때로 우리의 삶의 계명이나 명령들을 확인해주는 증명교재이다. 내가 경험했던 이야기 하나를 예로 들어보자.

나는 지역교회에서 목회자로 26년 동안을 섬겼다. 당연히 수천 번의 설교를 했다. 만일 독자들이 당시 내가 했던 설교들을 들었다면 내 설교에 자주 등장하는 일관된 주제가 있다는 것을 의식할 수 있었을 것이다.

예를 들면,

그리스도 안에서 하나된 친구 여러분, 오늘 아침 우리가 하나님께 예배하러 나올 때 아마도 우리 모두가 원하는 기쁨을 다 맛보지 못할 수도 있을 것입니다. 그러나 그것은 그리 중요한 것이 아닙니다. 우리가 해야 할 필요가 있는 것은 바로 우리에게 어떤 일이 일어난다 해도 예수 그리스도께 신실해야 한다는 것입니다. 우리가 항상 행복할 것이라고 하는 확실한 보증은 없습니다.

위의 설교문 중에서 독자들은 내가 어머니로부터 받았던 보이지 않는 삶의 계명을 들을 수 있어야만 한다.

"너는 우리의 삶속에서 어떠한 행복도 기대하지 말아야 한다."

나는 수년 동안 이 계명을 설교했던 것이다. 내가 설교했던 복음은 나의 어머니, 에드나가 만든 복음이었다. 당신은 우리가 잘못된 신을 따를 때 사람들이 무엇이라 말하는지 알고 있는가? 바로 우상이다! 나는 잘못된 하나님을 믿어왔던 것이다!

어머니에게서 받은 그 계명을 깨뜨린 후, 나는 새로운 텍스트에 기초로 한 다른 신학을 가지게 되었다.

"당신은 아마도 생명을 소유하게 될 것이며 더 충만하게 소유하라."

나를 사로잡고 있었던 왜곡된 계명들을 붙들고 사역하는 동안에 나는 이러한 설교를 한 적이 거의 없다. 왜냐하면 그러한 설교는 내 어린 시절

삶의 계명들에 반대하는 것이기 때문이었다.

만일 독자들 가운데 목회자가 있다면 당신은 아마도 한 번도 설교하지 않은 본문들 가운데 뭔가 공통된 주제가 있나 살펴보기를 바란다. 그러한 기회는 당신의 내면의 명령들 혹은 신념들을 대면할 수 있는 실마리를 제공할 지도 모른다.

종교적인 언어

언어는 우리 마음의 무의식으로부터 독특한 혹은 특유한 단서를 제공하는 상징 체계이다. 종교적인 언어를 들음으로써 우리는 사람들이 스스로 자기 마음의 깊은 내면에서 갈등하는 것이 무엇인지를 알려주는 특별한 표식임을 알게 될 것이다.

수년 전에 실시했던 매우 독특한 한 연구조사에서, 전직 성직자였던 시카고의 에드가 드래퍼 Edgar Draper 박사와 네 명의 연구에 참가한 심리치료사들은 다른 사람들의 신학적인 관점을 들으면 그들의 심리적인 어려움을 알 수 있음을 증명했다고 발표한 바 있다. 그들은 자신들이 상담했던 사람들의 파일 중에서 무작위로 면접할 대상자 50여명을 뽑았다. 두 명의 박사들이 50명의 피면접자에게 종교적인 질문들에 대해서 물어 보았다.

"성경에서 당신이 가장 좋아하는 책과 그 이유는?"

"성경 속의 인물 중 당신이 가장 좋아하는 사람과 그 이유는?"

"만일 하나님이 당신에게 세 가지 원하는 것을 들어준다고 하면 무엇을 요구하겠는가?"

"당신은 기도하십니까? 기도한다면 보통 무엇에 대해서 기도하십니까?"

피면접자들인 환자들을 알지 못하는 두 명의 박사들은 대화록 형식으로 피면접자들의 대답들을 적었다. 그리고 두 명의 다른 박사들이 그 대답을 읽고 심리치료사 사무실에 있는 50명에 대한 분석 평가서가 어떠한지에 대해서 추론했다. 또 다른 다섯 명의 박사들이 그 환자들에 대한 분석 평가서에서 진단한 내용을 확인했는데, 그 결과 50여명의 사례 중 96.8퍼센트가 추론과 실제 평가가 일치하고 있다는 사실을 알게 되었다.

목회자로 사역한 바 있는 에드가 드래퍼 박사는 심리치료 분야에서 환자들의 믿음이 그들의 삶의 깊은 통찰력을 이끌 수 있기 때문에 환자들을 치료할 때 반드시 그들의 믿음에 대해서 물어보아야 한다고 강조한다. 신학적인 계명들을 들음으로써 심리적인 왜곡 현상을 예측하는 것은 그리 어려운 일이 아니다. 즉, 종교적인 경험이 그 사람의 현실을 보호하거나 왜곡하는데 사용되는 한, 별 애로 사항없이 그 사람의 삶의 계명들을 더 빨리 파악하는 것이 가능하다는 것이다.

인턴을 하던 한 친구가 자신이 만난 환자가 종교적인 언어를 지나치게 사용하는 것을 도저히 참을 수 없다면서 그녀를 나에게 소개해도 괜찮겠느냐고 전화로 물어왔다. 그는 내가 보기에 환자들이 사용하는 종교적인 언어에 어떻게 적절하게 대응해야 하는지, 또는 그녀를 돕기 위해서 어떻게 그것을 이용해야 하는지 등에 대해서 잘 알고 있지 못했다. 이것은 대부분의 의과대학에서 종교적인 현상학에 대해서 다루지 않기 때문에 나타나는 현상이다.

나는 그녀를 기꺼이 만나겠다고 동의했다. 그녀는 40대 후반이었는데, 며칠 후에 나를 찾아왔다. 그녀가 내 사무실에 앉은 후 우리는 대화를 나누었다.

"무슨 일로 저를 찾아오셨나요?"

"예수님은 저보고 교수님을 만나라고 말씀하셨어요."

"예수님께서 당신에게 저를 만나러 가라고 말씀하셨다니 기쁩니다. 그런데 왜 그렇게 생각하는 거죠?"

그녀는 잠시 내 질문에 답하지 못하고 있다가, 이윽고 말했다.

"교수님이 알다시피 저는 예수님을 사랑합니다."

"예수님을 사랑하는 것은 좋은 일이지요. 당신은 어떤 방식으로 그분을 사랑하시나요?"

"글쎄요, 아침에 일어나면 저는 예수님께 어떤 옷을 입어야 할지 물어봅니다. 그러면 예수님은 항상 저에게 말씀하신답니다. 그리고 가족을 위해 아침을 준비하기 위해 아래층으로 내려가면 – 참고로 저는 남편과 아직도 이불에 오줌을 싸는 열한 살짜리 아들이 있지요. 아들은 오줌을 싸면 침대 옆에 무릎을 꿇고 예수님께 그의 죄를 고백합니다. 저는 항상 아침을 위해서 무엇을 준비해야 할지 물어봅니다. 그러면 예수님은 항상 나에게 말씀하십니다. 저는 예수님을 진정으로 사랑합니다."

아마 지금쯤, 독자들은 이 여자의 신학과 믿음체계에 뭔가 매우 잘못된 것이 있음을 눈치챘을 것이다. 그녀의 '예수님'이란 단어의 과도한 사용과 완전히 예수님만 의지하면서 자기 자신의 결정을 내리지 못하는 상태 등은 분명히 그러한 종교적인 언어 뒤에 무언가가 존재한다는 신호를 보내는 것임을 알아야만 한다. 그녀의 내면에 뭔가 충동적으로 작용하는 삶의 계명이 있다는 것이다.

간단히 말하면, 나를 만나기 2년 반 전에 그녀는 심각한 우울증에 시달렸었다. 어느 날 저녁 열세 번째 자살을 시도한 후, 그녀는 예수님이 자기의 침대 끝에 서 계셨는데, 자기에게 이렇게 말씀하셨다는 것이다.

"네온의 등불처럼 불을 밝혀라."

이 경험은 그녀를 너무도 놀라게 했기에 자살할 생각을 그만두고 예수님께서 자기를 어떻게 치료해 주셨는지를 다른 사람들에게 말하면서 이 교회 저 교회로 돌아다녔다.

그러던 중 남편과 심한 말다툼을 했고, 그 뒤에 다시 자살을 생각하기 시작했다고 한다. 그러나 자살에 대한 생각들이 그녀를 두렵게 했으며, 다시 이러한 문제에 대한 도움을 구하고 있는 것이다.

많은 상담을 가진 후에 우리는 마침내 그녀의 깊은 내적인 믿음체계로 들어가게 되었다. 어느 날 상담 때에 내가 그녀에게 물었다.

"당신은 누구입니까? 당신 마음 내부 깊은 곳에 누가 있습니까? 나는 당신과 몇 개월 동안 함께 대화를 나누고 있습니다만, 나는 당신이 누구인지 모르겠습니다."

그녀는 얼굴이 붉어지며, 화가 난 모습도 짓고 또 울기 시작했다. 그녀는 눈물을 흘리면서 이렇게 말하는 것이었다.

"나는 아무도 아니에요. 아무도 아니란 말이에요!"

누군가로부터 종교적인 말을 들었을 때 자꾸자꾸 반복되는 하나의 말들이 있음을 주목하라. 그러한 말은 그 사람이 전하는 여러 가지 이야기의 핵심이 되는 주제가 될 뿐만 아니라, 또한 이야기를 말하는 사람은 의식하지 못할지라도 그의 삶의 계명들을 알 수 있는 통로가 된다. 이러한 인식은 그녀조차 말하기 어려운, 그리고 나 역시 듣기 힘든 삶의 계명으로 인도했다.

그녀의 가족사에서 딸들은 아무런 가치가 없는 것처럼 여겨졌다. 그녀는 자기는 아무런 가치도 없으며 사랑받을만 하지도 않은 아무런 존재도 아니라는 말을 많이 했다.

어느 날 피할 수 없는 일이 발생했는데, 그녀는 그것을 깊이 믿게 되었던 것이다. 어린 시절이 한참 지난 후, 그녀는 정규적으로 교회를 다니고 있었다. 그런데 그 교회 목사님이 예수님을 사랑하고 그녀 역시 예수님을 사랑하고 있었기 때문에 그녀는 그 목사님이 믿을만한 사람이라고 생각했다. 그러한 종교적인 경험으로 인해 그녀는 예수님에 대한 과도한 의존성을 발달시켰으며 그것을 회피할 수 없었다. 그녀의 신앙관 중 많은 부분은 현재 역기능적으로 작용하는 깊은 믿음체계에 대한 반발이었던 것이다.

이 때 슬픈 일이 생겼다. 이 여자는 자기가 믿고 있는 것을 발견한 후에 그 어떠한 사고의 변화도 거부한 것이다. 그녀는 만일 자신이 믿어왔었던 것을 바꾸면 예수님께서 자기를 떠날 것이라고 믿었고, 예수님에 대한 자신의 사랑을 포기할 수 없다는 것이다.

이러한 대화를 한참 한 후에 무언가 새로운 것이 떠올랐다.

그녀의 부모님으로부터 받았던 반응들이 그녀를 전혀 무의미한 아무 것도 아닌 존재라고 믿게 했던 것을 알게 되었다. 만일 그녀가 자기 자신을 괜찮은 사람으로 생각하면 부모님이 자기를 사랑하지 않을 거라고 그녀는 믿었다. 어떤 사람들에게는 예수님께서 부모님의 이미지로 받아들이기 때문에 일반화의 과정을 통해서 그녀가 만들었던 부모님에 대한 첫 번째 신념이 다른 유사한 상황과 대상에서도 유효하다고 여겨졌던 것이다.

그녀와의 대화 속에서 가장 어려웠던 부분은 종교적인 경험이 역기능적인 삶의 계명들을 영속화하는데 부채질할 수도 있다는 것이었다. 믿음체계에 내재해 있는 보다 깊은 구조를 바꾼다는 것은 하나님의 본질에 대한 종교적인 이해, 그러니까 이 여자의 경우에는 예수님과의 관계를 바꾸어야만 하는 것을 의미한다.

이 특별한 상담의 마지막 결론을 말하면, 이 여자는 내가 예수님에 대한 그녀의 믿음을 포기하게 만들려고 하고 있다고 느꼈기 때문에 나에게 오는 것을 그만두었다.

인간의 내면에 고정되어 있는 믿음체제와 종교적인 이해 사이의 양방향의 관계는 서로 얽혀있어서 잘못됐을 경우, 역기능적인 모습들이 계속 발생할 가능성이 매우 높다.

상담에서 참으로 어려운 작업 중의 하나는 바로 종교적인 믿음과 관련되어 있다. 즉, 우리가 가지고 있던 신학적인 이해를 잠시 내려놓는 것이다. 그 목적은 하나님에 대한 새로운 이해를 갖기 위해서이다. 이것은 신앙에 대한 깊은 이해를 갖게 해 준다. 믿음은 믿을 수 없을지도 모른다는 사실을 인정하며 하나님을 믿는 능력인 것이다.

"내가 믿습니다. 내게 믿음 없음을 도와주소서" 막 9:24.

사람들이 새로운 삶을 찾아 새롭게 만들어 가는 과정에서 다른 내적인 법칙이 반드시 있어야 한다. 예수님은 이것에 대해서 매우 함축적으로 말씀하셨다.

"내가 너에게 새 계명을 주노라" 요 13:34.

"내가 온 것은 양으로 생명을 얻게 하고 더 풍성히 얻게 하려는 것이라" 요 10:10 하반절.

요약

당신 자신이나 다른 사람의 역기능적인 믿음을 전환하기 위한 전략이다.

감각적인 믿음: 나는 내가 느낀 것을 믿는다.
언어적인 명령 혹은 계명: 나는 나 자신과 세상에 대해서 다른 사람들이 나에게 말한 것을 믿는다.
추론: 나는 내가 나 자신에게 말한 것이 사실일 것이라고 여기며 믿는다.
행동들: 나는 나에게 모델이 되는 사람이 하는 행동을 보면, 그것을 따라야 한다고 믿는다.
일반화: 나는 어느 하나가 사실이면 그것과 유사한 다른 것들도 사실이라고 믿는다.
신학적으로 함축된 의미: 내가 나 자신과 세상에 대해서 믿는 것이 하나님에 대해서 믿는 것에 영향을 미친다.

11장

상대의 언어구조를 파악하면 답이 보인다

　신경언어 프로그래밍 Neuro-Lingusitc Programming, 이하 NLP은 비교적 최근에 나온 심리치료의 한 방법이다. 이것은 매우 다양한 학문 분야 안에서 발달해 왔다. 그러기 때문에 여기서 나는 이 책의 주제에 맞게 다른 사람의 이야기를 경청하고 의사소통을 잘 할 수 있는 내용과 연관된 부분만 소개하고자 한다.

　신경언어 프로그래밍을 문자 그대로 해석하면, "신경계통의 언어"라 할 수 있다. 이 방법은 리차드 밴들러, 존 그린더, 레슬리 카메론 밴들러, 쥬디스 델로지어, 로버트 딜츠, 데이빗 고든과 그 외의 사람들에 의해서 개발되었다. NLP는 심리치료 분야에도 응용할 수 있도록 고안된 행동과학기술로서 이 외에도 커뮤니케이션, 교육, 경영, 판매, 마케팅 등의 분야들에서 유용하게 사용되고 있다.

　NLP는 주관적인 경험의 구조에 대한 연구이다. 그리고 사이버 네틱스, 언어학, 심리치료와 성격이론을 포함한 인접 학문의 이론들과 서로 연관되어 있다. NLP는 전에는 단지 직관적으로만 이해했던 행동과 변화의 유형들을 명백하게 외관적으로 드러나게 해 준다.

밴들러와 그린더는 자신들의 작업의 대부분의 과정에서 그레고리 뱃슨의 이론들을 기초로 하였다. 그들은 또한 버지니아 새타이어, 프리츠 펄즈와 롤로 메이와 같은 성공적인 심리치료사들의 이론들을 중심으로 NLP 유형을 만들기 위해 연구하기도 했다.

이와 같이 그들은 이미 심리학 분야에서 인정받으며 발달한 다양한 치료기법들을 끌어들였으며, 이러한 초기 연구들의 결과 NLP가 탄생한 것이다.

모델

신경언어 프로그래밍은 고객들이 원하는 상태를 얻을 수 있도록 안내하는 수단으로서, 이론보다는 모델이라는 단어를 선호한다. 이론은 왜 사물들이 현재 상태와 같이 되었는지를 설명하고 해석하려고 시도하는 가설적인 진술이다. 그러나 모델은 이미 존재해서 모방할 수 있고 재창조할 수 있는 현상의 패턴 혹은 복제이다.

인간 존재에 대한 어떤 모델도 구체적이고 경험적인 속성을 지닌 실체로 고안되었다. 그것은 우리의 시각, 청각, 감각과 후각 등에 기초한다. 신경언어 프로그래밍 이론에서 사람의 본성은 신경과 밀접한 관계가 있다. 건강한 사람은 목적을 이루고 문제를 해결하기 위하여 내부적이고 외부적인 자원들을 사용한다.

병病은 사용가능한 자원들을 인식하지 못하거나 사용하지 못하는 상태를 말한다. 사람들은 자신의 문제를 해결하기 위하여 내적이고 외적인 자원들을 사용함으로써 상황을 바꿀 수 있으며, 심리치료사들은 사람들이 그러한 자원들을 사용할 수 있도록 고안된 특별한 전략을 사용하여 환자들을 돕는다.

친밀한 관계를 조성하기 위한 상징체계의 사용

상징체계들은 우리가 이 세상을 나타내고 의미를 찾기 위해서 사용하는 내적이고 외적인 사진들, 소리들, 단어들 그리고 느낌들을 말한다. 다른 말로 하면, 우리는 우리의 감각을 통해 이 세상을 해석하고 경험한다. 우리들 대부분은 각자에게 중요하거나 대표적인 상징체계와 함께 어느 때나 사용가능하고 가장 중요시 여기며 의식적으로 느끼는 감각 채널을 가지고 있다. 특히 우리는 위기의 시간을 통과할 때 자기 나름대로의 독특한 감각체계들을 선호하는 경향이 있다.

언어

우리는 보통 자신의 생각을 표현할 때 무의식적으로 자신이 선호하는 감각체계를 나타내는 언어를 사용한다. 예를 들면 이렇게 말할 수 있다. 시각적인 사람은 아마도 "나는 당신이 의미하는 것을 **본다**" 혹은 "그것은 나에게 매우 **분명하다**" 반면에, 청각적인 사람은 "정말로 그것은 나에게 꼭 **맞네요**" 혹은 "나에게는 별 문제가 없이 괜찮게 **들리네요**"라고 말할지도 모른다.

운동 혹은 느낌을 선호하는 사람은 흔히 감정과 연관 지어서 대화속에서 직접 표현한다. 나는 여기에서 무슨 일이 벌어졌는지에 대해서 매우 **염려를 느낀다**거나 "그 경험은 정말 나를 **감동시켰다**"라고 말하기도 한다. 후각이 발달한 사람은 "이 경험은 나에게 매우 **쓴 맛**을 안겨다 주었다" 혹은 "나는 뭔가 썩은 것들이 발생하고 있는 것 같은 **냄새를 맡을 수 있다**"와 같이 말한다.

다음과 같은 몇 가지 술어들 동사, 형용사, 부사들이 시각적인 상징체계들을 나타내기 위하여 사용될 수 있다: 밝다, 깨끗하다, 색깔이 풍부하다, 포커스가 맞추어져 있다, 희미하다, 어지럽다, 몰래 엿보다, 전망하다, 그림, 귀여운, 보여주다.

청각적인 표현의 예는 다음과 같다: 부르다, 논의하다, 조화를 이루다, 듣다, 귀를 기울이다, 시끄럽다, 소리치다, 말하다, 이야기하다, 고함치다.

한편, 운동이나 느낌들을 나타내는 단어들로는 *둔*하다, 구체적이다, 느끼다, 견고하다, 상처받다, 짜증나게하다, 압력을 가하다, 강압적이다, 긴장을 풀다, 긴장하다, 감동시키다 등의 표현들이 있다.

그런데 도대체 위 내용들이 '듣는 사람'과 무슨 관계가 있을까?

우리가 위에서 본 것 같은 다양한 언어적인 표현들의 사용이 유용한지 어떻게 알 수 있을까?

듣는 사람은 말하는 사람이 사용한 상징체계들과 자신을 연결시킴으로써 상대방과 빨리 친밀감을 형성할 수 있다. 어떤 사람은 상대방의 말을 문자 그대로 받아서 말할 수 있고, 또 다른 사람들은 사용되는 말을 잘 연결시킴으로써 이해하는 과정에서 발생할 수 있는 장벽들을 제거할 수 있다. 말하는 사람이 자기 나름대로의 세계를 형성하고 이해하는 방법을 알면 알수록 듣는 이에게 도움이 되기도 한다.

나의 경청 현장에서 이것이 어떻게 사용될 수 있는지 실례를 하나 들고자 한다. 어떤 친구가 우리에게 와서 그녀의 문제를 이런 식으로 설명했다고 가정해 보자. "내 딸이 조금 전에 나에게 자기가 지금 임신을 한 상태인데 학교를 그만 둘 계획이라고 말하는 것이 아니겠어. 나는 이런 황당한 일을 만든 딸아이 때문에 상처를 받았어. 나는 아이에게 엄하지만 사랑으로 키우려고 애썼는데. 나는 아마 부모로서 실패한 모양이야. 그렇지 않고서야, 어떻게 이런 일이 일어날 수 있겠어."

듣는 이는 "이 문제를 정확히 알아보자. 너는 네 딸의 상황 때문에 실패한 부모로서 너 자신을 설명하고 있는데. 이것이 네가 이 문제를 보는 시각이니?"라고 대답한다.

친구는 "글쎄, 확실히는 모르지만, 나는 지금 참담한 심정이야."

치료자와 내담자는 두 개의 다른 언어구조들을 사용하고 있으며 당연히 그들은 다른 언어들로 말하고 있다. 이것은 협력과 이해 관계를 형성하는데 방해가 될 수 있다. 만일 치료사가 시각적인 술어보다 내담자가 주로 사용하는 운동 혹은 감정적인 술어들로 반응했다면 더 효과적인 친밀감을 형성할 수 있었을 것이다.

아마도 다음과 같은 반응이 가능하다.

"내가 추측하기에 당신은 심한 고통과 이 상황에 대해서 매우 혼란스러움을 경험하고 있는 것 같군요. 맞나요?"

내담자는 아마도 "맞아요, 바로 그거에요"라고 반응했을지도 모른다. 이런 반응으로 대화한다면 그들이 벽에 부딪히기보다는 다음 단계로 대화를 진행할 수 있을 것이다.

상대방과 조화를 이루라

서로 간의 신뢰관계를 형성하는 한 방법으로 "미러링" mirroring 이 있다. 미러링은 "한 사람의 몸짓, 동작, 숨쉬는 속도 등과 자신을 조화시키는 것"을 가리킨다 Lewis and Pucelic, 1982.

어떤 사람들은 타고난 직관에 의해서 이것을 잘 한다. NLP의 발전에 큰 영향을 준 심리치료사 중 한 분인 버지니아 새타이어는 본능적으로 타인의 행동과 감정에 자신을 잘 조화시켰다고 전해진다. 만일 어떤 억양을 가진 환자가 오면 그녀는 조금씩 그 환자의 억양에 자신의 억양을 맞추었다고 한다. 미러링은 의식적으로는 항상 상대방의 실제 행동을 주목하는 것은 아니지만, 무의식적으로나마 "이 사람은 나와 같다"라는 인식을 주기 때문에 내담자의 마음을 아주 편하게 해 준다.

미러링을 통해서 상대방과 신뢰관계를 맺는 데는 몇 가지 방법이 있다. 상대방 목소리의 어조와 맞추기, 같은 속도로 숨쉬기, 상대방의 몸놀림을 포착해서 당신의 몸동작과 일치시키기, 즉 목을 위아래로 흔든다거나, 손가락이나 발을 움직이거나, 같은 속도로 말하기 등이 있을 수 있다.

이러한 행동들의 목적은 말하는 사람으로 하여금 당신이 무관심하거나 남을 잘 돌보는 사람이 아니라는 인상을 주지 않도록 하는데 있다. 나는 비교적 쉽게 미러링을 하지만, 어떤 경우에는 그렇지 못해서 신뢰관계가 깨져 버려 결국 값비싼 대가를 지불한 적이 있었다.

언젠가 호스피스에서 자원봉사자로 일하는 그룹을 대상으로 짧은 워크숍을 가진 때였다. 그 때 참석자 중 한 분이 나에게 보험회사 에이전트들을 대상으로 어떻게 고객들의 이야기를 경청할 수 있는지에 대해 훈련시킨 적이 있느냐고 물었다. 그렇다고 대답하자, 그는 나중에 나에게 전화하더니 자기 보스, 보험회사 사장, 다른 에이전트, 그리고 자기와 점심을 함께 하자고 청했다.

그 후 그는 점심식사 때 보험회사의 사장에게 나를 소개했고, 사장은 전국보험회사협의회 모임을 위한 연사를 찾고 있는 중이라고 말했다. 나는 나 스스로에게 말했다. "이것은 매우 중요한 모임이야. 아마 내가 연사로 초청받을 수 있을지 몰라."

사장은 내 옆에 앉았고, 나머지 두 사람은 맞은편에 앉았다. 대화가 시작되자 나는 사장이 그의 몸을 나에게 전혀 어떤 틈을 주지 않고 완전히 앞만 바라보며 앉아있다는 것을 발견하게 되었다. 그는 나에게 말할 때 그의 머리나 몸을 나에게 향하지 않았고 그저 앞만 보고 있는 것이었다. 그가 주로 사용한 언어는 청각적이었으며, 시각이나 운동 혹은 감각적인 상징언어들을 전혀 사용하지 않았다. 목소리는 쉰소리였으며, 말은 매우 짧고 간결했다. 그의 행동을 통해 나는 '그는 아마 여기에 나오고 싶지 않았을 것'이라고 추측했다.

나는 거의 이런 유형의 행동을 하지 않기 때문에 나의 대화 스타일이 그와는 잘 맞지 않음을 알았다. 그 때 나는 이 사람의 세계와 연결하기 위하여 내가 보기에 매우 적절하다고 생각되는 행동을 하였다. 나는 몸을 그에게 돌려 약간 앞으로 기울였고 따뜻한 목소리를 냈다. 그러자 그는 약간의 적개심 속에서 보다 강한 어조와 함께 좀 더 엄숙한 모습을 보였다.

나는 약간 위협을 느꼈다. 그는 내가 하는 말에 대하여 비판적인 입장이 되었으며, 왜 그가 자기 사람들을 훈련시키는데 나를 초빙해야 하는지 말해 달라고 강요하기 시작했다. 나는 그의 질문들에 어떻게 대답해야 할지 갈등을 느꼈으며, 그는 나의 대답에 만족하지 않았다.

내가 여러 번 그와 신뢰관계를 형성하는데 실패했다는 것을 점심식사 후에 명백히 알았다. 문제는 내가 강의시간에 참석자들에게 하지 말라고 한 것을 내가 했다는 데 있었다 – 만일 어떤 것이 그다지 효과를 발휘하지 못하면 그것을 계속 하지 말고 전략을 바꾸라!

내가 그에게 더 고개를 돌려 그와 맞지않는 행동을 하면 할수록 그는 더 나에게 적대적으로 대할 뿐이었다. 독자들은 결국 내가 연사로 초청받았다고 생각하는가? 아니, 그 반대였다.

나는 결국 초청받지 못했다. 나는 보험계에 종사하는 사람들을 훈련시킬 수 있는 아주 좋은 기회를 놓쳐버렸다는 낭패감을 느꼈던 것을 지금도 기억하고 있다. 나는 만일 독자들 가운데 중요한 다른 사람들과 올바른 관계를 형성하지 못했을 때 그로 인해 지불해야만 하는 대가를 알게 해 주기 위하여 이 경험을 나누는 것이다.

나는 그와의 만남을 통해서 많은 것을 배웠다. 사실 나는 그것을 결코 잊지 못한다. 나에게 아주 큰 배움의 순간이었고, 그와 같은 일은 나에게 다시 일어나지 않았다. 나는 지금 타인의 세계와 연결하기 위하여 그들의 행동들과 비록 시간이 걸리더라도 잘 연결할 수 있는 비결을 알고 있다.

NLP는 우리가 다른 사람과 원활한 의사소통을 하기 위해서는 그들의 세계로 들어가야만 하는데, 그것은 그들의 의사소통 체계를 이해함으로써 가능하다는 것을 보여주고 있다.

신뢰관계를 시험하라

상대방과 신뢰관계가 형성됐는지를 어떻게 알 수 있을까?

아주 간단한 시험을 통해서 그것을 알 수 있다. 어떤 간단한 행동을 취한 다음, 말하는 이가 당신이 한 행동을 따라 하는지 살펴보면 된다.

다른 사람의 이야기를 들을 때 나는 종종 그가 따라 하는지 안 하는지를 보기 위해서 일부러 어떠한 행동을 취해본다. 무릎을 긁는다거나, 아니면 뺨이나 콧등을 문지를 수도 있을 것이다.

일반적으로 1분 안에 말하는 이는 반드시 똑같은 부위는 아닐지라도 같은 행동을 하는 것을 보게 될 것이다. 내가 무릎을 긁으면 그는 머리나 팔을 긁을 수 있다. 일단 상대방과 신뢰관계가 형성되었는지 시험을 해 보면 그 다음에는 상대방과 다른 관계까지 나아가는데 관심을 집중할 수 있게 된다.

갈등을 줄이려면 술어를 사용하라!

갈등관리 기술들은 NLP에서 다루는 이론들을 함께 사용하면 더욱 큰 효과를 볼 수 있다. 사람들은 상대방이 자신이 사용하는 언어구조들과 잘 조화를 이루지 못하면 마치 상대방이 자기에게 비협조적이고 감정적으로 거리가 있는 사람이라고 생각하는 경향이 있다.

자, 여기에 세 사람이 있다고 가정해보자. 그들은 자기들이 시작한 조직이 앞으로 가야 할 방향과 목적들에 대해서 이야기하려고 모였다. 그들 중의 한 사람은 청각선호형이며, 다른 한 명은 시각형, 마지막 한 사람은 운동감각 선호형이다. 그들의 대화는 이런 식으로 진행될 것임을 우리는 충분히 미루어 짐작할 수 있을 것이다.

- **청각형**: 오늘은 내가 회의를 주관하게 되었는데, 자네들이 무슨 말을 하는지 우선 듣고 싶네. 오늘 아침에 라디오를 들을 때부터 뭔가 오늘 일이 잘 될 것 같아. 우리가 현재 답보상태에 머무르고 있는 이 교회를 위해서 무엇을 해야 하는지 먼저 두 사람의 의견을 듣고 싶은데 뭐든지 말해 보게나.

- **시각형**: 나는 그게 문제가 아니라고 보는데. 내가 보기에는 우리가 애당초 세운 계획에서 한참 **벗어난 것** 같아. 모든 것이 **불투명하잖아**. 솔직히 말해, 요즘 나는 과연 우리에게 조그마한 **희망**이라도 있는지 모르겠어. 만일 우리가 좀 더 우리의 비전을 잘 세워나가지 않으면 교회문을 닫을 지경까지 갈거 같다구. 우리가 나가야 할 방향을 사람들에게 **보여주면서도** 정작 우리는 무엇을 보고 있는 거지?
- **운동형** 감각형: 나는 자네들 두 사람이 지금까지 무엇을 경험하고 있는지 잘 모르겠지만, 나는 대부분 **좌절감을 느꼈어**. 우리는 전에는 서로가 열심히 **뭉쳐서** 일을 했었지. 그런데 아쉽게도 지금은 잘못되어 가고 있는 것들을 **다루는데** 내 자신이 어려움을 가지고 있어. 내 생각에 우리는 지금 서로 저마다 각기 나가고 있기 때문에 우리가 당면한 문제를 함께 대처해 갈 수 있다고 생각하지 않아. 어제 미팅후에 모든 것이 뒤죽박죽 **얽혀있다는** 것을 발견하고 나는 **씁쓸한** 마음으로 집으로 돌아왔지. 정말 우리가 무엇을 해야 하는지 **혼란스러워**.

위의 예에서 잘 나타나 있듯이, 상대방이 세상을 보고 있는 방법에 대해서는 알려고 하지 않은 채, 자신의 의사소통 방식만을 고집한다면 위의 세 사람 사이의 갈등은 좁혀지기는커녕 갈수록 더 벌어질 것은 뻔한 일이다. 마찬가지로, 우리들 각자는 자신이 선호하는 언어구조가 있기 마련이다.

우리의 언어구조는 어린 시절이나 청소년기에 주로 확립되는데, 앞에서 살펴본 삶의 명령들처럼 우리의 경험들을 회상하고 걸러내기 위해 우리의 뇌 안에 습득된 명령이라 할 수 있다.

만일 우리에게 어떤 생각이 떠올라 그것을 말했는데 그럴 때마다 꾸중을 듣고 바보라는 소리만 들은 채 사람들이 우리가 말한 것을 알지 못한다면 우리는 더 이상 생각하고 있는 것에 대해 말하지 않고 침묵만 지키게 될 것이다. 그저 당신 자신에게만 말하고 싶은 것을 말할 뿐 그 누구와도 나누지 않게 된다.

나는 개인적으로 아주 어린 시절에 어떻게 나 자신을 표현하지 않을 수 있는지를 배우게 되었다. 그런데 그렇게 함으로써 아버지가 야단치시는 소리를 피할 수 있게 되었다. 요즘도 나는 종종 내가 생각하고 있거나 느끼고 있는 것을 말하지 않곤 한다. 심지어는 말을 해야 할 때조차도 하지 않는 나 자신을 발견하게 된다. 그러나 그럼에도 불구하고 예전보다는 내가 생각하는 것을 더 잘 남에게 말하는 편이다.

몇몇 사람들은 자신들의 세계에서 무엇이 벌어지고 있는지 보지 못하는 경향이 있다. 그런데 그 주된 이유는 자신의 내부와 외부세계를 관찰할 수 있는 기회를 살아가면서 얻지 못했기 때문이다. 시각적으로 잘 표현하지 못하는 사람들은 안타깝게도 타인이 시각적으로 말하는 표현이나 몸동작을 잘 분간하지 못한다. 더욱이 그들은 상대방의 비언어적 행동들을 놓쳐버린 나머지 부적절하게 행동하곤 한다.

몇 해 전에, 나와 내 아내가 집에 있을 때 한 세일즈맨이 방문하여 만난 적이 있었다. 그는 우리 집 지하실 벽을 통해서 스며드는 습기를 제거하는 서비스를 받아야 한다고 우리를 설득하고 있었다. 그는 아주 철저하게 검사했으며 말도 아주 설득력 있게 잘 하였다.

그는 거의 완벽한 준비를 했는데 정확한 도표와 다이어그램까지 그려가면서 우리가 예상한 시간보다 조금 긴 두 시간 동안이나 설명했다. 그의 모든 설명이 끝난 뒤 우리는 총 비용에 대해서 물어보았다. 그가 말한 비용은 우리가 예상한 비용보다 좀 더 나왔기 때문에 그에게 "우리는 생각할 시간이 필요하다"고 말했다. 나는 자리에서 일어나 다른 약속이 있기 때문에 먼저 나가봐야 한다고 말했다. 그러자 내 아내도 일어났는데 그는 계속해서 우리를 설득하려고 했다. 나는 그에게 부담을 주지 말라고 말했고, 그는 그럼에도 불구하고 멈추지 않았다. 마지막으로 나는 나중에 다시 전화 주겠다고 말했다. 이윽고 그는 자리에서 일어났는데 그런 와중에서도 끈질기게 우리들을 물고 있었다. 우리는 함께 문까지 걸어갔으며 내가 문을 열자 그는 밖으로 나갔다. 물론 그는 자기가 원하는 목적을 달성하지 못했다.

이 예는 상대방을 잘 관찰할 수 있는 시각적인 예민함이 부족한 전형적인 경우이다. 만일 그가 우리가 표현했던 비언어적인 행동들, 즉 우리가 비용에 대해서 염려하고 있다는 것과 자리에서 일어난 행동 등을 주의깊게 살폈더라면, 그는 그런 식으로 밀어부치지 않았을 것이다. 그러한 행동은 판매가 실패로 돌아갈 때 저지르는 일반적인 실수이다.

이 장에서 다루고 있는 다른 유형인 운동 혹은 감정적 언어는 자기 자신의 감정을 경험하기를 꺼리고 내적으로 가두어 두려고 하는 경향이 있는 우리의 문화 속에서 자주 무시당하는 표현이다.

내가 듣는 이로서 겪었던 경험에서 볼 때 남자들은 여자들에 비해서 자기 자신의 감정에 더 솔직하지 못한 것 같다. 우리가 어린 남자아이에게 사용하는 다음의 말들을 생각해보자.

"큰 사내아이는 울지 않는다."
"사내녀석이 여자처럼 그러면 못써!"

"남자답게 행동해라!"

사실, 이러한 말들은 "어떤 감정도 느껴서는 안 된다!" 하는 뜻으로 들린다. 이러한 운동 혹은 감정적인 말들을 사용하지 못한다는 것은 곧, 우리의 삶속에서 매우 중요한 피드백 체계의 일부분을 잃어버린 것과 같은 것이다.

대부분의 우리의 감정은 우뇌에서 나온다. 그리고 감정을 억제하면 우리에게 반드시 필요한 직관적인 능력이 봉쇄 당하게 된다. 따라서 직접적인 지식이 없이 무언가를 알 수 있는 우리의 능력이 상실되는 셈이다. 이러한 현상은 다른 사람이 말하는 것에 주의 깊게 기울여 보면 알 수 있게 된다. 효과적으로 잘 듣는 사람은 상대방이 무엇을 말했는지 뿐만 아니라 어떤 유형의 언어를 주로 사용하거나 사용하지 않는지에 대해서 늘 귀를 기울인다.

말하는 이가 유난히도 시각, 청각, 후각, 감각유형 가운데 어느 것을 사용할 수 없다면 그것을 통해서 그 사람이 개인적으로 어디가 아픈지를 알 경우도 있다. 또한 사람들 가운데는 자신들의 아픔에 대해서 말하는데 왜 어려움을 가지는지를 설명해 주기도 한다. 그 이유는 의외로 단순하다. 그것은 자신들의 아픔을 설명할 수 있는 언어체계를 가지고 있지 않기 때문이다.

우리가 시각적인 언어를 거의 잘 사용하지 않거나 사용할 수 없다고 한다면 아마도 어린 시절에 말을 다 배우기 전에 이미 우리의 뇌에서 시각적인 표현을 할 수 있는 채널이 막혀 있었을 가능성이 많다. 그렇기 때문에 우리는 갈수록 시각적인 언어를 사용하는데 어려움을 느낄 수밖에 없다. 더 나아가 말하는 이가 사용하는 시각적인 언어를 이해하는데 한계를 갖게 된다.

교육현장에서 활용하기

NLP를 포함한 이 책에서 말한 경청기술을 각급 학교의 교사와 교장들을 대상으로 훈련한 적이 있다. 그들은 이구동성으로 이 기술들이 어른들은 물론 초중등학생들을 대상으로 가르칠 때 많은 도움이 될 것이라고 말했다. 특히, 학생들이 가장 잘 발달된 언어체계들은 더 격려하는 한편, 그들의 뇌에 갇혀있는 언어체계들을 끄집어낼 수 있도록 학생들을 도와주어야겠다고 한 마디씩 하였다.

청각을 잘 사용하는 선생님이 시각과 운동이 발달된 학생들을 가르친다고 가정해 보자. 학생들은 선생님이 무엇에 대해서 말하는지 보기를 원하고 있으며 그저 가르치는 것을 듣고만 있는 것보다 교실에서 선생님이 말한 것을 어떤 식으로든지 실험하거나 경험하기를 원할 것이다.

가정에서 일어나는 불일치의 행동들

나는 어느 훈련세미나 모임에서 한 가족과 함께 매우 재미있는 경험을 가졌다. 그 가족과의 경험은 대화의 통로가 다른 가족간의 대화를 나누는 과정에서 벌어지는 일들에 대해 잘 보여주는 실례이다.

나는 세미나 중에는 참석한 사람의 집에 거의 머물지 않는 편이기에 이 날은 거의 보기드문 예외 상황인 셈이다. 그들의 제의를 받아들일 수 있었던 다른 한 가지 이유는 그들이 살고 있는 바로 옆에 붙어있는 아파트에 부인의 어머니가 살고 있기에 그 곳에서 훈련 기간 동안 머물기로 했다. 그리고 아침은 온 가족과 함께 먹었다.

5일간의 훈련 기간 중 이틀째 되던 날, 부엌으로 가다가 부인을 만났다. 그녀는 나에게 열여섯 살 된 딸아이들 한 번 만나 줄 수 있겠느냐고 부탁하였다. 딸이 학교에서 과학 과목에서 거의 낙제점수를 받았는데 부모는 어떻게 딸아이가 과학숙제를 잘 하도록 도와줄 수 있을지 도무지 모르겠다고 했다. 그리고 다음 날 구술시험이 있는데 어떻게 치뤄야 할지 눈 앞이 깜깜한 상황이었다.

첫 날에 딸아이를 만났을 때 나는 그녀의 의사소통 능력에 대해서 큰 인상을 받았다. 그 때 내가 느꼈던 것은 그럼에도 불구하고 그녀가 부모와는 대화가 잘 이루어지지 않고 있다는 사실이다. 아무튼 나는 한 번 정식으로 만나보자고 했고, 반드시 부모가 동석해야 한다는 전제를 달았다. 나는 딸의 문제에 부모가 어떤 나쁜 영향을 미쳤는지를 알고 싶었다. 그 날 저녁에 딸의 문제에 대해서 이야기하기 위해 모두 거실에 모였다. 우리의 대화는 이렇게 시작되었다.

나: 혹시 문제가 뭐라고 생각하시나요?

아버지: 나는 지난 6주 동안 딸아이에게 숙제를 준비하라고 계속 이야기 했어요. 그런데 내 말을 듣지를 않아요. 내가 계속 반복해서 다그쳐도 아이는 다음에 하면 된다고만 말할 뿐이에요.

어머니: 나도 아이에게 같은 말을 말했는데, 내 말도 도통 듣지를 않아요. 정말 속상해요.

그 아이의 말을 잠시 살펴보자. 뭔가 발견할 수 있지 않은가.

부모 둘 다 청각적인 요소만 사용하고 있는 것이다! 부모가 말하고 있는 동안 딸은 양팔을 접어 가슴에 올려놓은 채 왼쪽만 물끄러미 쳐다보고 있을 뿐이었다 가끔씩 그녀가 부모를 향해 눈을 위로 올리곤 하는 행동은 그녀가 시각적인 표현에 익숙하다는 것을 암시한다.

나는 그 아이에게 내일 할 숙제를 좀 볼 수 있느냐고 물었다.

그 아이는 "괜찮아요"라고 말하며 거실을 떠나 잠시 후 자기 책을 가지고 돌아왔다. 책을 보니 매우 예쁘고, 여러 가지 색깔로 가득했으며 윤이 나는 그런 책이었다.

딸은 숙제를 해야 할 페이지를 펴서 나에게 보여주었다. 그녀는 해부학 수업을 듣고 있었는데 피가 한 기관에서 다른 기관으로 어떻게 흐르는지를 수업시간에 발표해야만 했다.

나는 책의 그림을 이해하고 있느냐고 물어보았다. 놀랍게도 그 아이는 그림을 손가락으로 하나하나 짚어가면서 천천히 혈액의 흐름에 대해서 설명하는 것이었다! 그녀는 숙제에 대해서 너무나 잘 알고 있었다. 나는 그녀의 아버지의 방에 컬러복사기가 있다는 것을 알고는 그녀에게 그림들을 확대 복사한 다음, 옷걸이에다 잘 걸어놓은 뒤, 옷걸이들을 피의 흐름 순서대로 놓으라고 말했다.

그런 다음, 그녀에게 단지 남은 것은 학생들 앞에서 옷걸이를 걸어놓고 피가 어떻게 흐르는지 설명하면 된다고 했다.

그러자, 그 딸아이는 눈을 크게 동그랗게 뜨면서 말했다.

"좋은 생각이에요! 그럼요, 할 수 있지요!"

그녀는 아버지를 향해 돌아서면서 차 열쇠를 달라고 부탁했다. 그녀의 아버지는 나에게 자기가 아무리 말해도 듣지 않던 애가 교수님이 한 번 말하니까 숙제를 하려고 하는지 의아해서 물었다.

그의 딸이 떠난 다음, 나는 부모와 딸 사이를 가로막았던 **서로 다른 언어유형의 사용**에 대해서 설명했다.

다음 날, 그의 딸은 환하게 웃으면서 A를 받았다고 소리를 질렀다. 그녀의 선생님은 전체 아이들이 한 것 중에서 가장 창의력을 발휘한 과제물 중의 하나라고 칭찬했다고 한다.

인간 커뮤니케이션은 말하는 이와 듣는 이가 어느 정도 부합되는 언어 유형을 사용했을 때 가장 좋은 효과를 얻을 수 있다. 그것은 다른 사람의 세계와 일치시키는 행위이며, 동시에 우리가 그들의 실존으로 다가가기 위한 다리를 만드는 것과 같은 실천적 행위임을 기억할 필요가 있다.

요약

> 신경언어 프로그래밍 NLP 에서 말하는 "다리" bridge 는 말하는 사람의 언어구조에 자신을 부합시키는 능력을 말한다. 이것은 말하는 이가 사용한 것과 같은 운동적, 청각적 혹은 시각적인 언어를 사용함으로써 이루어진다.

심층
경쟁
기술

역자소개: 장보철

한양대학교 신문방송학과와 웨스트버지니아 신문대학원에서 저널리즘을 공부했다. 이후 하나님의 계속된 부르심에 순복하여, 버지니아의 리치몬드에 소재한 유니온 신학교에서 목회학 석사와 기독교교육학 석사학위를 받았다. 에모리 대학교에서 목회상담학 석사(Th. M.)를 마친 후, 덴버대학과 아일리프 신학교에서 목회상담학으로 박사학위(Ph.D.)를 받았다. 미국 버지니아에 위치한 워싱턴 침례대학교에서 기독교상담학 조교수와 상담소장을 역임했고, 현재 부산장신대학교 신학대학원 목회상담학 교수이며, 한국코칭학회 이사로 섬기고 있다. 한국목회상담협회 전문가회원이며, 한국자살예방협회의 사이버 상담실 상담위원으로 섬기고 있다. 저서로서 「목회상담학자의 바울 읽기」(쿰란출판사, 2010)와 역서로는 「심층 경청기술」(베다니출판사, 2011), 성폭행 목회상담치유서인 「지워지지 않는 상처」(예영커뮤니케이션, 2011)가 있으며, 이 외에도 여러 개의 논문을 미국의 주요 학술지에 발표하였다.

심층 경청기술

2쇄 발행 | 2022년 12월 20일

지은이 | 존 새비지
옮긴이 | 장보철
펴낸이 | 오생현
펴낸곳 | 베다니출판사
등록 | 제 3-413호 1992.5.6.

주소 | 서울시 송파구 새말로10길 18-1
전화 | (02) 448-9884~5
팩스 | (02) 6442-9884
www.bethany.co.kr
bethanyp@hanmail.net

값 16,000원
ISBN 978-89-5958-052-1 03230
Copyright ⓒ 베다니출판사 2011